KB018526

THE SECRETS OF
SPIES

시 크 릿 스 파 이

THE SECRETS OF
SPIES
시 크 릿 스 파 이

헤더 베센트 · 에이드리언 길버트 · 롭 콜슨 지음 | **박지영** 옮김

시크릿 스파이

발행일 2021년 8월 20일 초판 1쇄 발행
지은이 헤더 베센트, 에이드리언 길버트, 롭 콜슨
옮긴이 박지영
발행인 강학경
발행처 시그마북스
마케팅 정제용
에디터 윤원진, 장민정, 최윤정, 최연정
디자인 고유진, 김문배, 강경희

등록번호 제10-965호
주소 서울특별시 영등포구 양평로 22길 21 선유도코오롱디지털타워 A402호
전자우편 sigmabooks@spress.co.kr
홈페이지 http://www.sigmabooks.co.kr
전화 (02) 2062-5288~9
팩시밀리 (02) 323-4197
ISBN 979-11-91307-57-3 (03900)

차례

차례

들어가는 말

대부분의 사람은 스파이에 매료되는 듯하다. 도서관 책장에는 소설이든 비소설이든 스파이 관련 서적이 가득하고, 첩보 활동은 영화나 TV 프로그램의 단골 소재다. 스파이의 지속적인 인기는 그 비밀스럽고 불법적인 특색에서 기인하는 것 같다. 우리는 금지된 비밀을 풀어 헤치는 일에 거부할 수 없는 매력을 느끼기 때문이다. 또 다른 인기 요인은 스파이를 영웅으로 이상화하는 데서 우리가 얻는 대리 만족감이다. 국가 권력에 힘입은 일개 개인으로서 그들의 무기는 지성과 기지뿐이고, 한 번만 삐끗해도 체포나 심문, 심지어 죽임을 당할 수도 있다.

이 책에서 우리는 스파이 활동에 숨겨진 비밀들을 비롯해 스파이들이 어떻게 그리고 어째서 기밀 작전을 수행하는지 밝히고자 했다. 일반적인 사전적 정의에 따르면, 스파이는 정부나 여타 조직이 경쟁자나 적의 정보를 몰래 얻기 위해서 고용한 사람이다. '스파이(spy)'라는 단어에서 스파이 행위인 '첩보 활동(espionage)'이라는 용어가 유래했다. 유구한 첩보 활동의 역사 동안 다양한 스파이가 존재했으며, 스파이들은 고용인의 요구에 따라 다른 역할을 수행했다. 스파이들의 주요 역할 몇 가지를 설명하면, 이어지는 장들에서 첩보 활동 발전사를 이해하는 데 도움이 될 것이다. 스파이 서열의 꼭대기에는

실제로 스파이 활동을 할 사람들을 찾고, 채용하고, 지휘하는 공작관 혹은 조종관이 위치한다. 보통 그들은 자국의 해외 대사관에서 활동하는데, 대사관은 그들에게 편리한 거점이자, 붙잡힐 경우에 외교적 보호를 받을 수 있는 곳이기 때문이다. 그들의 약점이라면 대중적 인지도가 높아 적에게 잘 드러나고, 적이 일거수일투족을 감시하기 때문에 운신의 폭이 좁다는 점이다. 한편, '비합법 공작관'은 물밑에서만 활동하는 공작관이며, 실력이 좋고 운도 충분히 따라준다면 외부에 노출되지 않고 최고의 공작원들을 양성할 수 있다. 가장 유능했던 비합법 공작관 중 한 명은 소련의 아르놀트 도이치로, 그는 1930년대에 케임브리지 스파이들을 채용하고 교육했다.

공작관은 군대나 군수 업체를 비롯해 기밀이 중시되는 첨단 기술 조직 같은 핵심 전략 분야에서 일하는 사람들을 채용한다. 국가 기밀을 누설할 수 있는 이러한 사람들은 공들여 양성되며 귀중한 자산이 된다. 하지만 스파이 채용의 꽃은 이중 스파이(이미 정보기관에서 일하고 있지만 상대편 정보기관을 위해서도 은밀히 일할 의향이 있는 스파이) 포섭이다. CIA 요원인 올드리치 에임스와 존 워커 주니어는 KGB의 이중 스파이였으며, 미국의 대소련 정보 작전에 관한 고급 기밀을 비롯해 여러 기밀을 넘겼다.

오늘날 현장 스파이들은 군수품 및 행정 지원을 제공하는 소규모 지원군의 보조를 받는다. 이렇게 책상에 앉아 일하는 정보원 가운데 새롭게 등장하여 점차 중요해지는 유형의 정보원은 바로 정보 분석

요원이다. 정보기관으로 유입되는 정보의 양은 기하급수적으로 늘어서 이 모든 정보를 통제하고 가공하는 정보 분석 요원 팀이 필요하게 되었다.

보이지 않는 곳에서 일하는 또 다른 사람은 암호 전문가로, 이들은 의도한 수신인 이외의 사람이 읽을 수 없게 메시지를 암호화한다. 이들의 대적자인 암호 해독자는 메시지를 가로채 무슨 뜻인지 알아내려고 한다. 수 세기에 걸쳐 사람들은 암호를 만들고 해독하려고 머리를 싸맸다. 제2차 세계 대전 때 연합군이 독일 에니그마 암호를 해독한 일이 증명하듯이 암호를 해독하면 매우 귀중한 정보를 얻을 수 있다.

첩보 활동이 기밀 정보 수집에 주력하는 것이라면 그것의 반대는 정보국의 방첩 활동으로, 적에게 이러한 기밀 정보를 허락하지 않고, 첩보원들을 체포하기 위해 일한다. 미국의 경우 CIA 요원들이 해외에 파견되어 정보를 수집하는 한편, FBI 요원들이 국내 영토에서 활동하는 적국의 첩보원들을 추적한다.

사람들은 어째서 스파이가 될까? 미국 정보국은 간단한 약어 MICE로 스파이의 동기를 평가한다.

돈(Money) : 놀라울 정도로 많은 사람이 순전히 탐욕이나 돈 때문에 적에게 넘어간다. 에임스와 워커 모두 돈 때문에 KGB를 위해서 활발히 활동했다.

이념(Ideology) : 적국의 사회, 정치 시스템이 더 우월하다는 믿음 때문에 스파이가 되는 사람은 그 수가 적지만 더 오랫동안 충성하는 경향이 있다. 미국과 영국의 이상주의자들이 소련의 공산주의를 위해 일하는 경우에도 그랬다.

타협(Compromise) : 보통 성 문제 때문에 강제로 스파이가 되는 경우다. 일반적으로 이들은 자신의 방탕한 생활이 담긴 사진 증거에 맞닥뜨리고, 침묵을 대가로 조국에 반하는 스파이 활동을 한다.

자존심(Ego) : 어떤 사람들은 아첨에 약해서 적당히 부추기면, 자신이 염탐하는 대상보다 우월해 보이는 게 단순히 즐거워서 스파이가 되려고 한다.

스파이가 되는 동기는 시대와 환경에 따라 다르겠지만, 첩보 활동은 수 세기 전부터 그래 왔듯이 앞으로도 계속될 것이 틀림없다. 냉전이 종식되고 공산주의가 붕괴되었다고 해서 정보 환경이 더 나아진 것은 아니다. 오히려 정보 활동 대상자가 증가했고, 분산되었으며, 예측 불가능해졌다.

서구 정보기관은 이슬람교도 테러 활동, 조직범죄, 대규모 산업 스파이 활동 등 새로운 위협에 맞서기 위해서 초강대국이나 라이벌 국가 너머로 관심사를 확대해야 했다. 급속하게 발전하는 감시 기술과 인공 지능 또한 고려해야 한다. 하지만 첩보 분야에서 최고의 위기(혹은 관점에 따라 기회)는 사이버 첩보 활동의 발전이다. 이에 첩보 활동이 변모하고 있으며, 사이버 첩보의 본질을 이해하지 못하고 적절히 대응하지 못한다면 쓰라린 실패를 맛볼 수도 있다.

― 제1장 ―

최초의
스파이들

통치자라면 누구나 적이 무슨 생각을 하고 무슨 행동을 하는지, 자신이 어떻게 대처해야 좋을지 항상 알고 싶어 했다. 전통적으로는 답을 구하기 위해서 하늘에 물었다. 고대 이집트를 비롯해 중국과 인도의 초기 문명에서는 성직자나 예언가들이 미래를 점치기 위해서 정교한 의식을 행하곤 했다. 그리스와 로마에서는 동물의 내장을 신중히 살핀 뒤에 중요한 결정을 내렸다. 하지만 좀 더 명석한 몇몇 지도자들은 스파이나 비밀 요원을 채용하는 식으로 동료 인간에게 도움을 구했다.

치국술에 관한 중국 서적인 『손자병법』은 첩보 기술의 기본 틀을 다루는 최초의 서적으로서 정보를 수집하면서 허위 정보를 퍼뜨리고, 공직자들에게 뇌물을 주거나 미인계를 쓰고, 심지어 골칫거리인 사람들을 암살하라는 내용을 담고 있다. 시간이 흐르며 오늘날 우리가 아는 다양한 첩보 기술이 생겨났다. 특히 메시지를 암호화하는 기술과 역으로 (아랍 학자들이 발전시킨) 암호 해독 기술이 생겨났다. 중세 시대에 첩보 활동의 선봉에 섰던 도시 국가 베니스는 16세기 초에 유럽과 아시아 전역에 정교한 첩보망을 구축하고 있었다.

고대 이집트와 성서 시대

도시 국가가 처음 세워진 약 1만 년 전부터 틀림없이 첩보 활동이 시작되었을 것이다. 경쟁국에 관한 정보나 심지어 동맹국 정보라도 캐내는 것이 국가의 생존과 번영에 필수적이었을 테니 말이다. 하지만 수천 년 후에 근동 문명에서 문자가 발달한 후에야 우리는 조상들이 기밀 정보를 캐내려 했다는 확실한 증거를 얻게 됐다.

점토판에서 나온 증거

기원전 2000년경에 쓰인 점토판 기록은 우리에게 알려진 최초의 첩보 활동 기록으로, 메소포타미아 유프라테스강변 마을에서 불붙은 봉화를 찾으라는 비밀 임무가 쓰여 있다. 하지만 이는 단편적인 내용일 뿐이다. 어째서 봉화에 불이 붙었는지, 그다음에 무슨 일이 있었는지는 알 길이 없다. 이보다 나은 첩보 활동 기록은 몇 세기 후에 쓰인 고대 이집트의 아마르나 편지로, 기원전 1400년에서 1300년 사이에 점토판에 쓰였다.

그 편지들은 이집트 파라오와 가나안(대략 오늘날의 이스라엘과 레바논)에 있는 그의 속국 통치자들 사이에 오간 것이다. 파라오는 속국 통치자들의 충성심에 우려를 표한다. 한 편지에는 파라오가 첩자에게서 아무루 왕국의 통치자 아지루의 행실에 대해 보고받은 사실이 여실히 드러나는데, 아지루는 이집트의 적인 카데시의 통치자와 어울리고 있었다. 파라오는 이런 일이 계속된다면 목을 베겠다고 아지루를 위협한다.

> "자네는 카데시의 통치자와 평화롭게 지내고 있다. 두 사람이 함께 음식도 먹고 독한 음료도 마신다. 어째서 그리 행동하는가? 어째서 왕이 싸우고 있는 통치자와 평화롭게 지내는가?"
>
> 속국 통치자 아지루를 꾸짖는 파라오

왼쪽 : 아마르나 편지는 고대 메소포타미아 문자인 아카드 쐐기문자로 쓰였다. 아카드어는 당시의 외교 언어였다. 점토판은 1887년에 이집트에서 발견됐다.

오른쪽 : 유다는 예수의 뺨에 입을 맞춤으로써 당국에 예수가 누군지 알렸다.

성서 속의 스파이들

성경에 묘사된 것처럼, 가나안에서도 첩보 활동이 펼쳐졌다. 모세가
이끄는 유대인 부족들은 이집트를 탈출하여 새로운 보금자리를 찾
고 있었다. 성경 이야기에 따르면, 하나님이 모세에게 '가나안 땅을
정탐하라'고 명령한다. 그 말에 따라 모세는 열두 명의 정탐꾼을 보
낸다. 돌아온 정탐꾼들은 가나안이 '젖과 꿀이 흐르는 땅'이라고 말
하면서도, 단 두 명만이 가나안을 정복하러 갈 것을 제안했다. 나머
지 정탐꾼은 유대인들에게 가나안 사람들을 이길 만한 힘이 부족하
다고 믿었다. 이러한 정탐 보고에 분노한 하나님이 유대인을 벌하여
그들이 40년 동안 황야를 떠돌게 했다고 성경은 말한다.

여호수아서에 따르면 유대인들은 여호수아에 의해 마침내 가나안
에 이르게 된다. 가나안에 들어선 여호수아는 군건한 여리고성을 맞
닥뜨린다. 여호수아는 성안으로 정탐꾼들을 잠입시켰고, 정탐꾼들

왼쪽 : 원래 여리고성은
기원전 8000년경에 세워
졌다. 성경에 서술된 사건
보다 6000년 이상 앞선
것이다.

은 여리고성 주민들의 사기가 저하되어 있으며, 그들을 위협하는 세
력을 두려워하고 있다는 첩보를 전한다. 유대인들은 이 보고에 크게
고무되었고, 여리고성 함락을 시작으로 여호수아는 가나안을 정복
하게 된다. 하지만 모세 이야기와 마찬가지로, 이 이야기를 뒷받침해
주는 고고학적 증거는 발견되지 않았다.

예수를 염탐한 자

기원전 63년, 팔레스타인을 정복한 로마는 늘 그랬듯이 점령지에 문제
가 없는 한 현지 지도자들에게 상당한 행동의 자유를 허락했다. 신약에
따르면 팔레스타인의 유대인 지도자들은 급진적인 예언자들의 가르침
때문에 로마가 팔레스타인을 엄중 단속할까 봐 두려워했는데, 이 중 가
장 인기 있는 예언자는 예수였다. 그리하여 예수는 감시를
받고, 예수의 추종자였던 유다는 매수당해 예수의
측근 조직에 잠입한다. 지시받은 대로 유
다는 예수를 체포하러 온 병사들에게
예수를 찾아서 지목해 준다. 이 대가
로 유다가 받은 돈은 은화 30냥이
었다.

『손자병법』과 정탐

다른 고대 문명에서처럼, 고대 중국에서도 황제나 왕을 비롯한 여러 통치자는 어떤 결정을 내려야 좋을 지 판단하기 위해 사제들에게 조언을 구하거나 신에게 제물을 바쳤다. 하지만 『손자병법』은 기밀 정보 정탐에 주력하라는 새로운 전략을 제안한다.

기원전 5세기에 살았던 중국의 장군이자 군사 이론가인 손자가 『손자병법』의 저자로 알려져 있었으나, 현재는 『손자병법』이 후대에 쓰인 공동 저작물이며, 기원전 3세기에 쓰였을 가능성 이 가장 큰 것으로 여겨진다.

첩보의 기술

제목만 보면 군사 서적 같지만, 사실 『손자병법』은 가능한 한 전쟁을 피하라고 강조한다. 또한 지도자에게 속임수나 간계 같은 전략을 효율적으로 활용해 목표를 달성하도록 장려한다. 이 러한 전략에서 핵심적인 역할을 하는 스파이는 뇌물과 미인계로 적국의 관리를 부패시키고, 정보를 캐는 동시에 허위 정보를 퍼뜨린다. 중요 인물을 암살하는 것 같은 직접적 행 동에 나서는 것도 스파이의 역할이다. 『손자병법』은 이러한 전략을 잘 활용하 면, 적군이 거의 저항하지 못하고 무너질 것이라 주장한다.

고대 중국에서 뛰어난 암살자는 큰 존경을 받았고, 물불 가리지 않 고 임무를 완수하리라는 기대를 받았다. 이를 가장 극단적으로 보여주 는 예시는 기원전 3세기의 인물 요이일 것이다. 요이는 오왕 합려에 게서 추방당한 공자 경기를 죽이라는 명령을 받는다. 요이는 합려 에게서 고초를 당하고 복수를 도모한다는 거짓 이야기를 꾸며내 기 위해서 오른손을 자르고 아내와 아이들을 죽인다. 공자 경기의 궁에 도착한 요이는 이 끔찍하고도 그럴듯한 이야기를 준비해 간 덕분에 자신이 노리던 공자를 만날 수 있었고, 즉시 그를 살해했다.

왼쪽 : 진시황릉 내부에는 8,000여 개의 병마용이 있다. 진시황은 기원전 221년에 중국을 통일했고, 통치 기간에 『손자병법』을 전략서로 참고했다고 전해진다.

"첩자는 적의 참모진에게 공포를 안기고, 총애받는 적의 장군을 죽이고, 적의 예상과 전략을 교란해야 한다."

중국의 군사 전략가 제쉬안

도청 및 신호 기술

중국인들은 일찍이 선구적인 첩보 기술을 활용했다. 그중에는 스파이들이 원하는 대화를 엿들을 때 사용한, 전자 도청 장치의 조상 격인 항아리가 있었다. 항아리는 몸통이 넓고 입구가 좁았는데, 입구에는 가죽 막이 팽팽하게 덮여 있었다. 스파이가 항아리 일부를 땅에 묻고 가죽 막에 귀를 갖다 대면, 가죽 막이 주변의 소리를 잡아냈다. 도청하는 임무를 맡은 스파이들은 맹인인 경우가 많았는데, 그들은 청각이 예민해서 임무를 수행하는 데 이점이 있었다.

보이지 않는 잉크를 사용하는 첩보 기술도 있었는데, 이 잉크는 물과 명반을 섞어 만들었고, 명반이 없으면 쌀을 끓이고 남은 물을 사용했다. 서신을 전달할 때는 비둘기를 날렸고, 간단한 신호를 보낼 때는 연을 날렸다. 즈위안(종이새)이라는 연은 성이 포위당했을 때 날리곤 했다. 성을 지키는 사람들은 색연을 띄워 포위군 후방에 주둔하고 있는 스파이들에게 식량 상황을 알리거나 도움을 요청하는 등의 신호를 보냈다.

20세기의 『손자병법』

혁명 지도자 마오쩌둥은 공산주의 기치 아래 중국을 장악하기 위해 장기 게릴라전을 치르며 『손자병법』을 참고했다. 마찬가지로 보응우옌잡 장군과 동료 공산주의자들도 베트남에서 승리를 거둔 후에 이 책에 공을 돌렸다. 1910년에 영어로 번역된 뒤, 『손자병법』의 영향력은 미국까지 뻗어 나갔다. CIA 소장 앨런 덜레스가 이 책을 '첩보 기술을 훌륭하게 분석한 최초의 서적'으로 묘사했고, 미군 내에서는 더글러스 맥아더, 콜린 파월, 노먼 슈워츠코프 장군이 이 책을 추천했다. 『손자병법』의 명성은 군대 밖까지 퍼져서, 경제경영/자기계발서, 법학 및 교육학 연구, 심지어 독자의 체육 능력 증진을 목적으로 쓰인 서적까지 이 책을 본보기로 삼았다.

왼쪽 위 : 전직 역사 교사였던 베트남의 보응우옌잡 장군의 전술은 사료에서 많은 영향을 받았다.

오른쪽 위 : 이 사진은 1940년대의 마오쩌둥으로, 그는 중국 국공 내전(1927~1949) 때 전술을 개발하기 위해 『손자병법』을 참고했다.

고대 인도 국가와 스파이

마우리아 제국은 기원전 270년경 아소카의 통치 아래 전성기를 맞았고, 오늘날 인도, 파키스탄, 방글라데시의 영토 대부분을 점령했다. 바로 이 시기에 위대한 책 『아르타샤스트라』의 앞부분이 쓰였다.

『아르타샤스트라』는 중국의 『손자병법』과 거의 같은 시기에 쓰였다. 좀 더 일반적인 치국술을 다루긴 하지만, 첩보 활동의 중요성을 강조하며, 그것을 잠재적인 적을 견제할 뿐만 아니라 신하의 충성도를 가늠할 방편으로 여긴다. 『아르타샤스트라』의 특징은 군주에게 스파이를 임시로 구해 쓰지 말고 정규 정보기관을 만들라고 청하는 것이다.

스파이라면 암호화된 메시지를 보내는 일과 변장에 능수능란해야 했다. 의심을 사지 않고 낯선 사람들 틈에 섞일 수 있는 여행자로 변장하는 일이 장려됐고, 그 외에 승려, 상인, 의사, 행상, 광대, 무용수, 매춘부 등으로 변장했다. 여성 스파이는 부패한 관리들을 유혹해 정보를 캐내는 데 특히 유용하다고 여겨졌다.

암살은 국가 정책에 필수적인 도구였다. 『아르타샤스트라』는 "무기, 불, 독을 지닌 한 명의 암살자가 총동원된 군대보다 더 큰 성취를 이룰 수 있다."라고 했다. 그리고 그 중요성을 고려하여, 암살자는 "이 땅에서 가장 용감한 자들로 채용돼야 한다."라고 했다. 또한 공개적이고 분명한 암살로 불평분자가 생기는 것을 억제하고, 비밀 암살로 신뢰할 수 없는 정부 관리를 제거하도록 권고했다.

왼쪽 : 『아르타샤스트라』의 저자로 추정되는 카우틸랴는 마우리아 제국을 건설한 찬드라굽타의 고문이었다. 훗날 찬드라굽타의 손자 아소카가 제국을 확장하고, 거대한 사자상을 세웠다.

"적의 과두 정치를 약화시키려면, 통치 조직 수뇌부에 뛰어난
아름다움과 젊음을 겸비한 여성을 잠입시켜라."

『아르타샤스트라』

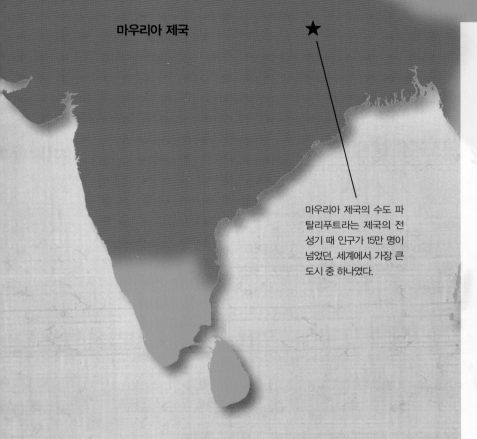

마우리아 제국

마우리아 제국의 수도 파탈리푸트라는 제국의 전성기 때 인구가 15만 명이 넘었던, 세계에서 가장 큰 도시 중 하나였다.

다섯 종류의 스파이

『아르타샤스트라』는 한 나라의 지배자가 피지배자들의 견해를 알아내고, 자신에게 유리한 여론을 형성하는 데 쓸모 있는 다섯 스파이를 열거한다.

학생

학생 스파이는 동료 학생들과 열띤 토론을 벌인 뒤에 정권에 반대하는 학생들을 밀고하고, 젊은이들의 여론을 알아낸다.

성자

성자 스파이는 (몰래 제대로 식사하면서) 길가에 난 야채와 풀만 먹는 체하며 신망을 쌓은 뒤, 잘 속는 제자들을 모은다. 그리고 통치자에게 유리한 예언을 한다.

농부

농부 스파이는 인구 대다수를 구성하는 농민들과 일하며, 정부에 대한 그들의 여론이 어떤지 보고한다.

상인

상인 스파이는 다른 무역상 및 상인들과 인맥을 구축하고 교류하며 고급 정보를 얻는다.

종교 지도자

종교 지도자 스파이는 국가의 후원을 받아 시골에 종교 시설(아쉬람)을 세우고, 지역 사람들을 모아 친정부적 설교를 하며 여론에 영향을 미친다.

『아르타샤스트라』는 관리들을 처리하는 여러 방법을 제안하는데, 의사로 위장한 스파이를 불온한 관리에게 보내서 그가 심각한 병에 걸렸다고 믿게 만든 뒤, 치명적인 독이 든 약을 처방하는 방법 등이 있다.

　12세기까지 인도 통치자들은 『아르타샤스트라』를 참고했는데, 12세기에 책이 자취를 감춘 듯했다가, 1904년에 인도 고고학자가 다시 발굴했다. 이후로 많은 인도 정치인이 이 책을 치국술에 관한 필수 참고 자료로 상찬했다.

비밀의 그림자 : 일본의 닌자

서양에서 일본의 닌자는 일반적인 신체의 한계를 초월하는 신비로운 대상으로 여겨지곤 했다. 가령 그들은 물 위를 걷고, 자유자재로 투명 인간이 되며, 자연 세계를 통제하는 것이다. 현실은 다소 달랐지만, 닌자는 실제로 존재했고, 스파이와 특전사를 결합한 무시무시한 상대였다.

> "닌자는 이가와 코가 출신으로 알려졌고, 적의 성에 자유롭게 잠입했다. 그들은 숨겨진 것들을 관찰했으며, 친구로 여겨졌다."
>
> 초기 닌자 역사서 『노치 카가미』

세습되는 신분

'닌자'라는 단어는 한자어이며 대략 '견디는 사람'이라는 뜻이다. 닌자 비스름한 전사들은 6세기부터 존재했지만, 15세기가 되어서야 제대로 된 닌자가 등장했다. 그들은 외진 산간 지역인 이가와 코가 출신으로, 닌자라는 신분을 세습하여 배타적인 씨족 집단의 특성을 공고히 했다.

콧대 높은 사무라이 전사는 대중에게 보여주기 식의 각개전투를 선호했다. 하지만 닌자는 반대 노선을 택하여, 눈에 띄지 않게 움직이며 비밀 작전을 수행했다. 사무라이는 닌자를 무시하면서도 그들의 기술에 의지했다.

닌자 훈련

유년기부터 훈련이 시작되는데, 장거리 달리기, 수영, 등산, 조용히 걷기, 무술 따위의 신체 단련에 주력한다. 이 모든 수련의 목표는 잠행 능력을 기르는 것이었다. 예를 들어, 닌자 연습생은 갈대로 호흡관을 만들고 수면 위에 부평초들을 띄워 수중 움직임을 은폐하는 법을 배웠다. 더 나이가 들면 심화 과정으로 의술, 정찰, (변장을 활용한) 첩보 활동, 그리고 필요한 경우에는 암살 기술까지 배웠다.

닌자의 주요한 역할은 좋은 기억력에 의지해 정보를 수집하는 것이었다. 그들의 존재는 그림자와 같아야 했다. 닌자는 의심을 피하려고 종종 여행가, 예언가, 행상인, 무역상, 수도승 등으로 변장했다. 그리고 지역 주민들과 어울리며 적에 관한 정보를 캤다.

위 : 롯카쿠 요시카타는 롯카쿠족의 우두머리였다. 교토 지역의 패권을 두고 벌어진 많은 전투에 참여했다.

사와야마성 점령

닌자는 파괴 작전을 수행하기 위해 속임수를 사용했다. 1558년, 사무라이 주군 롯카쿠 요시카타는 닌자들에게 자신의 지휘하에 적에게 포위된 히코네시의 사와야마성에 잠입하라고 명한다. 닌자 하나가 적의 문장이 그려진 등을 훔쳤고, 그것을 본떠 똑같은 등을 여러 개 만들었다. 닌자들은 그 등을 든 채 무리 지어 성문으로 행진했고, 의심 없이 들여보내졌다. 입성한 닌자들은 성에 불을 질러 요시카타가 성을 점령할 수 있게 했다.

16세기 말, 도쿠가와 막부가 일본을 통일하게 되는 전투에서 이가와 코가가 쑥대밭이 된다. 그때부터 닌자는 세력이 줄다가 결국 민화와 전설 속 이야깃거리가 되었다.

대중의 상상 속 닌자

19세기 일본의 대중 문학은 닌자를 최고의 전사로 상찬하며, 검은 옷의 남자가 온갖 특수 무기로 무장하고 성벽을 기어오르는 그림을 함께 실었는데, 대부분의 특수 무기는 실제 닌자가 알지도 못하는 것이었다. 최대한 눈에 띄지 않으려 했던 실제 닌자의 열망은 닌자가 정말로 투명 인간이 될 수 있었다는 이상적인 허구로 탈바꿈했다. 제2차 세계 대전 이후, 일본 무술에 대한 서구인들의 관심이 높아지면서, 닌자 이야기가 세계적인 주목을 받게 된다. 닌자는 만화책 속 영웅이 되었고, 애니메이션과 게임에 등장했으며, (진짜 닌자에게는 굴욕적인 일일 텐데) 뉴욕의 하수도에 사는 닌자 거북이로 재탄생했다.

위 : 19세기 예술가 우타가와 구니사다는 닌자를 검은 복장 차림에 대범한 암살을 수행하는 모습으로 그렸다.

고대 그리스의 첩보 활동

고대 그리스인들은 큰일을 도모할 때 제일 먼저 신에게 도움을 구했다. 예언자는 신탁을 받고 동물의 장기를 살펴 운명이 자신들 편인지 아닌지 확인했다. 하지만 그리스인들은 스파이들이 제공하는 기본적인 첩보도 중요시했고, 자신들의 기만술 실력에 특별한 자부심을 가졌다. 그중 가장 유명한 기만술은 전설적인 트로이의 목마다.

오른쪽 : 오늘날 알려진 트로이의 목마 신화는 대부분 로마의 시인 베르길리우스(기원전 70~19)가 재연한 이야기에서 그 내용을 가져왔다. 여기 기원전 3세기의 모자이크에 그려진 이가 베르길리우스다.

선물로 주는 말

호메로스의 『오디세이아』에 따르면, 그리스 전사 오디세우스는 트로이와 벌인 10년간의 공성전을 끝낼 작정이었다. 전략을 세운 그는 속이 텅 빈 거대한 목마를 짓고, 밤이 되자 그 목마를 트로이의 성문 앞에 남겨뒀다. 아침에 일어난 트로이 사람들은 그리스군이 사라지고 목마만 있는 것을 발견했다. 그들은 목마를 성안으로 끌고 들어가 즐겁게 승리를 축하했다.

다시 밤이 되자, 한 무리의 그리스 병사와 오디세우스가 목마에서 나와 보초들을 죽이고 성문을 열었다. 어둠을 틈타 조용히 돌아온 그리스군 본대는 열린 성안으로 돌격해 트로이를 정복했다.

> "목마를 믿지 말라, 트로이인들이여. 그게 무엇이든, 나는 그리스인들이 선물을 가지고 온다고 하여도 그들이 두렵다."

트로이인들이 듣지 않은 경고, 베르길리우스의 『아이네이스』 중에서

페르시아인들을 격퇴하다

호메로스의 트로이 목마 이야기는 (기원전 1세기에 로마의 작가 베르길리우스가 새롭게 추가한 내용도 포함해) 역사인지 신화인지 모호하다. 하지만 기원전 480년, 페르시아가 침략했을 당시에 그리스인들이 사용한 기만술은 확실한 역사적 기록이 남아 있다. 거대한 페르시아 함대가 쳐들어오자 그리스인들은 아테네를 버리고 살라미스섬 근처의 좁은 해협에 몇몇 도시 국가에서 징발한 작은 함선들을 모은다. 아테네의 지휘관 테미스토클레스는 이 좁은 물길이 페르시아군의 수적 우세를 무력화시키길 바랐다.

한편, 시킨노스라는 그리스 출신 반역자 노예가 페르시아 제독에게 접근하여, 아테네 함선을 제외한 나머지 그리스 함선들은 도망칠 태세라고 알려줬다. 그리고 상황이 이러하면, 그리스를 향한 테미스토클레스의 충성심도 흔들릴 거라고 장담했다. 사실 시킨노스는 이중 스파이였는데, 페르시아 제독은 그 사실을 몰랐다. 시킨노스는 테미스토클레스의 믿음직스러운 노예로, 페르시아가 그리스 진지에 쳐들어오도록 부추기라는 임무를 받았던 것이다.

시킨노스는 무척 그럴듯해 보이는 반역자였고, 그의 계략에 넘어간 페르시아인들은 쉽게 승리를 거두리라 예상하며 해협으로 노를 저어갔다. 그리스인들은 패배하면 노예가 된다는 사실을 알기에 맹렬히 반격했다. 해협에 빽빽이 들어찬 페르시아 함선들은 효과적으로 기동할 수가 없었고, 그리스의 3단 노선(노가 3단으로 된 군용선으로, 고대 그리스와 로마에서 사용했다_옮긴이)이 수중에서 충각으로 들이박자 속수무책이 되었다. 페르시아군은 원래 함대의 절반 정도인 300척의 함선을 잃고 나서 혼란에 빠졌다. 살라미스는 전쟁의 전환점이 되었고, 이후 육상전에서도 패한 페르시아군은 소아시아로 후퇴해 다시는 돌아오지 않았다.

위 : 야심가인 크세르크세스 1세가 페르시아 침략군을 이끌었다. 크세르크세스(왼쪽)가 오늘날 이란에 있는 자신의 묘, 낙쉐로스탐 위의 신에게 다가가는 모습이다.

숨겨진 메시지

그리스인들은 일찍이 비밀 메시지를 보내는 데 일가견이 있어서, 평문 속에 메시지를 숨기기도 하고, 옷이나 신발 안에 감추기도 했다. 여행자용 샌들 밑창에 감추는 게 인기 있었는데, 너무 뻔한 은닉처라서 쉽게 들켰다. 좀 더 기발하게 메시지 판을 활용하는 방법도 있었다. 메시지 판이란 나무판자를 밀랍으로 코팅하고 그 위에 메시지를 새기는 판인데, 당시에는 흔한 의사소통 수단이었다. 그리스 장군 아이네아스 탁티쿠스는 기원전 4세기에 전술에 관해 집필하면서, 나무판에 직접 비밀 메시지를 쓴 다음에, 그 위를 밀랍으로 덮고, 밀랍에는 평문을 쓰자고 제안했다. 이 방법은 스파르타 왕에게 페르시아의 그리스 침공에 관한 정보를 전달할 때 성공적으로 활용됐고, 그에게 군대를 동원할 시간을 벌어주었다.

로마의 방식

고대 로마인들은 역사상 가장 치명적인 전투 기계라는 명성을 떨친 그들의 군대에게 엄청난 자부심을 느꼈다. 로마인들은 군사 윤리를 중시했고, 그래서 속임수나 여타 형태의 계략을 폄하하는 경향이 있었다. 하지만 첩보 활동을 포용한 예리적인 사람들이 있었고, 결국 그들이 로마에서 가장 뛰어난 지휘관으로 인정받았다.

제2차 포에니 전쟁(기원전 218~201)은 로마로선 가장 혹독한 시험의 장이었을 것이다. 적수인 카르타고인의 수장은 지략이 뛰어난 한니발 장군이었는데, 그는 대부분의 로마인과 달리 좋은 첩보의 가치를 알았다. 기원전 218년, 한니발은 코끼리까지 갖춘 자신의 군대를 끌고선 북아프리카의 카르타고에서 출발하여, 스페인과 프랑스를 지나고, 알프스산맥을 넘어, 이탈리아 북부까지 잠입한다. 로마인들은 이 대범한 작전에 혼비백산했고, 한니발은 이러한 혼란을 틈타 전투에서 줄줄이 승리했으며 로마를 거의 쑥대밭으로 만들었다.

한니발을 꺾다

한니발의 군대는 병력과 물자가 바닥나자 결국 카르타고로 돌아갔다. 그 후, 기원전 204년에 스키피오 아프리카누스가 이끄는 로마 군대가 카르타고를 침략했다. 한니발의 영향인지, 스키피오는 첩보를 수집하기 위해 스파이를 적극적으로 활용했다. 그리고 첩보를 바탕으로 카르타고와 동맹한 시팍스왕을 꺾고, 기원전 202년에 발발한 자마 전투에서 결정적으로 한니발을 꺾으며, 포에니 전쟁을 성공적으로 마무리 지었다.

노예를 가장한 속임수

카르타고에 도착한 스키피오는 단단히 무장한 병영을 지키고 있는, 시팍스왕의 강력한 누미디아-카르타고 동맹군을 맞닥뜨렸다. 스키피오는 평화 협상을 하기 위해 병영에 사절단을 보냈다. 각 사절에 많은 노예가 따라붙었는데, 사실 이들은 변장한 로마의 백부장(고대 로마에서 병사 100명을 거느리던 지휘관_옮긴이)이었다. 협상이 진행되는 동안, 백부장들은 병영을 정찰하며 적군 부대의 배치와 약점이 될 만한 부분을 살폈다. 이러한 정보로 무장한 스키피오는 야간 공격에 나서기로 했다. 공격 명령이 떨어지기 직전, 선발대가 병영에 잠입해 나무 막사에 불을 붙였다. 불을 끄기 위해 비무장 상태로 뛰쳐나온 카르타고 병사들은 근처에 잠복해 있던 로마 병사들에게 학살당했다.

왼쪽 위 : 한니발이 죽은 로마군의 반지를 수거해 세는 모습의 조각상이다.

오른쪽 위 : 파리의 루브르 박물관에는 한니발의 조각상 옆에 율리우스 카이사르의 조각상이 있다.

본국에 편지 보내기

정보 활동을 일반 군사 전략에 편입한 또 다른 로마 지휘관은 카이사르다. 카이사르는 자신이 맞서게 될 야만 부족에 관한 사전 정보 덕분에 갈리아를 정복할 수 있었다(기원전 58~50). 카이사르는 일찍이 메시지 암호화 기술을 사용했고, 적군 포로들을 면밀히 심문하면 귀중한 정보를 얻을 수 있다는 걸 알았다. 군사 작전을 펼치는 동안 카이사르는 로마에 있는 자신의 동맹자들과 정기적으로 편지를 주고받았다. 제삼자가 편지를 읽는 것을 미연에 방지하기 위해 그는 자신의 이름을 치환 암호로 바꾸는 등 여러 암호화 기술을 사용했다. 카이사르 암호란 각 알파벳을 일정한 거리만큼 떨어진 다른 알파벳으로 치환하는 것이다. 가령 암호키가 각 알파벳을 네 칸 이동하라고 한다면, 'CAESAR'은 'GEIWEV'가 된다. 전문 암호학자에게는 별로 어렵지 않은 암호지만, 암호에 문외한인 염탐꾼을 속이기에는 충분했다.

정보 활동 실패의 참혹한 결과

스키피오와 카이사르는 예외였지만, 로마인들은 정보 수집을 무시하는 경향이 있었다. 이러한 경향은 로마가 공화국에서 제국으로 변모한 후에 더 뚜렷해졌다. 서기 9년, 3개 군단으로 구성된 로마군이 게르만족의 점령지로 진군했다. 자만한 로마군은 게르만족이 반란을 준비하고 있다는 정보를 무시했고, 로마군 지휘관이었던 바루스는 가장 기본적인 전투지 정찰조차 하지 않았다. 로마군이 토이토부르크 숲 깊숙이 들어가자, 아르미니우스가 이끄는 게르만족이 매복하고 있다가 습격했고, 로마군은 3일 동안 계속된 잔혹한 전투 끝에 전멸했다. 참혹한 패배를 마주한 바루스는 자살했다.

이러한 경고성 일화에도 불구하고 로마인들은 제국 바깥의 일에는 별 관심을 보이지 않았으며, 국내 공안을 유지하는 데 정보 활동을 집중했다. 로마 지도자들은 자신의 신변 보호에 노력을 쏟았으나, 특별 경호대를 만들고 정적을 염탐하는 등의 수많은 보안 조치에도 불구하고 암살로 생을 마감하는 황제가 더 많아졌다.

위 : 토이토부르크 숲에서는 치열한 백병전이 일어났다.

"그 숲과 습지에서 일어난 살육보다 더 잔인한 살육은 없었다. 어떤 이는 눈이 뽑혔고, 어떤 이는 손이 잘렸다."

토이토부르크 숲 전투 이후에 자행된 살육을 설명하는 로마인

이슬람의 출현

서기 630년, 예언자 무함마드가 메카를 점령한 이후 이슬람 세력이 파죽지세로 승리를 이어간 것은 그가 거느린 유능한 장군들과 강인한 아랍 병사들의 공이 컸다. 하지만 이러한 아랍의 승리에 토대를 마련한 사람은 정보 수집, 속임수, 암살 등의 스파이 기술에 통달했던 무함마드였다.

서기 610년, 무함마드는 자신이 신의 사도라는 계시를 받은 후에 메카 시민들을 새로운 종교인 이슬람으로 개종하려고 하지만 엄청난 반발에 부딪힌다. 622년, 그는 메카를 꽉 쥐고 있는 쿠라이시족에게 살해당하지 않기 위해 숨어야만 했다. 그는 낙타를 타고 도망쳐 메디나에 이슬람 전초 기지를 세웠고, 메카의 이슬람 반대를 극복하는 것을 목표로 삼았다.

무함마드는 군사력을 증강함과 동시에 쿠라이시족을 상대로 첩보전을 벌였다. 그는 직접 뽑은 사람들을 파견해 메카로 들어가는 교역로를 감시하게 하고, 메카 내에도 첩보망을 구축했다. 스파이들은 메카의 생활상에 관한 정보를 비롯해 도시 경제의 생명선이라고 할 수 있는 카라반이 도착하고 떠나는 정확한 날짜를 알렸다. 무함마드는 카라반을 공격했고, 저항하는 적을 서서히 그러나 꾸준히 무너뜨렸다. 또한 그는 메카에 암살자들을 보내, 그가 생각하기에 공개적으로 알라를 신성 모독한 사람들을 주로 죽였다.

고문 반대

무함마드 군대에 붙잡힌 적군은 면밀히 심문당했다. 하지만 그는 이례적으로 자기 부하들에게 심문할 때 고문을 지양하라고 했다. 한번은 적군의 노예가 잡혔다. 포로는 무함마드의 군대가 요구하는 모든 정보를 순순히 내주었지만 아부 수피안이라는 쿠라이시족 지도자의 행방만 알려주지 않았다. 군이 구타했지만, 포로는 여전히 내놓으라는 정보를 주지 않았다. 구타가 계속되자 포로는 아부 수피안의 행방을 거짓으로 둘러댔다. 무함마드가 그 사실을 알고 부하들을 꾸짖었다. "너희는 그가 진실을 말할 때 그를 구타하고, 그가 거짓을 말할 때 구타를 멈추고 그를 풀어주었구나." 무함마드의 이 말은 강압으로 얻어낸 자백은 본질적으로 신빙성이 없다는 뜻이었다. 그 당시에 그랬듯, 이 사실은 지금도 유효하다.

630년, 무함마드는 군사 공격에 나서기로 한다. 그는 자신의 군대가 시리아를 향해 진격하고 있다는 소문을 퍼뜨리고선 몰래 메카로 진격한다. 허를 찔린 메카 시민들은 강력한 군대가 자신들을 향해 포진한 것을 보고, 저항 한 번 제대로 못 해보고 무너졌다. 무함마드는 그들이 이슬람교로 개종하면 목숨을 살려주겠다고 약속했고, 메카인들은 성문을 활짝 열어젖혔다. 폭력 대신 첩보전 기술로 거둔 거의 완전한 무혈 승리였고, 『손자병법』의 교훈을 떠올리게 하는 승리였다.

무함마드는 2년 뒤에 죽었지만, 그의 이슬람 군대는 아라비아반도를 착실히 정복해 갔다. 650년, 아랍인들은 중동 지역을 대부분 점령했고, 계속해서 기만술과 책략을 구사하며 그들의 불운한 적들을 노련하게 압도했다.

암호의 마스터

정복 전쟁이 끝나고, 아랍 세계는 문화와 과학 면에서 눈부신 꽃을 피웠다. 새롭게 등장한 아랍 학자 중 최고는 박식가 야쿱 이븐 이스하크 알 킨디(800~873)였는데, 그는 암호를 만들고 해독하는데 능통했다. 암호학에서 알 킨디의 주요 공헌은 빈도의 원리, 즉 모든 언어에서 어떤 글자가 다른 글자보다 더 많이 사용된다는 원리를 발전시킨 것이다.

예를 들어 영어에서 가장 흔한 글자는 E로, 가장 드문 글자인 Q보다 57배 많이 사용될 가능성이 있다. 이러한 지식 덕분에 암호학자들은 핵심 글자들을 찾아내, 율리우스 카이사르가 사용한 상대적으로 간단한 치환 암호를 해독할 수 있었다.

아래 : 이와 같은 영문 빈도표가 치환 암호를 깨는 데 사용됐다. 다만 영어의 E, T, A처럼 흔한 글자를 식별하려면, 암호가 충분히 길어야 한다.

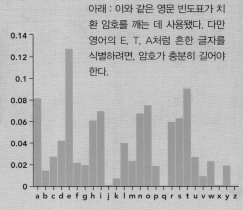

왼쪽 : 알 킨디는 지혜의 집에서 일했다. 바그다드에 있는 저명한 배움의 전당인 이곳에서 많은 이슬람 학자들과 과학자들이 연구했다.

베니스 : 비밀의 도시

베니스는 오랫동안 미스터리와 비밀에 싸인 도시였다. 중세 시대에 베니스의 공화정 정부(10인 위원회)는 관리들이 외국인과 접촉하는 것을 금지했다. 시민들 사이에서는 자신의 정체를 감추기 위해 마스크를 쓰는 것이 일반적이었고, 남을 밀고하는 게 적극적으로 장려됐다.

귀중한 비밀

베니스가 비밀에 싸인 도시 국가인 데는 그만한 이유가 있었다. 일단 베니스는 무역 국가였고, 직물, 도자기, 향신료 같은 값비싼 상품들을 동양에서 수입하는 일을 전문으로 했다. 그리고 이 상품들을 나머지 유럽 지역에 팔아서 큰 이윤을 남겼다. 베니스 상인들은 중동과 인도에 건너갔고, 마르코 폴로처럼 용감한 몇몇 탐험가는 심지어 중국까지 갔다. 상인들은 동양에서 교역물을 비롯해 유럽인 대부분이 모르는 정보도 함께 가져왔다.

베니스는 교역물과 정보를 악착같이 지키며, 장막 뒤에서 은밀히 활동했다. 외국인에게 비밀을 전한 것이 발각되면 누구나 중형에 처했다. 한번은 콘스탄티노플에 있던 베니스 관리 하나가 외국 세력에게 정보를 팔고 있었던 게 적발됐다. 그는 베니스로 소환되었고, 그가 탄 배가 고향에 접근하자 아드리아해상에서 배 밖으로 던져져 익사했다.

암호의 발전

1460년대, 이탈리아 학자인 레온 바티스타 알베르티가 암호 및 해독을 연구했다. 그는 아랍 학자 알 칸디의 선구적인 연구에 대해 모르고 있었지만, 특정 글자가 다른 글자보다 많이 쓰인다는 빈도의 원리를 깨우쳤고, 빈도 분석의 효과를 최소화하기 위해 다중문자 치환 암호를 개발했다. 단순한 카이사르 암호는 각 알파벳을 정해진 다른 알파벳으로 치환하는 반면에, 알베르티는 오늘날 알베르티 디스크로 알려진 암호 디스크를 만들어, 메시지를 암호화하는 동안에 알파벳 암호키를 규칙적으로 바꿨다. 알파벳이 바뀔 때마다 치환 문자가 바뀌기 때문에 E나 S 같은 빈도수가 높은 글자를 찾기가 어려웠다.

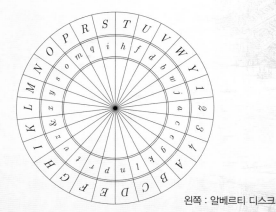

왼쪽 : 알베르티 디스크

해외 대사

베니스는 유럽 주요 도시에 대사들이 주재하는 제도를 도입했다. 대사들은 주재국에서 베니스를 대표하고 베니스의 상업적 이익을 대변하면서, 10인 위원회에 첩보도 보내야 했다. 많은 대사가 독자적인 첩보망을 조직하여, 외국인들을 이용해 기밀 정보를 캐냈다.

15세기 초까지, 정보 수집에 있어서 베니스를 따를 유럽 국가가 없었다. 세계 곳곳에 있는 베니스의 상인들과 대사들이 보낸 편지 덕분이었다. 이 편지들이 염탐당하는 것을 방지하려고, 베니스인들은 이제껏 없던 최고로 복잡한 암호를 개발했다. 암호 해독 기술도 그만큼 뛰어났다. 이토록 베니스의 기술이 뛰어났기에 베니스 최고의 암호 해독자인 조반니 소로가 가끔 우호국으로 파견되어 특히 어려운 암호를 해독하는 것을 도왔다. 대서양 무역로가 열리며 권력이 서쪽으로 옮겨 간 뒤 베니스의 경제적 영향력은 줄었지만, 정보의 중심지라는 명성은 한동안 계속되었다.

위 : 베니스의 부와 권력은 동방으로 향하는 무역로를 장악한 데서 나왔는데, 이 무역로는 마르코 폴로(사진)와 같은 초기 탐험가들에 의해 개척된 것이었다.

아래 : 15세기의 베니스 지도로, 당시에 베니스는 유럽에서 두 번째로 큰 도시 국가로서 전성기를 누리고 있었다.

> "서약하고 맹세하라. 그리고 비밀을 누설하지 말라."
>
> 10인 위원회가 받아내는 서약

사자의 입

베니스 시민들은 잘못을 저지른 것으로 의심되는 사람이 있으면 그를 고발하도록 장려되었다. 이를 위해 도시 전역에 석조 편지함이 설치되었다. 편지함은 입을 벌린 사람이나 야수의 머리가 정교하게 조각된 형태였고, 보체 데레오니(사자의 입)라고 불렸다. 벌린 입속으로 편지를 넣었고, 고발 내용은 간통부터 신성모독, 탈세, 반역까지 다양했다. 고발은 익명으로 할 수 없었고, 최소 두 사람의 증인이 서명해야 했다.

DENONTIE SECRETE
CONTRO CHI OCCVLTERA
GRATIE ET OFFICII
O COLLVDERA PER
NASCONDER LA VERA
RENDITA D ESSI

위 : 화난 표정의 관리를 묘사한 이 보체데레오니는 베니스의 두칼레 궁전 옆에 있다.

여왕을 노리는 음모

558년, 엘리자베스 1세가 잉글랜드 여왕으로 즉위했을 때, 그녀에게는 적이 많았다. 잉글랜드가 신교도 국가가 되자 국외에서는 강력한 가톨릭 국가인 프랑스와 스페인이 위협했고, 국내에서는 가톨릭 신자들이 여왕의 몰락을 음모했다. 다행히 엘리자베스는 출중한 인재를 스파이 수장으로 앉힐 수 있었다.

573년, 프랜시스 월싱엄은 엘리자베스 여왕의 국무장관으로 임명되며 첩보 활동까지 총괄하게 된다. 대단한 지략가이자 정력가였던 월싱엄은 첩보기관을 구축하여 여왕을 축출하려는 여러 음모를 번번이 좌절시켰다.

배빙턴 음모

엘리자베스의 최대 왕위 경쟁자는 여왕의 사촌이자 가톨릭 신자인 스코틀랜드 여왕 메리 스튜어트였다. 메리는 그 당시 많은 정치적 책략에 관여하고 있었고, 이는 1586년 배빙턴 음모 사건에서 절정에 달한다. 1568년 스코틀랜드에서 도망친 후에 잉글랜드에 감금되어 있던 메리를 석방하는 것이 음모자들의 계획이었다. 그다음 수순은 잉글랜드 내 가톨릭 신자들의 봉기, 스페인의 침략, 엘리자베스의 암살이었다.

음모의 주동자는 메리의 전 시동이자 스파이인 앤서니 배빙턴이었다. 그런데 배빙턴은 자신의 공모자들 가운데 월싱엄 경을 섬기는 이중 스파이 두 명이 잠입해 있다는 사실을 몰랐다. 이중 스파이들은 음모의 세부 사항을 알아냈고, 메리와 음모자들 사이에 오간 서신을 가로챌 수 있었다. 그 편지들은 잉글랜드의 암호학자 수장인 토머스 필립스가 해독했다. 편지 내용은 이미 유죄를 강력히 시사하고 있었지만, 월싱엄은 메리가 음모에 가담한 사실을 더욱 확실히 하기 위해 간교하게 추가 내용을 덧붙였다. 배빙턴 조직원들은 즉시 체포되어 처형됐다. 1587년 2월 8일, 메리는 파서링게이성에서 참수당했다.

왼쪽 위 :
프랜시스 월싱엄 경

왼쪽 아래 :
메리 스튜어트

오른쪽 위 :
엘리자베스 1세

> 너무 많이 두려워하는 것이 너무 적게 두려워하는 것보다 덜 위험합니다."

엘리자베스 1세 여왕의 스파이 수장인 프랜시스 월싱엄 경

화약 음모

1603년에 엘리자베스 1세가 죽자, 신교도이자 스코틀랜드 국왕인 제임스 6세가 왕위를 계승하여 잉글랜드 국왕 제임스 1세가 됐다. 로버트 케이츠비와 가이 포크스가 이끄는 잉글랜드 가톨릭 신자 모임은 1605년 11월 5일, 이 새로운 군주정을 전복하기로 계획했다. 그들의 목표는 제임스 1세가 참석하는 국왕의 의회 개회 선언 중에 상원 의사당을 폭파하는 것이었다. 하지만 음모자들은 보안에 허술했고, 익명의 투서가 당국에 그 계획을 알렸다. 11월 4일 저녁, 상원 의사당 수색 중에 화약통 36개를 지키고 있는 포크스가 발각됐다. 그는 체포되었고, 다른 공모자들도 대부분 그 후에 체포되었다. 반역죄 재판에서 그들은 유죄 판결을 받았고 교수척장분지형(목매달고 내장 발라 사지 토막 내기)을 선고받았다. 오늘날까지 영국에서는 매년 11월 5일에 화약 음모 사건이 좌절된 것을 기념하며 '가이'라고 불리는 인형을 모닥불에 태운다.

스페인의 침공을 늦추다

배빙턴 음모 사건을 막았지만, 스페인 왕 펠리페 2세가 잉글랜드를 침공하기로 결정했기에 엘리자베스의 처지는 여전히 위태로웠다. 월싱엄은 앤서니 스탠든(가명은 폼페오 펠레그리노)을 마드리드로 보냈고, 그는 펠리페 2세의 궁전에서 플로렌스 대사의 도움을 받아 정보 활동을 한다. 또 다른 정보원은 스티븐 포울 경으로, 그는 유럽 전역에서 활동하며 스페인의 속궁리를 캐고 다녔다. 1587년, 월싱엄은 그들이 제공한 첩보 덕분에, 잉글랜드 침략을 준비하고 있는 무적함대에 관해 상세히 알게 되었다.

월싱엄은 유럽 대륙에 영향력을 행사해, 펠리페 2세가 침공 자금을 위해 받아야 했던 은행 융자를 몰래 늦출 수 있었다. 1588년, 마침내 무적함대가 스페인에서 항해해 왔을 때, 잉글랜드는 침공에 맞설 준비를 단단히 해둔 상태였고, 모두 알다시피 전투는 스페인의 대패로 끝났다.

오른쪽 : 최근 몇 년 동안 시위 단체 어나니머스의 회원들이 가이 포크스 가면을 사용 중이다.

제2장

17세기부터
19세기까지

유럽은 아프리카, 아메리카, 아시아를 착취하여 막대한 부를 얻었다. 유럽 열강은 누가 최고의 약탈품을 차지할 것인지를 두고 싸웠고, 그 과정에서 스스로 거대한 제국을 세웠다. 그리고 새롭게 정복한 지역의 정보와 라이벌 제국의 정보가 필요했기에 정보기관을 개발했다. 양질의 첩보는 육군 및 해군의 군사력과 점점 더 밀접한 연관을 맺게 되었다.

유럽의 정보기관은 점점 전문화되었고, 프랑스에서 최초로 암호화된 편지를 가로챌 목적으로 '블랙체임버(암호해독기구의 속칭_옮긴이)'를 창설한다. 그 결과 암호 기술이 발전했고, 숙련된 암호 기술자들은 첩보 세계에서 가장 중요한 구성원이 됐다.

18세기 후반에 미국이 영국의 식민 지배에서 벗어나는 데 성공한 것은 첩보 기술의 공이 컸다. 조지 워싱턴의 지원 덕분에, 미국의 스파이들은 북아메리카에서 활동하는 영국 스파이들을 훨씬 앞지를 수 있었다. 영국은 유럽 대륙에서 더 성공적이었고, 러시아와 함께 첩보 분야의 새로운 거장이 되었다.

탐험의 시대

이탈리아의 탐험가 크리스토퍼 콜럼버스는 1492년에 대서양을 항해하여, 유럽의 신세계 정복에 발판을 마련했다. 스페인과 포르투갈이 식민지 개척에 제일 먼저 뛰어들었고, 곧 다른 유럽 국가들이 가세하여 서로 치열하게 경쟁했다. 육군 및 해군의 군사력은 양질의 정보를 수집하는 첩보전과 밀접한 연관을 맺게 되었다.

16세기 초, 스페인이 아즈텍 제국(멕시코)과 잉카 제국(페루)을 대범하게 정복한 것은 두 제국 백성들의 불만을 교묘히 이용한 덕분이었다. 이들이 군사적으로 보탬이 되어서, 그렇지 않았더라면 완전히 압도당했을 상대편의 물질적 우위를 넘어설 수 있었다.

영토 전쟁

아메리카 대륙에서 가져온 막대한 금과 은 덕분에 스페인은 16세기에 유럽에서 가장 강력한 국가가 됐다. 금괴를 실은 함선들이 정기적으로 스페인을 향해 가는 것을 보고 영국, 프랑스, 네덜란드의 사나포선(무장한 민간 선박으로, 교전국의 정부로부터 적선을 공격하고 나포할 권리를 인정받은 배_옮긴이)은 군침을 흘렸다. 이 후발 국가들도 신대륙의 부를 나눠 갖기를 원했고, 그래서 이미 스페인이 영유권을 주장한 북아메리카와 카리브해에 자신들의 식민지를 세웠다.

스페인은 강력한 육군과 해군에 의존했고, 결과적으로 첩보 문제에는 많은 관심을 기울이지 않았다. 스페인의 펠리페 2세는 전형적인 귀족답게 지저분한 스파이 세계를 경멸했고, 암호 해독을 일종의 주술로 여겼다. 반면, 덜 고상한 라이벌 국가들은 스파이 기술을 잘 활용한 덕분에 부족한 군사력을 만회할 수 있었다.

부상하는 프랑스

오랫동안 베니스는 첩보 세계를 지배했지만, 프랑스가 새롭게 부상하면서 16세기 후반부터 판도가 바뀌기 시작한다. 현대 대수학의 아버지인 수학자 프랑수아 비에트는 1590년에 스페인의 외교통신용 암호를 해독했다. 이 덕분에 프랑스 왕 앙리 4세는 스페인과의 교섭에서 무척 유리한 위치에 섰고, 이는 프랑스 종교전쟁의 종식으로 이어졌다.

위 : 프랑스의 수학자이자 암호 해독자
프랑수아 비에트

위 : 16세기 서적 『틀락스칼라의 역사』에 실린 그림에는 코르테스가 말린체를 옆에 세우고 살텔롤코시에서 재판하는 모습이 묘사되어 있다.

코르테스와 매춘부

스페인이 아즈텍 제국을 정복한 데는 말린체라는 젊은 아즈텍 여인의 공이 컸다. 나우아족의 상류층 집안 출신이었지만 어렸을 때 노예로 팔린 말린체는 비(非)아즈텍 지도자가 스페인인들에게 선물한 여성 노예 중 한 명이었다. 스페인 사령관 에르난 코르테스는 말린체를 정부로 삼았다. 언어에 재능이 있었던 말린체는 마야어를 구사하는 스페인 사제의 도움으로, 스페인어를 금세 능숙하게 구사하게 되었다. 그녀는 코르테스의 통역사가 되었고, 그에게 정보를 제공했다. 한번은 아즈텍과 굳게 동맹한 촐룰라가 스페인군을 습격하려고 준비한다는 사실을 말린체가 알게 됐다. 이 소식을 전해 들은 코르테스는 선제공격에 나서 촐룰라군을 기습했다.

> "이제 그들은 우리를 마법사로 생각하고, 우리가 알아내지 못할 음모는 없다고 말했습니다."
>
> 촐룰라군을 쳐부순 뒤 스페인이 그들에 관해 한 말

리슐리외의 첩보기관

17세기 초, 루이 13세 치하의 프랑스 왕실은 내부적으로는 강력한 귀족들의 위협을 받았고 외부적으로는 스페인, 오스트리아, 네덜란드, 그리고 이탈리아 일부 지역을 장악한 합스부르크 왕가의 위협을 받았다. 하지만 루이 13세의 가공할 만한 재상인 리슐리외 추기경은 두 가지 위협을 모두 해결했다.

리슐리외는 효과적인 국가첩보기관을 만들어, 프랑스 귀족들의 서신을 가로채 그들의 활동을 면밀히 감시했다. 이런 방식으로 리슐리외는 국왕을 노리는 음모를 좌절시켰고, 프랑스를 통치하는 왕실의 권력을 바로 세웠다. 리슐리외는 값비싼 전쟁에 휘말리지 않고서 합스부르크 왕가를 약화시키는 정책을 추진하기 위해 비밀 요원을 고용했다. 한번은 포르투갈과 카탈루냐를 부추겨 그들을 지배하는 스페인을 상대로 봉기하도록 했고, 그 결과 프랑스와 전쟁을 벌일 만한 스페인의 군사력이 약화됐다. 1642년 리슐리외가 사망할 무렵, 그의 첩보기관 덕분에 프랑스는 유럽에서 가장 강력한 국가가 될 수 있었다.

위 : 리슐리외 주기경

잉글랜드 내전 당시 첩보 활동

오른쪽 :
올리버 크롬웰

잉글랜드 내전(1642~1649) 당시에 올리버 크롬웰이 이끄는 의회파는 찰스 1세가 이끄는 왕당파보다 군사적으로 우위에 있었다. 찰스 1세와 달리 크롬웰은 좋은 첩보의 중요성을 알았고, 적들의 작전을 방해하기 위해 최고의 스파이들을 고용했다.

의회파는 케임브리지 대학의 학자인 존 월리스를 고용했다. 다른 많은 암호학자처럼, 월리스는 뛰어난 수학자였다(그는 미적분학의 발전에 공헌하기도 했다). 그로서는 암호 해독이 재미있는 지적 오락이었고, 왕당파가 사용한 암호들을 푸는 게 그다지 어렵지 않았다.

왕의 편지

1645년, 월리스는 찰스 1세가 프랑스로 망명해 있는 아내에게 보낸 암호화된 서신을 해독했고, 찰스 1세가 아일랜드와 유럽 대륙의 가톨릭 신자들에게서 지지를 구하려 한다는 사실을 알게 됐다. 의회파에게 이 편지들은 선전용으로 굉장한 가치가 있었고, 찰스 1세를 깎아내릴 목적으로 편지가 공개됐다. 의회파는 찰스 1세를 아내에게 휘둘리는 왕으로 묘사했고, 신교도 왕이라는 사람이 외국의 가톨릭 신자들과 담합하려 했다고 비난했다.

이후에 월리스는 올리버 크롬웰의 초대 정보 수장인 토머스 스콧 밑에서 일했다. 1647년에 임명된 스콧은 첩보망을 조직해 파리 외곽에 있는 망명용 궁전에 잠입시켰다. 첩보원 중 한 명인 로버트 워든은 찰스 2세와 제임스 2세 왕자가 벌이는 정사에 관해 세세하고 외설적인 정보를 제공해 고지식한 스콧을 질겁하게 만들었다.

위 : 찰스 1세와 그의 아내인 프랑스의 앙리에타 마리아

"악인들의 속마음을 걸어 잠근 자물쇠를 당신처럼 많이 열 수 있다는 것은 실로 놀라운 일이며, 당신이 노력을 쏟은 일이 그토록 성공적인 것은 하나님의 자비입니다."

헨리 크롬웰(올리버 크롬웰의 아들)이 존 서로에게 씀

왕관을 되찾기 위한 싸움

1646년에 찰스 1세가 붙잡힌 후, 그의 장남인 찰스 스튜어트는 유럽 대륙으로 도망쳤다. 1649년에 찰스 1세가 처형되자 찰스 스튜어트는 찰스 2세로 즉위했고, 1650년에 스코틀랜드로 건너와 잉글랜드를 침략하기 위해 군대를 모았다. 1651년 9월에 왕당파 군대는 우스터 전투에서 크롬웰에게 결정적으로 격파당했고, 찰스 2세는 또다시 프랑스로 도망쳐야 했으며, 추격자들을 따돌리기 위해 잠시 참나무 위에 숨기도 했다. 1660년에 잉글랜드의 왕좌로 복귀한 찰스 2세는 과거의 의회파 정적들을 모두 용서했으나 부왕의 사형 집행 영장에 서명한 이들은 제외였다. 찰스 2세는 복수를 결심했고, 국왕 시해자들 중 제일 먼저 붙잡힌 토머스 스콧은 교수척장분지형을 당했다.

오른쪽 : 찰스 2세

왼쪽 :
존 서로

공화국의 스파이

1653년, 토머스 스콧의 자리는 변호사이자 크롬웰의 절친한 친구인 존 서로가 맡게 됐다. 서로는 스콧의 첩보망을 확장했고, 크롬웰이 나머지 유럽과 외교 관계를 개선하도록 도왔다. 서로는 잉글랜드의 왕당파 지지자들로 구성된 소규모 조직인 실드 노트를 적발하는 성과를 거뒀는데, 이들은 의회파에 대항하는 봉기를 선동하려고 망명 궁전과 연락하고 있었다. 이들이 찰스 2세에게 보낸 편지를 서로의 공작원이 가로챘고, 이들은 1654년에 체포됐다.

위 : 암호 해독자 존 월리스는 크롬웰을 위해 일하다가 후에는 찰스 2세를 위해 일했다.

이러한 서로의 능력에 낙담한 찰스 2세는 의회가 "자신들의 왕(찰스 2세)이 무슨 일을 하려고 마음먹든 완벽하게 알고, 혼잣말한 것도 안다."라고 한탄했다. 서로는 내란을 진압하기도 했다. 1655년에는 요크에서 일어난 펜루독 봉기를 좌절시켰고, 2년 후에는 급진적인 수평파 운동가들의 크롬웰 암살 음모를 적발했다.

1660년에 크롬웰이 죽은 뒤 공화국이 붕괴됐고, 찰스 2세는 잉글랜드에 돌아와 왕좌에 오르도록 초청되었다. 서로는 반역죄로 체포되었으나, 첩보에 정통한 덕분에 풀려나게 되었다. 그는 왕실의 첩보 활동 고문이 되었다.

암호 전쟁

보통 첩보전은 최고의 암호 전문가들을 보유한 쪽이 유리하다. 16세기 이후로 유럽 열강 사이에 거의 계속해서 전쟁이 일어나며, 암호를 만들고 해독하는 일이 중요해졌다. 모든 국가가 적국의 암호와 동맹국의 암호를 해독하려고 애쓰는 한편, 뚫리지 않길 바라는 마음으로 자신들만의 암호를 개발했다.

16세기와 17세기에는 국제 우편의 양이 꾸준히 증가했는데, 한 국가의 스파이 수장에게는 저명인사, 대사관, 국무기관의 서신이 큰 관심거리였다. 프랑스는 이 서신들을 훔쳐볼 방법을 고안한 최초의 국가로서, 검은 내각이라는 뜻의 블랙체임버를 창설했다. 블랙체임버의 역할은 편지를 가로채서 열어보고 해독한 다음, 편지가 남의 손을 탄 사실을 수신자가 절대 눈치채지 못하도록 편지를 다시 목적지에 보내는 것이었다. 다른 나라들도 곧 프랑스를 따라 블랙체임버를 만들었다.

공성전 끝내기

앙투안 로시뇰은 뛰어난 암호 전문가이자 수학자로 프랑스의 블랙체임버를 이끌었다. 그는 1626년에 가톨릭군이 위그노 교도(프랑스 신교도)의 도시인 레알몽을 포위했을 때, 물자가 거의 바닥났으니 무기를 지원해 달라고 간청하는 위그노 교도의 암호화된 편지를 가로채 해독한 일로 명성을 얻었다. 가톨릭군이 그 편지를 위그노 교도에게 낭독했다. 위그노 교도는 지원이 오지 않을 것이고, 가톨릭군에게 처지를 들켰다는 사실을 깨닫고 즉시 항복했다. 로시뇰은 당시 허술했던 프랑스 정부의 암호화 기술을 개선하는 데 많은 공을 세웠다. 그와 그의 아들 보나방튀르는 루이 14세를 위해 특별히 위대한 암호(Grande Chiffre)를 개발했다. 그 당시에 위대한 암호는 해독이 불가능한 암호 같았다. 18세기 중반에 암호

키를 분실하고선 1890년대까지 해독되지 않으나, 역시 뛰어난 프랑스 암호 해독자였던 에티엔 바제리가 3년간 작업한 끝에 암호를 풀었다.

잉글랜드의 성공

프랑스가 고등 암호 기술의 선두 주자였으나, 최대 라이벌이었던 잉글랜드가 그 뒤를 바짝 쫓아왔다. 잉글랜드 내전 때부터 일을 시작한 존 월리스는 왕정이 복고된 후에도 찰스 2세와 윌리엄 3세를 위해 기쁘게 일하며 많은 성과를 냈다. 1703년에 월리스가 죽자, 그의 자리는 손자인 윌리엄 블렌코가 넘겨받았고, 후에 다시 유능한 에드워드 윌리스와 그의 가족이 넘겨받았다. 18세기 중반에 이루자 프랑스가 암호 기술에서 뒤처지기 시작했고, 프랑스의 표준 암호가 잉글랜드, 러시아, 오스트리아의 암호학자들에 의해 뚫리곤 했다.

속전속결 암호 해독

유럽의 모든 블랙체임버 가운데, 빈에 본부를 둔 오스트리아의 비밀 내각(Geheime Kabinets-Kanzlei)이 최고로 능률적이었다. 18세기 중반에 비밀 내각을 지휘했던 이크나츠 폰 코흐 남작은 편지를 가로챘으면 빠르게 우체국으로 돌려보내서, 편지가 남의 손을 탔다는 걸 수신자가 의심하지 못하게 해야 한다고 했다. 오전 7시에 우편물이 도착하면 전문가가 봉인을 녹인 다음 속기사 팀이 편지에서 중요한 내용을 베꼈다. 편지 하나에 최대 네 사람이 동시에 매달렸다. 필사가 끝나면 편지를 다시 봉인하고, 오전 10시까지 중앙 우체국으로 돌려보내서 편지가 정상적으로 배송될 수 있게 했다. 번역가와 암호 해독자들이 필사된 편지의 내용을 살피며, 오스트리아 외무부에 뜨끈뜨끈한 정보를 전하려고 밤낮없이 일하기도 했다.

위 : 오스트리아의 비밀 내각에서 한 여성이 편지를 조심스럽게 다시 봉인하고 있다.

가족 사업

1716년, 에드워드 윌리스가 영국 왕실의 암호 해독자로 취임했다. 그는 자코바이트 세력(폐위된 제임스 2세의 지지자들)과 그들의 잠재적 동맹 세력인 스웨덴 사이에 오가던 암호화된 서신을 해독하여, 자신의 능력을 곧장 증명해 보였다. 이어서 그는 프랑스, 오스트리아, 프로이센, 스페인의 외교통신용 암호를 해독했다. 이러한 성공으로 상당한 금전적 보상이 내려졌고, 공식 암호 해독 부서가 창설됐다. 윌리스는 자기 일을 세 아들이 돕게 했고, 그가 1773년에 사망하자 막내아들인 프랜시스가 '가족 사업'을 물려받았다. 프랜시스는 아버지보다 능력이 부족했지만, 1827년에 죽을 때까지 자리를 보전했다. 프랜시스의 조카인 윌리엄 러벌이 1844년에 암호 해독 부서가 해체되기 전까지 부서를 이끌었다.

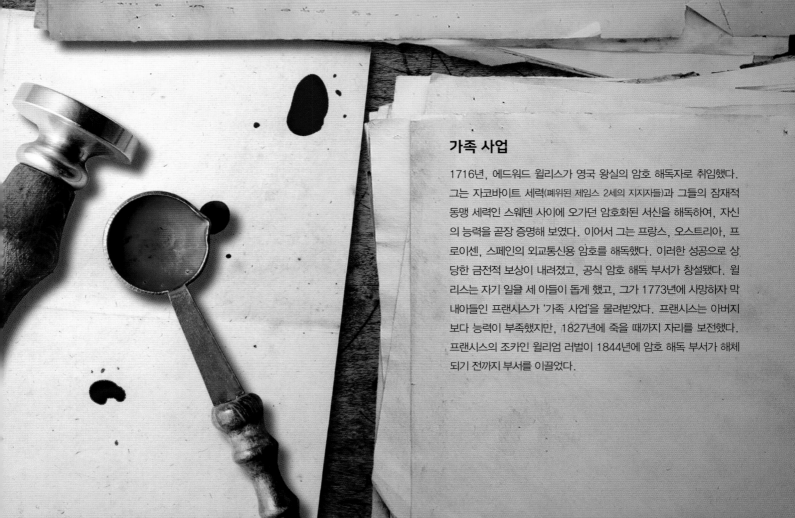

미국의 공작관 조지 워싱턴

역사에 길이 남은 군사령관 중에서 조지 워싱턴만큼 첩보 기술에 능수능란한 사람은 거의 없었다.
신생 공화국이었던 미국이 영국을 상대로 첩보전에서 승리한 것도 워싱턴 덕분이었다.

미국이 독립 전쟁(1775~1783) 중이던 1775년 7월에 워싱턴은 "비밀 통신을 구축해 적의 동향
과 계획에 관한 정보를 전달하겠다."라며 익명의 첩자를 보스턴으로 파견했고, 그렇게 공작
관으로서 활동을 시작했다. 1년 후, 워싱턴은 스파이 자원자 네이선 헤일이 영국이 점령한
뉴욕에 잠입하는 것을 허가한다. 헤일은 의욕이 넘치는 젊은이였지만, 좋은 스파이로서
필요한 자질이 부족했다. 헤일은 뉴욕에 간 지 2주 만에 체포되었고, 1776년 9월 22일에
교수형을 당했다.

컬퍼 첩보망

위 : 벤저민 톨마지

헤일의 불운을 계기로 좀 더 전문적인 접근법을
채택하게 된 워싱턴은 1778년에 벤저민 톨마지
를 첩보 담당 부관으로 임명했다. 톨마지는 뉴욕
에 첩보망을 조직해 영국의 동향과 계획에 관한
정보를 제공하게 했다. 핵심 구성원들의 코드명
을 따서 이름을 붙인 컬퍼 첩보망의 첩보원들은
뉴욕 현지인들로서 뉴욕에서 잘 알려진 인물들
이었는데 자신들이 실제로 어느 편인지 숨기는
게 가능했다.

컬퍼 첩보망은 워싱턴에게 꾸준히 정보를 제공했으며, 특히 1780년에 최고로
활약했다. 당시 프랑스군이 미국군을 지원하려고 로드아일랜드주 뉴포트에
상륙한 참이었는데, 영국이 대규모 병력을 파견해 프랑스군을 요격하려
한다는 사실을 이 미국 첩보원들이 발견한 것이다. 첩보를 전달받은
워싱턴은 즉시 뉴욕에 대규모 군사를 보내는 척했다. 이 소식을 들
은 영국군 사령관은 결국 실현되지 않을 뉴욕 공격을 방어하기
위해 프랑스군 요격 명령을 철회했다.

오른쪽 : 조지 워싱턴

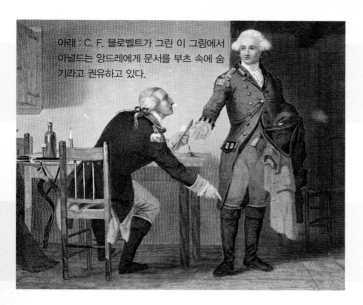

아래 : C. F. 블로벨트가 그린 이 그림에서 아널드는 앙드레에게 문서를 부츠 속에 숨기라고 권유하고 있다.

고위층의 반역

미국군 최고의 사령관 중 한 명이었던 베네딕트 아널드 소장은 진급에 실패하고 분노에 휩싸였다. 때마침 영국군 장교였던 존 앙드레 소령이 아널드를 부추겨 영국 편으로 넘어오게 했다. 1780년, 아널드는 전략적 요충지인 허드슨강의 웨스트포인트를 책임지게 되는데, 영국군에게 2만 파운드를 받는 대가로 웨스트포인트를 넘겨주기로 했다. 그런데 앙드레가 민간인 복장으로 미국 국경을 넘던 중에 붙잡혔고, 그가 소지하고 있던 문서 때문에 아널드와의 관계가 들통 났다. 워싱턴의 첩보 담당관 벤저민 톨마지는 아널드를 체포하려고 했지만, 명령 집행이 지연된 탓에 아널드는 영국으로 도망갈 수 있었다. 그보다 운이 나빴던 앙드레는 간첩죄로 교수형에 처해졌다.

거짓 정보 흘리기

1777년에서 1778년으로 넘어가는 겨울, 워싱턴의 군대는 펜실베이니아주 포지 계곡에 주둔하고 있었다. 그런데 보급품이 부족한 상황이었기에 영국군이 마음먹고 진격해 오면 전멸할 가능성이 있었다. 이런 상황을 막기 위해서 워싱턴은 존재하지 않는 보병대와 기병대를 언급한 치밀한 문서를 준비해 자신의 군대가 전투태세를 갖춘 강인한 병력인 것처럼 꾸며냈다. 그리고 이중 스파이가 이 거짓 정보를 영국군에 전달했다. 속임수에 속아 넘어간 영국군은 어떠한 군사적 행동도 취하지 않기로 했고, 그리하여 미국군은 풍전등화 같았던 순간에 목숨을 부지할 수 있었다.

한번은 워싱턴의 부하 장교가 영국 스파이로 추정되는 인물을 체포할 수 있게 허가해 달라고 찾아왔다. 하지만 좋은 기회라 생각한 워싱턴은 스파이를 체포하지 않고, 도리어 그 장교에게 스파이를 저녁 식사에 초대하라고 말했다. 이어진 저녁 식사에서 장교는 미국의 군사력을 과장한 수치들이 적힌 문서를 일부러 방치했다. 스파이는 그 문서를 훔쳐서 영국에 넘겼고, 영국은 다시 한번 미국군의 진짜 병력이 어느 정도인지 혼란스러워했다.

아래 : 네이선 헤일의 처형

> "내가 유일하게 유감스럽게 여기는 것은 조국을 위해 바칠 목숨이 한 개뿐이라는 것이다."

네이선 헤일이 교수대에서 마지막으로 한 말

혁명 프랑스의 스파이 공포증

1789년에 시작된 프랑스 혁명은 역사적 전환점으로, 이때 루이 16세 치하의 왕정이 전복되고 민주정이 들어섰다. 이렇게 급진적인 사회 변화의 시기에 새로 들어선 공화 정부는 혁명 정권 타도 운동 소문에 시달렸다.

시간이 흐르면서 혁명은 점점 폭력적인 성격을 띠었다. 혁명파는 비교적 쉽게 권력을 잡았지만, 안심할 수 있는 처지는 아니었다. 새로운 프랑스 공화국은 내부적으로는 여전히 왕에 충성하는 이들의 반발에 부딪혔고, 외부적으로는 프랑스의 왕정복고를 바라는 주요 외세(오스트리아, 프로이센, 영국)의 군사 개입 위협에 직면했다. 많은 프랑스 귀족이 외국으로 도망쳤고, 이 망명자들도 공화 정부를 노리는 음모를 꾸몄다.

커지는 불안감

공화 정부가 위기에 놓이자 혁명파와 파리 시민들은 불안에 떨었다. 1792년 여름에 프랑스가 오스트리아와 프로이센을 상대로 전쟁을 선포하면서 이 불안은 편집증 수준으로 발전했다. 반혁명파 스파이들이 도처에 존재한다고 여겨졌고 대량 검거가 일상적이었는데, 투옥된 이들은 대부분 무고했다.

1792년 9월에 프로이센군이 프랑스로 진격하자 파리 전체가 광기에 사로잡혔고, 감옥에 투옥된 많은 이가 폭도에 의해 잔인하게 살해당했다. 9월 학살로 알려지게 되는 이 사건은 국가가 조장한 공포 정치의 서막이었으며, 1793년 1월에는 루이 16세가 처형되기에 이르렀다. 1793년 4월에 공안위원회가 설립되며 공포 정치가 공식화되었고, 감시하고, 조사하고, 탄압하는 경찰국가의 초기 형태가 탄생했다. 공포 정치가 조장하는 두려움과 의심의 분위기 속에서는 공화 정부에 반하는 농담이나 말실수를 하면 단두대에서 처형당할 수 있었다.

아래 : 루이 16세는 외세와 공모한 혐의로 유죄 판결을 받은 다음 날인 1793년 1월 21일에 파리의 콩코드 광장에서 처형됐다.

왼쪽 : 조르주 당통은 공안위원회의 초대 회장이었다. 여러 혁명 지도자들과 마찬가지로 그도 나중에 단두대에서 처형당했다.

오른쪽 : 당통을 고발한 막시밀리앙 로베스피에르

"민중은 필요한 것만 요구하고, 정의와 평화를 원합니다. 부자는 모든 것을 탐하고, 침략하고 지배하길 원합니다."

프랑스의 변호사이자 혁명 지도자 막시밀리앙 로베스피에르

퍼져가는 혁명

1792년부터 1793년까지 프랑스군이 전투에서 연달아 승리하자 공화당 지도자들은 유럽 전역에서 혁명을 부추길 수 있었다. 이러한 선동은 많은 지역에서 호응을 얻었다. 자신들의 앞날을 걱정하는 유럽의 군주들은 선동을 근절하기 위해 제도적 조처를 취했다.

영국은 프랑스에서 전개되는 상황 때문에 에일리언스 오피스를 창설해, 국내 치안 유지 및 해외 첩보 수집을 담당하게

했다. 윌리엄 위컴이 이끌었던 에일리언스 오피스의 요원들은 여러 혁명 단체에 잠입했는데, 이 중에는 급진 단체인 런던통신협회도 있었다. 하지만 이곳은 기소할 수 있을 만큼의 내란 책동 활동이 없었던 것으로 드러났다. 해외에서는 혁명 정부를 축출하려고 벼르는 여러 프랑스 망명자 단체를 에일리언스 오피스가 지원했다. 스위스에 있는 본부에서 일하던 위컴은 자신들의 작전에 큰 기대를 걸었지만 영국의 후한 재정적 지원[속칭 '성 조지 기사(騎士)'(영국이 유럽의 다른 지역에 보냈던 지원금을 가리키는 말로, 당시에 사용한 1파운드 금화에 성 조지가 말을 타고 용을 무찌르는 그림이 있었던 데서 유래했다_옮긴이)']에도 불구하고 아무런 결실을 보지 못했다. 혁명은 굳건히 이어졌다.

파리 탈출

1789년 여름부터 루이 16세와 그의 아내인 마리 앙투아네트를 비롯한 가족들은 파리의 튀일리궁에 가택 연금되었다. 1791년 여름, 새로 들어선 공화 정부가 왕가에 점점 적대적이 되자, 루이 16세는 파리에서 도망쳐 벨기에 국경의 몽메디에 있는 왕당파 요새로 갔다. 비밀 탈출은 철저히 계획됐고, 6월 21일 이른 시간에 왕가는 마차를 타고 경비대를 몰래 지나쳤다. 루이 16세는 파리 외에는 프랑스에 대해 전혀 몰랐고, 시골이 왕정을 지지한다고 믿었기에 파리에서 멀어지자 어리석게도 자신의 정체를 드러내기 시작했다. 이 소식을 보고받은 당국은 바렌에서 왕가를 체포했다. 결국 루이 16세는 최종 처형을 기다리며 감옥에 갇힌 신세가 되었다.

나폴레옹 시대의 첩보

다른 국가 지도자들과 마찬가지로 프랑스 황제 나폴레옹도 방대한 첩보를 보고받았다. 그 결과 그는 무엇이 가치 있는 정보이고 무가치한 정보인지, 무엇이 적이 유포한 노골적인 거짓 정보인지 가려내느라 끊임없이 골머리를 앓았다. 이는 그가 이웃 국가들과 (프랑스 외의 영어권 국가에서는 나폴레옹 전쟁이라고 부르는) 일련의 분쟁을 하는 동안 제대로 풀지 못한 난제였다.

나폴레옹 보나파르트는 프랑스 혁명 때 가장 큰 성공을 거둔 장군으로, 1804년에 스스로 프랑스 황제에 즉위했다. 그리하여 그는 유럽에서 가장 강력한 국가의 절대적 지도자가 되었다. 경험 많은 대규모 군대가 수중에 들어오자, 나폴레옹은 즉시 이웃국들과의 전쟁을 준비하기 시작했다. 능력 좋은 정보기관도 그의 수중에 들어왔지만, 그는 첩보 활동의 중요성에 대해서는 양가적 태도를 지니고 있어서, 스파이의 첩보보다 자신의 군사력을 더 믿고자 할 때가 많았다.

아래 : 속아 넘어간 오스트리아의 장군 카를 마크 폰 라이베리히는 제대로 싸워 보지도 못하고 3만 명의 병사와 함께 울름에서 나폴레옹에게 항복해야만 했다.

오스트리아군 속이기

1805년에 아우스테를리츠에서 러시아와 오스트리아의 연합군을 격파한 첫 번째 대작전을 펼칠 때는 나폴레옹도 카를 슐마이스터라는 대담한 스파이에게 의지했다. 슐마이스터는 프랑스와 독일 국경 지역의 알자스 지방 출신으로 사업가 겸 밀수꾼이었다. 그는 오스트리아 정보기관을 위해 일하는 척했지만, 사실 프랑스를 위해 일하는 이중 스파이였다. 슐마이스터는 독일 남부에 주둔하고 있는 프랑스군이 무너지기 일보 직전이라고 오스트리아군을 속이는 데 성공했

다. 그 지역의 오스트리아 사령관이었던 마크 장군은 손쉬운 승리를 예상하며 프랑스군을 향해 진격했으나, 울름에 도착하자 어느새 자신의 군대를 포위한 프랑스 주력군을 맞닥뜨린다. 마크 장군은 항복할 수밖에 없었고, 오스트리아군은 이 패배에서 끝끝내 회복하지 못했다.

프랑스 궁정의 스파이들

통치 후반부에 나폴레옹은 스파이의 보고든 해독한 암호든 좋은 첩보를 잘 수용하지 않았고, 1810년에는 정보 수집 능력에 있어서 러시아에 뒤처지게 되었다. 러시아 국방부 장관 미하일 바클라이 드 톨리는 유능한 블랙체임버를 구성했다.

1807년부터 러시아는 프랑스와 평화 관계를 유지했으나, 1810년이 되자 알렉산드르 황제와 러시아 정부는 프랑스의 침략을 점점 더 두려워하게 되었다. 러시아로선 다행히도, 파리에 있는 나폴레옹 궁정의 심부에 두 명의 러시아 스파이가 있었다. 칼 폰 네셀로드는 러시아 대사관의 이인자로 프랑스의 군사 전략에 관한 자세한 정보를 입수했다. 나폴레옹에게 러시아 황제를 대리하는 역할을 한 알렉산드르 체르니셰프 왕자는 프랑스 정부 내에 첩보망을 운영했다. 한 첩보원은 프랑스군 각 부대의 병력과 위치에 관한 정보를 매달 체르니셰프 왕자에게 제공했다. 두 스파이는 프랑스가 1812년 여름에 러시아를 침공하려는 정황을 면밀히 파악했다. 이어진 전쟁에서 나폴레옹은 완패하며 제국은 몰락의 길로 접어들었다.

위 : 알렉산드르 체르니셰프 왕자

위 : 수려한 백마에 올라탄 나폴레옹이 불타는 모스크바를 지켜보고 있다. 러시아군은 동쪽으로 후퇴하기 위해 이미 모스크바를 버린 상태였다. 나폴레옹의 침공은 비참한 퇴각으로 막을 내렸다.

"전쟁에서 얻는 정보의 많은 부분은 서로 모순되고, 더 많은 부분은 거짓이며, 훨씬 더 많은 부분은 상당히 불확실하다."

나폴레옹 전쟁 당시 프로이센의 군사 이론가이자 장교 카를 폰 클라우제비츠

제국 시대의 정보

나폴레옹은 군사 정보를 어떻게 획득할 것인지에 관해 분명한 지침을 내렸다.

"고개와 여울을 빠르게 정찰하고, 믿을 만한 정찰대를 섭외하고, 성직자와 우체국장을 심문하고, 지역 주민과 신속히 접촉하고, 첩자를 파견하고, 우편 서신을 번역 및 분석하고, 마지막으로 최고 사령관의 질문에 답하라."

그러나 그가 실제로 받는 정보는 기대에 미치지 못했다.

"정찰 임무에 파견됐던 장교나 첩자들이 하는 보고처럼 모순되고 터무니없는 것도 없다. 보통 본인들이 직접 목격한 내용도 아니고, 공포에 질려 놀란 사람들에게서 들은 말만 그대로 전한다."

— 제3장 —

19세기의
정보 활동

왼쪽 : 1871년의 이 지도는 전신선으로 세계를 완전히 둘러싸려는 야심 찬 계획을 보여준다.

모스 부호

미국인 새뮤얼 모스는 조지프 헨리, 앨프리드 베일과 함께 1837년에 전선에 전파를 흘려보내는 초기 전보를 개발했다. 수동 키로 작동하는 간단한 시스템이었다. 키를 누르면 신호가 켜지고, 누르지 않으면 신호가 꺼졌는데, 이러한 전기 신호를 읽을 수 있게 부호를 개발한 것이 이 전보의 주요한 특징이었다. 모스 부호에서 26개의 알파벳은 점과 선으로 구성된 고유한 부호를 갖는다(선이 점보다 3배 더 길다). 숙련되면 빠른 속도와 정확성으로 메시지를 송수신할 수 있다는 게 곧 증명됐고, 모스 부호는 전 세계로 퍼져나갔다. 모스 부호는 20세기 내내 무선통신에 사용되었고, 스파이라면 누구나 모스 부호 사용법을 익혀야 했다.

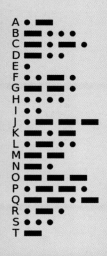

오른쪽 : 아가멤논호가 대서양 횡단 전신선을 부설하고 있다. 4년간의 작업 끝에 1858년에 완성되었으나 고작 3주 동안 작동했다. 1866년에 좀 더 튼튼한 두 번째 전신선이 부설됐다.

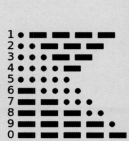

A	●▬		U	●●▬
B	▬●●●		V	●●●▬
C	▬●▬●		W	●▬▬
D	▬●●		X	▬●●▬
E	●		Y	▬●▬▬
F	●●▬●		Z	▬▬●●
G	▬▬●			
H	●●●●			
I	●●			
J	●▬▬▬		1	●▬▬▬▬
K	▬●▬		2	●●▬▬▬
L	●▬●●		3	●●●▬▬
M	▬▬		4	●●●●▬
N	▬●		5	●●●●●
O	▬▬▬		6	▬●●●●
P	●▬▬●		7	▬▬●●●
Q	▬▬●▬		8	▬▬▬●●
R	●▬●		9	▬▬▬▬●
S	●●●		0	▬▬▬▬▬
T	▬			

그 뉴욕 정보원은 남부 연합 지폐를 제조하기 위해 인쇄판을 파고 있었다. 경찰이 작업장을 급습했고, 총 수백만 달러에 달하는 지폐를 압수했다.

초기의 전신 시스템은 크고 다루기 힘들었으며 전기가 많이 들었다. 하지만 20세기에 휴대용 배터리, 유리 밸브, 전파를 이용한 무선송신 기술이 발달하면서 상황이 변하기 시작했다. 제2차 세계 대전 때 출현한 여행 가방을 가장한 라디오는 스파이들에게 매우 요긴했는데, 어디에서든지 외부 도움 없이 메시지를 송수신할 수 있었기 때문이다(170~171쪽 참조).

미국 남북 전쟁

미국 남북 전쟁 때는 아마추어 스파이들이 전면에 나섰다. 이들의 활약이 대단했는데, 그중 으뜸은 첩보 활동의 역사에 자신의 발자취를 남긴 여성 스파이들이었다.

북부 연방과 남부 연합은 너 나 할 것 없이 정보 수집을 위한 임시 정보기관을 세웠다. 전시 특성상 스파이 활동이 쉬웠기 때문에 대대적인 스파이 활동이 이루어졌다. 양측이 같은 언어를 사용하고 생김새가 같은 데다가, 정치적 성향이 다른 사람들이 서로 섞여 살고 지역에 따라 완벽하게 갈리지는 않아서, 북부 연방을 지지하는 노예해방론자가 남부에 살기도 하고 남부 연합 동조자가 북부에 살기도 했다. 군대가 고정적으로 주둔하는 지역이 드물어 스파이들은 비교적 손쉽게 주(州)의 경계를 넘나들 수 있었다.

엘리자베스 밴 루

남부 연합의 수도인 버지니아주 리치먼드에 살던 엘리자베스 밴 루는 확고한 노예해방론자로 1843년에 메리 제인 리처드슨(혹은 메리 바우저)을 포함해 자신이 소유했던 노예들을 해방시켰다. 전쟁이 일어나자 밴 루는 북부 연방 포로들을 도왔다. 그 후 밴 루는 '리치먼드 언더그라운드'라는 첩보망을 조직했는데, 그녀의 가장 중요한 정보원인 리처드슨도 첩보망의 일원이었다. 밴 루는 남부 연합 대통령인 제퍼슨 데이비스 집에 리처드슨을 하인으로 보내는 데 성공했다. 리치먼드 언더그라운드에는 '정보 정거장' 다섯 곳이 있었다. 그곳에서 정보원들이 가져온 첩보를 밴 루가 다시 배달원들에게 넘겼고, 배달원들은 적의 전선을 통과해 북부 연방의 공작관에게 첩보를 전달했다.

위 : 엘리자베스 밴 루

위 : 제퍼슨 데이비스 집에서 노예로 일한 북부 연방의 스파이 윌리엄 A. 잭슨

북부 연방의 현장 요원들

북부 연방의 저명한 공작관들로는 훗날 핑커턴 탐정 사무소를 차리게 되는 앨런 핑커턴, 그리고 후커 장군과 그랜트 장군에게 첩보를 제공하고 군사 정보국을 창설한 조지 H. 샤프 대령이 있었다. 군사 정보국은 70명에 달하는 요원들을 현장에 배치하고 이들이 전해 오는 보고를 바탕으로 억류한 포로들에게서 캐낸 정보와 전쟁터에서 노획한 적군의 문서 등을 종합했다. 샤프 대령은 엘리자베스 밴 루의 공작관이었는데, 밴 루는 그가 관리하는 공작원 중에서 단연 뛰어났다. 남부 연합에 대해 잘 알고 있는 노예나 전직 노예들도 훌륭한 정보원이었는데, 그들이 제공하는 정보를 블랙 디스패치라고 불렀다. 주요 흑인 스파이로는 조지 스콧, 존 스코벨, 메리 제인 리처드슨, 해리엇 터브먼 등이 있었는데, 해리엇 터브먼은 도망 노예들을 위해 운영한 지하 철도에서 큰 역할을 하여 이미 유명했다.

오른쪽 : 그녀 자신도 도망 노예였던 해리엇 터브먼은 남북 전쟁 이전에는 수십 명의 노예가 자유를 찾아 지하 철도로 도망칠 수 있게 인도했다. 남북 전쟁 중에는 북부군을 위해 일하며 정찰 및 첩보 임무를 맡았다.

로즈 오닐 그린하우

워싱턴 D.C.에서 유명한 사교계 안방마님이었던 과부 로즈 오닐 그린하우는 노예제를 열렬히 지지했다. 남북 전쟁이 발발한 후에도 워싱턴에 남아 있던 그녀는 남부 연합의 스파이로 채용됐다. 1861년 7월, 그녀는 맥도웰 장군이 이끄는 북부군의 동향에 관한 중요한 정보를 보고했고, 그 덕분에 남부군은 제1차 불런 전투에서 승리할 수 있었다. 앨런 핑커턴은 그린하우가 정보를 유출한 것을 추적하여 그녀를 가택 연금하였다. 그린하우는 1862년 6월에 남부로 추방될 때까지 계속해서 남부 연합에 정보를 제공했다. 1863년에 그녀는 남부 연합의 비공식 스파이로서 배를 타고 영국에 갔는데, 미국에 돌아오던 중에 그녀가 탄 배가 노스캐롤라이나에서 북부군의 봉쇄선을 돌파하려다가 좌초하여 익사했다.

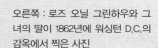

오른쪽 : 로즈 오닐 그린하우와 그녀의 딸이 1862년에 워싱턴 D.C.의 감옥에서 찍은 사진

남부 연합의 스파이들

남부 연합에서는 토머스 조던 대위가 전쟁이 시작되기 전부터 워싱턴 지역에 첩보망을 조직하고 있었다. 조던 대위는 자신의 스타 공작원이었던 로즈 오닐 그린하우에게 첩보망을 곧 위임했고, 그녀의 공작관 역할을 하다가 좀 더 평범한 군인의 길로 돌아섰다.

남부 연합은 비밀 거래 협상을 위해 중립국 영국에 스파이를 파견했다. 북부군이 남부 해상을 봉쇄한 상태였기 때문에 생각보다 쉽지 않은 일이었다. 남부 연합의 스파이였던 제임스 불럭은 영국 리버풀에 사무실을 차려 영국이 남부의 목화를 사들이게 하고 그 대가로 무기를 비롯한 기타 전쟁 물자를 제공하게끔 했다. 또한, 악명 높은 통상 파괴선인 CSS 앨라배마를 구입하고 제조하는 일을 주선하기도 했다. 북부 장교들은 불럭을 '유럽에서 최고로 위험한 인물'이라 불렀다.

그레이트 게임

19세기에 중앙아시아를 두고 벌인 러시아와 영국의 대결은 그레이트 게임이라 불리게 되었다. 훗날 소설가 러디어드 키플링에 의해 대중화된 이 용어는 현지의 통치자들에게 영향력을 행사하고 상대편의 활동을 더 많이 정탐하려는 양측의 은밀한 노력을 지칭한다.

1830년대에 영토를 동쪽으로 확장해 나가던 러시아는 전쟁 중이던 중앙아시아 민족들 사이에 분열을 조장하고 그로 인한 불화를 자신들에게 유리하게 이용하려고 스파이들을 파견했다. 이 중에는 카리스마 넘치고 여러 언어에 능통한 얀 프로스페르 비트키에비치 대위가 있었는데, 그는 러시아를 섬기는 폴란드-리투아니아 출신 탐험가였다. 비트키에비치는 코사크 병사들을 거느리고 1836년에 투르키스탄의 부하라로 진군한 뒤, 그곳의 통치자를 설득하여 러시아가 인접국인 히바한국을 침공할 때 중립을 지키도록 했다. 1년 후에는 아프가니스탄 수도인 카불에서 아프가니스탄의 통치자를 포섭하려고 시도했다.

상호 불신과 상호 존중

투르키스탄에서 전개되는 상황을 의혹의 눈길로 바라보던 영국은 영국 제국의 '왕관의 보석' 같은 존재인 인도를 러시아가 노리는 게 아닐까 걱정했다. 그리하여 인도에 있던 영국 당국은 인도 북쪽에 완충 지대를 만들고자 했으며, 페르시아, 아프가니스탄, 티베트, 투르키스탄 남부 지역이 여기에 포함됐다. 한편 러시아인들은 영국이 투르키스탄에 원정대를 파견하자 심기가 불편했고, 영국이 향후에 아프가니스탄에 대한 지배력을 강화하고 이것을 발판 삼아 중앙아시아에 깊숙이 진출할까 봐 두려워했다.

사실 양국의 두려움은 근거 없는 두려움이었다. 러시아는 인도에 관심이 없었고, 영국은 중앙아시아 원정으로 영토를 취득할 생각이 없었다. 그래도 양측은 계속 이 미지의 지역을 조사하고 상대국의 활동을 정탐했다.

하지만 러시아와 영국의 탐험 요원들은 마주치는 일이 있으면 서로를 정답게 반기곤 했다. 1889년에 프랜시스 영허즈번드 대위는 구르카족 호위병들과 함께 중국령 투르키스탄의 야르칸드 계곡을 따라가다가 코사크족 호위병들과 함께 있는 브로니슬라프 그롬쳅스키 대위와 마주쳤다. 두 사내는 함께 식사했다. 영허즈번드는 브로니슬라프에게 코사크군의 기마술을 칭찬했고, 브로니슬라프는 영허즈번드에게 구르카군의 사격술을 칭찬했다.

위 : 1878년에 영국의 풍자만화가 존 테니얼이 그린 정치 만화. 아프가니스탄의 왕 세르 알리가 그의 '친구들'인 러시아 곰과 영국 사자 사이에서 옴짝달싹 못 하고 있다.

지식 있는 현지인

인도의 지형을 조사하던 영국은 유럽인의 출입이 불가능한 지역의 경우에는 인도 국경 지역에 사는 현지인들을 고용했다. 지도를 제작할 목적으로 이루어지는 조사였지만, 유용한 정보를 알게 되면 보고하는 것도 현장 요원들의 임무였다. 산간 지역인 티베트는 유럽인이 가면 사형을 당했다. 바로 여기서 판디트(지식이 있는 사람)라고 불린 이 현장 요원들이 활약했다.

대부분 판디트는 승려로 변장했고, 염주 알이 100개인(원래는 108개) 변형된 염주를 받아서, 보폭으로 거리를 잴 때 사용했다. 그들은 육분의(두 점 사이의 각도를 정밀하게 재는 광학 기계_옮긴이) 사용법을 배워 여행 가방에 숨겨서 갖고 다녔다. 기도 바퀴는 나침반을 숨기는 용도로 사용했는데, 측량값을 기록할 두루마리를 담는 용도로도 사용했다. 당국에 적발된 판디트들은 풍전등화의 운명에 처했지만, 무사히 돌아온 이들은 귀중한 정보를 가지고 왔다.

1번 판디트

기밀 유지를 위해 판디트는 이름이 아닌 숫자로 불렸다. 가장 유명한 판디트인 나인 싱 라와트는 1번을 부여받았다. 히말라야의 산속 마을에서 태어난 나인 싱은 티베트를 여행한 적이 있었고 그곳의 언어와 관습에 익숙했다. 그는 영국에 고용되어 티베트 전체를 조사하라는 임무를 받았다. 2,540킬로미터에 달하고 18개월이 소요된 여정이었다. 그는 티베트의 수도 라싸에서 3개월을 보내고 최고 통치자인 달라이 라마까지 만나면서, 서양인들에게는 사실상 미지의 세계였던 티베트의 정보를 수집했다. 신변에 위협을 느껴 라싸를 몰래 빠져나온 그는 인도로 돌아가기 전에 토크잘룽 금광을 조사하는 데 성공했다.

위 : 나인 싱 라와트

'행위적 프로파간다' : 무정부주의자들의 폭탄 테러

19세기 후반에서 20세기 초까지, 과격한 테러 공격이 잇달아 유럽과 미국을 휩쓸었다. 급진적 무정부주의자들의 공격이었는데, 그들은 이를 '행위적 프로파간다'라고 표현했다.

가장 단순한 형태의 무정부주의는 자본주의 국가의 해체를 주장했다. 대부분의 무정부주의자는 평화로운 방법으로 목표를 이루고자 했지만, 일부는 이탈리아의 무정부주의자 카를로 피사카네가 주창한 좀 더 공격적인 방법을 채택했다. 1857년에 피사카네는 "행동에서 사상이 나오는 것이지 그 반대가 아니다."라고 쓰며, 대중이 대의에 관심을 갖게 하고 혁명적 활동을 지지하게 하려면 '행위'가 반드시 폭력적이어야 한다고 주장했다. 이 폭력적 행위는 왕이나 대통령 같은 국가의 최고 대표자에게 집중되어야 했는데, 일부 무정부주의자는 심지어 더 나아가 중산층 부르주아 계급까지 모두 포함시켰다.

위 : 카를로 피사카네

러시아 황제 암살 시도

1866년, 러시아 혁명가 드미트리 카라코조프가 차르 알렉산드르 2세를 총살하려고 시도했다. 비록 미수에 그쳤으나 이 사건은 뒤따른 무정부주의 활동과 혁명 활동에 본보기가 되었다. 1880년, 이번에는 스테판 칼투린이 신종 다이너마이트를 사용해 알렉산드르 2세 암살을 시도했다. 차르는 무사히 탈출했지만, 겨울 궁전 일부가 파괴되었고 11명의 사망자와 45명의 중상자가 나왔다. 2년 후, 프랑스 리옹에 있는 벨라쾨르 극장의 식당에 폭탄이 투척되었는데, 이는 일반인을 대상으로 한 무차별 공격이었기에 사람들은 충격과 공포에 휩싸였으며, 이 사건을 시작으로 비슷한 공격이 연달아 일어났다.

위 : 드미트리 카라코조프

"나는 모든 정부를 가장 끔찍한 범죄를 저지르기 위해 결성된 기관으로 여긴다."

러시아 소설가이자 무정부주의자
레프 톨스토이

미국으로 번진 무정부주의

무정부주의 운동은 유럽 전역에 퍼진 후 대서양을 건너 북아메리카까지 번졌다. 1886년, 파업 노동자들이 총격을 당한 일에 항의하는 시카고 시위 도중에 경찰들에게 폭탄이 투척되었다. 엄중 단속에 나선 당국에 의해 체포된 무정부주의자 네 명이 조작된 재판을 받고 교수형을 당했다. 시카고 당국의 탄압은 세계 전역의 정부 당국이 보인 전형적인 반응이었으나, 잔혹한 탄압은 급진적 무정부주의자들에게서 더욱 폭력적인 반응만 끌어낼 뿐이었다.

비밀경찰과 정보원들이 여러 무정부주의 조직을 적발했지만, 1920년대까지도 테러가 끊이질 않다가 1927년에 이탈리아 이민자이자 무정부주의자인 사코와 반제티가 사형을 당하자 그 반발로 미국에서 마지막으로 폭동이 일어났다. 그러나 결국 과격한 무정부주의는 힘을 잃게 되는데, 급진주의자들의 관심이 사회주의와 소련 공산주의가 품은 가능성으로 옮겨 갔기 때문이다.

무정부주의자들이 행한 주요 공격

1866년 러시아 차르 알렉산드르 2세를 노린 첫 번째 암살 기도

1878년 독일 카이저 빌헬름 1세 암살 미수

1881년 알렉산드르 2세가 폭탄 테러로 사망

1892년 미국 기업가 헨리 클레이 프릭이 총격으로 중상을 입음

1893년 바르셀로나 오페라 하우스에 투척된 폭탄으로 11명이 사망

1894년 프랑스 대통령 사디 카르노가 칼에 찔려 사망

1897년 스페인 총리 안토니오 카노바스가 총격당함

1898년 오스트리아 황후 엘리자베스가 칼에 찔려 사망

1900년 이탈리아 왕 움베르토가 총살당함

1901년 미국 대통령 매킨리가 총살당함

1909년 아르헨티나 경찰청장이 폭탄 테러에 사망

1911년 러시아 총리 표트르 스톨리핀이 살해당함

1920년 월스트리트에 폭발물이 투척되어 38명이 사망

위 : 1893년 12월 9일에 무정부주의자 오귀스트 바양이 프랑스 국회에 폭탄을 투척한 사건을 재현한 그림

기술의 도움

무정부주의자들의 폭동은 리볼버와 다이너마이트, 이 두 가지 기술이 개발되지 않았더라면 그토록 큰 영향을 미치지 못했을 것이다. 리볼버는 코트 주머니에 쉽게 숨길 수 있는 믿음직한 권총이었고, 여러 발을 연속으로 빠르게 발사할 수 있어서 한 번의 총격으로 표적 대상을 완전히 죽일 수 없는 경우에 무척 요긴했다. 다이너마이트는 1860년대 후반에 스웨덴의 화학자이자 발명가인 알프레드 노벨이 개발한 폭발물이다. 다이너마이트는 화약보다 강력했고, 불안정하기로 악명 높은 니트로글리세린보다 안정적이었다. 게다가 간단한 뇌관으로 터뜨릴 수 있었다. 리볼버와 다이너마이트는 과격한 무정부주의자들이 즐겨 찾는 무기가 되었다.

왼쪽 : 매킨리 대통령 암살

전문 정보기관의 성장

19세기 이전에는 대부분 정보기관과 첩보망이 문제나 갈등이 발생함에 따라 임시로 조직되었다가, 전쟁이 끝나거나 조사가 마무리되면 해체되었다. 하지만 전쟁이 끊임없이 일어나다시피 하고, 강대국들이 거의 한시도 쉬지 않고 반목했던 18세기가 지나고 나자 정보기관도 마찬가지로 확장하고 발전하기 시작했다.

19세기 전반에 걸쳐 유럽과 다른 나라들 사이에 긴장이 고조되자, 상설 정보기관에 대한 강대국들의 투자도 덩달아 증가했다. 오스트리아-헝가리 제국은 군사 정보 활동을 위해 최초로 진정한 의미의 상설 정보기관을 설립했다. 1850년에 증거부가 창설되었고, 하부 조직으로 첩보부가 창설되어 외국의 동향을 살폈다. 1854년 크림 전쟁 당시에 영국은 오스트리아에 이어 지형통계부를 창설했다(1873년에 육군성의 정보부로 개편됨). 그다음에는 프랑스 육군성이 1871년에 제2국을 창설했고, 경찰청의 지원을 받았다.

러시아의 오흐라나

상설 첩보부의 발전과 함께 상설 방첩부도 생겨났다. 방첩부의 주요 임무는 외세를 염탐하는 것이었지만, 때로는 국내 불만 세력을 탄압하는 일을 했다. 일례로 공안질서수호국 또는 (러시아어로 '안보'를 뜻하는) 오흐라나로 불린 기관이 있었다. 1866년에 상트페테르부르크에서 창설된 오흐라나는 차르 알렉산드르 2세가 암살되자 1881년에는 모스크바와 바르샤바까지 사무실을 확장했다. 오흐라나는 테러 단체와 좌익 조직을 엄중히 단속했고, 노조 해산에 가담했다. 또한 반유대주의 선전물인 「시온 장로 의정

서」 초안을 작성한 것으로도 추정된다. 오흐라나의 활동은 국외로 뻗어 나갔다. 오흐라나 해외 지부는 러시아 밖에서 활동하는 혁명가들을 정탐하고, 공작원을 파견해 무질서를 조장하며, 사적인 편지를 가로채고, 영국과 독일의 군사 및 외교 암호까지 해독했다. 오흐라나의 역할은 군 관련 방첩 활동을 수행하고, 차르 반대 세력의 활동을 억제하는 것이었는데, 1904년부터 1905년까지의 러일 전쟁 시기에는 두 가지 임무 모두 제대로 해내지 못했다. 결국 러시아는 일본이 경제 위기에 봉착하기 몇 달 전에 이미 군사 행동을 포기했고, 자라나는 혁명 세력은 오흐라나의 진압 시도로 도리어 대담해졌다. 결국 일본은 서태평양을 더욱 확실히 장악하게 되었다. 1917년, 오흐라나는 혁명가들에 의해 본부가 약탈당하고 불탄 후에 완전히 해체됐다.

왼쪽 : 1881년, 차르 알렉산드르 2세의 암살을 계기로 러시아의 첩보기관이 급속히 팽창했다.

사라예보에서 일어난 살인

'검은 손'의 지도자 드라구틴 디미트리예비치는 1914년 봄에 암살단을 조직했다. 폭탄과 권총으로 무장한 6명의 암살자는 프란츠 페르디난트 대공의 자동차 행렬이 지나갈 사라예보 기차역에서 시청까지 늘어서 있었다. 대공의 차량이 시청으로 향하는 길에 암살자 한 명이 폭탄을 투척했지만, 폭탄은 튕겨 나가 뒤따르던 차량을 터뜨렸다. 그러나 대공은 굴하지 않고 연설을 하러 시청으로 갔다. 그런데 시청에서 돌아오는 길에 대공의 운전사가 길을 잘못 들었고, 하필 암살단의 일원이었던 가브릴로 프린치프 근처에 잠시 차를 세웠다. 그 순간을 포착한 프린치프는 자동차 발판에 뛰어올라 총을 두 발 쏘았고, 대공 부부의 목숨을 앗아갔다.

위 :
드라구틴 디미트리예비치

오른쪽 : 가브릴로 프린치프

아래 : 1914년 6월 28일, 프란츠 페르디난트 대공 부부가 사라예보 시청을 나서고 있다. 이로부터 5분 후에 그들은 암살당했다.

대세르비아 건설을 위한 노력

'검은 손'은 대세르비아 건설을 위해 1911년에 창설된 비밀 단체였다. 정보 부대 장교인 드라구틴 디미트리예비치는 검은 손의 주요 인물 중 한 명으로, 프란츠 페르디난트 대공 암살 계획을 세웠다. 대공은 보스니아에서 사는 세르비아인들에게 어느 정도의 자치권을 허용할 계획이었다. 하지만 그렇게 된다면 보스니아를 슬라브계 세르비아로 편입하고자 하는 민족주의자들의 열의가 한풀 꺾일 위험이 있었다.

프란츠 페르디난트가 살해당하자 오스트리아는 세르비아 정부에 책임을 물으며 가혹하고 굴욕적인 최후통첩을 전달했는데, 의외로 세르비아 정부가 최후통첩의 각 항목을 사실상 전부 수용했다. 하지만 이것으로 성에 차지 않았던 오스트리아는 1914년 7월 28일에 세르비아에 선전포고를 했다.

이 선전포고는 더 큰 전쟁의 시작에 불과했다. 세르비아의 동맹국이었던 러시아가 7월 30일에 군대를 동원했고, 8월 1일에는 독일이 오스트리아를 지원하기 위해 러시아에 선전포고를 했다. 독일은 이틀 후에 프랑스에도 선전포고를 하고 벨기에를 침공했다. 그러자 벨기에의 영세 중립국 지위를 인정했던 영국이 8월 4일에 독일에 선전포고를 했다. 온 유럽이 전쟁에 뛰어들었다.

> **"우리가 파괴한 아름다운 세상은
> 뒤따른 전쟁으로 영영 사라졌습니다."**

페르디난트 대공 암살을 뒤늦게 후회하는 공모자 바소 추브릴로비치

제4장

속임수와
비열한 계략

제1차 세계 대전은 기계화된 전쟁 시대의 서막을 열었다. 양측이 크리스마스 전까지 끝날 거라고 믿었던 전쟁이 4년 이상 계속되며 수천만 명이 목숨을 잃었다. 전쟁 기술이 발전함에 따라 첩보 기술도 발전하면서, 무전과 전신으로 메시지를 보내고, 처음으로 공중 정찰이 행해졌다. 전선 후방의 저항 단체들은 독일군에게 점령당한 벨기에와 프랑스에서 독일 부대의 철도 이동 상황을 은밀하게 기록하고 있었다. 신속하고 뛰어난 정보 활동으로 어느 한쪽도 결정적인 기습 공격을 하지 못하는 교착 상태가 이어졌다.

　이러한 신종 전쟁에서는 한발 앞선 암호 기술이 중요했다. 신기술 덕분에 대량의 메시지 전송이 가능해지자, 그 메시지를 해독할 재능 있는 사람들이 대거로 채용되었다. 1917년, 영국 정보국은 전쟁의 판도를 결정적으로 뒤바꾸는 계기가 된 독일군의 전보 해독에 성공하고, 이 사건으로 미국이 연합군에 합류하게 되었다. 같은 해, 독일은 러시아를 전쟁에서 빠지게 하려고 비밀리에 볼셰비키 혁명가들과 결탁했다. 1918년 11월, 대학살에 지친 유럽은 휴전을 선언했다. 그 사이에 러시아에서는 공산혁명이 일어났고, 독일에서도 비슷한 조짐이 보였다.

새로운 형태의 전쟁

제1차 세계 대전은 여러 국가가 분쟁에 휘말린 전대미문의 대규모 전쟁이었다. 기관총, 공중전, 화학무기, 참호전 등 다양한 전술과 무기가 빠르게 발전해 전쟁터를 폐허로 만들었다. '모든 전쟁을 끝내기 위한 전쟁'은 전투 방식을 바꾸어 놓는 데서 그치지 않았다. 새로운 무기가 등장하면서 군사 정보가 점점 복잡해지자 첩보 활동도 이에 걸맞게 발전해야 했으므로 기존의 암호 해독부터 새로운 교신 도청까지 아우르게 되었다.

무전 교신의 시작

20세기 이전의 첩보 활동은 주로 인간 정보(HUMINT)를 바탕으로 했는데, 이는 사람이 직접 관찰하여 수집한 정보를 일컫는다. 하지만 라디오를 비롯한 새로운 통신 기술이 개발됨에 따라 통신 신호에서 수집하고 해독한 정보, 즉 신호 정보(SIGINT)의 중요성이 커졌다. 전자 통신 기술은 산생 기술이었고, 1904년 러일 전쟁 당시에 영국이 러시아의 무전 교신을 도청한 것이 신호 정보 수집에 성공한 최초의 사례로 기록되어 있다. 1914년, 독일의 선전포고 암호문은 프랑스가 거의 즉시 해독했다. 앞으로 일어날 일의 예고인 셈이었다.

투기가 쉼 없이 엄호해야 했다. 열기구를 격추한 전투기 조종사는 '에이스'라는 칭호를 받았는데 다섯 번 이상 격추하면 '벌룬 버스터'로 격상되었다. 열기구 풍선은 인화성이 높은 수소로 채워져 충격을 받으면 터지면서 불이 붙었고, 관측병들은 빨리 탈출해야 할 경우를 대비해 낙하산을 착용했다. 반면에 항공기 조종사들은 낙하산을 착용하지 않고 비행기와 함께 격추되었고, 전시 조종사들의 평균 수명은 비행 시간으로 따지면 약 92시간이었다.

양측은 정찰을 위해 열기구 외에도 비행선을 사용했다. 독일 해군이 최초로 체펠린 비행선을 정찰 임무에 배치했다. 장거리 비행이 가능한 이

위 : 1916년 3월 31일, 앨프리드 드 배스 브랜던 중위가 영국 영공에 침입한 체펠린을 공격하고 있다. 뉴질랜드 출신인 브랜던은 이 일로 무공 십자 훈장을 받았다.

거대 비행선은 이후에 영국 상공에서 폭격 임무를 수행하며, 제2차 세계 대전에서 민간인들에게 가해질 공중 폭격의 공포를 미리 선보였다. 체펠린에도 정찰용 카메라가 장착되어 있었다.

왼쪽 : 1916년에 사용된 독일의 파르제발-직스펠트 열기구. 날씨가 안 좋을 때는 연 모양의 열기구가 공 모양의 열기구보다 안정적이었다.

몽스 전투에서의 공중 첩보

제1차 세계 대전이 발발했을 때 영국 공군은 '왕립 비행단(RFC)'이라고 불렸다. 항공기 60대로 구성된 왕립 비행단 선발대는 1914년 8월 13일에 프랑스로 날아갔다. 며칠 지나지 않아 이들은 굉장히 중요한 군사 정보를 수집했는데, 8월 22일에 벨기에에 주둔한 영국 원정군의 측면을 노리고 진군하는 독일군을 관찰한 것이다. 이 정보 덕분에 영국군은 몽스 마을 주변에 병력을 재배치할 수 있었다. 다음 날, 영국군은 몽스 전투를 치르고 퇴각해야 했지만, 전선 너머의 왕립 비행단이 제공해 준 정보 덕분에 진격해 온 독일군에게 큰 타격을 입혔고, 독일군 병력보다 3배나 열세였음에도 불구하고 질서정연하게 후퇴할 수 있었다. 공중에서 수집된 고급 첩보 때문에 어느 한쪽도 결정적인 승리를 거두기가 어려운 상황에서, 영국과 독일이 처음으로 크게 맞붙은 이 전투가 뒤따른 전투에도 영향을 미쳤다.

위 : RFC의 C-Type 항공기 정찰 카메라

아랍국(局)

1915년. 영국군은 오스만 제국과 싸우며 중동에 여러 전선을 형성했다. 그런데 작전 지휘는 영국 본국과 인도를 통해 하달되었고, 각 전선끼리는 교환되는 정보가 거의 없었다. 이러한 상황을 해결하기 위해 1916년에 아랍국이 설립되었다. 아랍국은 오스만 통치에 저항하는 아랍 무장세력 사이에 프로파간다를 퍼뜨리는 임무도 맡았다. 아랍국은 다양한 출처에서 얻은 정보를 능숙하게 종합하여, 복잡한 중동 상황에 대한 정확한 정보를 제공하며 스스로 일류 정보기관임을 증명해 보였다.

왼쪽 : 전쟁이 일어나기 전, T. E. 로런스(왼쪽)는 저명한 고고학자인 레너드 울리(오른쪽)와 함께 시리아에서 발굴 작업을 했다.

아랍국은 이집트 카이로에 있는 사보이 호텔을 근거지로 활동하다가 영국군 밑으로 들어갔다. 길버트 클레이턴 준장이 이끈 아랍국은 재능 있는 군인과 민간인을 폭넓게 영입했는데, T. E. 로런스, 거트루드 벨, 데이비드 호가스 같은 고고학자들도 몇몇 있었다. 고고학자는 첩보 활동에 적합한 역량을 갖추고 있다. 고고학자라는 직업이 완벽한 알리바이가 되어주었고, 지역 문화를 속속들이 알았으며, 현지 언어를 유창하게 구사했기 때문이었다. 게다가 상형문자에서 설형문자에 이르는 여러 종류의 암호를 해독하는 데도 이미 능통했다. 실제로 아랍국은 오스만 제국의 교신을 도청하고 암호를 해독하며 출중한 능력을 증명했다.

「아랍 불러틴」

아랍국은 도청한 교신에서 얻은 정보와 현장 요원에게서 얻은 정보를 종합한 뒤 요약하여 「아랍 불러틴」이라는 일련의 간략한 보고서를 만들었다. 1916년부터 1919년까지 총 114개 호의 「아랍 불러틴」이 만들어졌다. 각 호는 딱 30부만 인쇄되어 소수의 고위 관리들에게 배포되었고, 비밀 유지를 위해 어떤 상황에서도 인용을 금지했다.

아라비아의 로런스

데이비드 린이 영화로 만들어 불멸하게 된 화려한 서사시 〈아라비아의 로런스〉는 T. E. 로런스(1888~1935)의 이야기로 사실과 허구가 교묘하게 혼합되었는데, 이 신화의 상당 부분은 사실 로런스 스스로 만들어낸 것이다. 전쟁 전에 시리아에서 고고학자로 일했던 로런스는 아랍 문화에 정통했던 덕분에 아랍국에 채용됐다. 카이로에서 그는 지도 제작을 감독하고, 「아랍 불러틴」을 편집하고, 죄수들을 인터뷰했다.

로런스는 다른 영국 장교 몇 사람과 함께 오스만 제국과 싸우는 아랍 군대와 직접 접촉하기도 했으며, 메카의 샤리프(메카의 지배자를 일컫는 호칭으로, 부족장의 개념이다_옮긴이)의 셋째 아들이자 훗날 이라크 초대 왕이 되는 파이살 왕과 긴밀히 협력했다. 아랍 혁명 당시에 로런스는 1918년 10월의 다마스쿠스 점령을 포함하여 많은 군사 작전에 몸소 참여했으나, 그가 전쟁 결과에 미친 영향은 미미했을 것이다. 이후 로런스가 유명세를 탄 것은 미국인 방송인 로웰 토머스가 촬영한 영상의 덕이 컸고, 로런스가 아랍식 복장을 하고 있는 그 유명한 사진들도 토머스가 찍었다. 로런스는 「지혜의 일곱 기둥」이라는 책에서 자신의 전쟁 경험을 쓰기도 했다.

위 : 1918년의 T. E. 로런스

위 : 1916년, 아랍 혁명을 일으킨 당시의 샤리프 후세인

아랍 혁명을 지지하다

로런스가 편집한 「아랍 불러틴」 1호는 1916년 6월에 출간됐는데, 훗날 아랍 혁명으로 불리게 되는 봉기가 메카에서 일어난 지 며칠이 지난 시점이었다. 메카의 샤리프인 후세인 빈 알리가 주도한 이 군사 반란은 아랍 땅에서 오스만 제국을 축출하고, 북쪽의 시리아에서 남쪽의 예멘까지 아우르는 단일 아랍 국가를 세우는 것이 목적이었다. 영국은 후세인의 군대를 지지하면서 무기 및 군사 훈련을 제공하고, 오스만 제국을 물리치면 통일 아랍국을 인정하겠다고 약속했다. 하지만 영국은 처음부터 이 약속을 지키지 않을 속셈이었고, 전쟁 후에는 영국과 프랑스가 옛 오스만 점령지를 나눠 가질 터였다.

영국의 속셈을 알지 못한 채, 로런스를 비롯한 아랍국 사람들은 아랍 혁명에 힘을 실어주기 위해 첩보 활동을 했고, 「아랍 불러틴」에 첩보 활동 진행 상황을 기록했다. 그들은 자신들의 기록이 귀중한 군사 정보일 뿐만 아니라, 아라비아반도에서 벌어지고 있는 사건들의 중요한 역사적 기록이라고 생각했다. 하지만 영국 기득권층 내의 많은 사람이 그들을 친아랍 이상주의자에 호사가로 취급했고, 전쟁이 끝나자 아랍 지역에서 일어난 혼란스러운 사건들의 책임을 아랍국에 물으며 많은 비난을 퍼부었다. 그럼에도 불구하고 아랍국이 제공한 정보는 전쟁 말기에 치른 전투에서 중대한 역할을 했고, 1918년 메기도 전투에서도 아랍국의 공중 정찰이 승리를 거두는 데 보탬이 되었다. 아랍국이 선도한 많은 혁신 가운데 하나는 항공 사진을 이용해 알려지지 않은 지역의 지도를 제작한 것이었다. 로런스의 제안으로 전쟁 후에 영국 위임 통치령 팔레스타인의 지도를 만들고 토지 등록 문제를 해결하는 데 항공 사진이 사용됐다.

> **"인쇄기야말로 오늘날 사령부의 무기고에 있는 가장 위대한 무기다."**
>
> T. E. 로런스

위 : 1909년 이라크의 유적 발굴지에 있는 거트루드 벨

거트루드 벨

T. E. 로런스처럼 탐험가이자 고고학자인 거트루드 벨(1868~1926)은 옥스퍼드 대학교 역사학과를 우등으로 졸업한 뒤에 동양학 분야에서 커리어를 쌓기 시작했다. 아랍어, 터키어, 페르시아어에 능통했던 벨은 제1차 세계 대전 당시에 영국군의 유일한 여성 정보 장교였다. 그녀는 사막을 여행하며 여러 이슬람 지도자들의 저택을 방문하곤 했는데, 그때마다 엄청난 수행단을 거느렸고, 자신의 목욕통이며 침대, 웨지우드 식기 세트, 저녁에 입을 고급 드레스는 물론 비밀 권총과 비밀 필름도 빼놓지 않았다. 외견상 벨은 영국 식민지의 특권 계층에 불과해 보였지만, 실은 아랍의 부족 제도를 정교하게 이해하고 있었으며 광범위한 정보를 수집했다. 전쟁이 끝난 후, 그녀는 신생국 이라크의 건국에 중요한 역할을 했다.

프랑스 첩보 조직

현대의 스파이를 생각하면 말쑥한 유럽인 공작원이 작심하고 상대를 유혹해 비밀을 캐내는 모습이 그려지기도 한다. 제임스 본드라는 인물 자체는 허구이더라도 그의 공작 활동 스타일은 제1차 세계 대전과 프랑스 제2국 시대까지 거슬러 올라간다.

'제2의' 의견 구하기

전쟁을 치를 땐 전투만 하는 게 아니다. 효과적인 군사 작전에는 효과적인 정보 작전이 뒷받침되어야 한다. 『손자병법』이 말하듯, 적을 알고 나를 알면 백번을 싸워도 위태롭지 않기 때문이다. 이 경구를 특히 잘 대변하는 것이 프랑스 정보기관인데, 제1국은 자국과 동맹국의 병력 정보를 관리했고, 제2국은 암호를 해독하고 적국의 정보를 관리하며 훌륭한 일이든 비열한 짓이든 가리지 않았다.

불안한 시작

제2국은 1871년에 적국의 활동을 조사할 목적으로 창설됐다. 유럽 대륙 국가의 정보기관에서는 첫 번째 책상에 앉은 사람이 조직원을 관리하고, 두 번째 책상에 앉은 사람이 외국 정보를 관리했는데, 제2국이 이러한 이름을 얻은 것도 비슷한 맥락에서였다. 드레퓌스 사건으로 타격을 입은 다른 많은 프랑스 정부기관과 마찬가지로 제2국도 1894년에 폐쇄되어 다른 기관으로 업무가 넘어갔다. 드레퓌스 사건은 유대계 프랑스인 포병 대위 알프레드 드레퓌스가 독일에 군사 비밀을 팔았다는 혐의를 뒤집어쓰고 투옥된 사건으로, 엄청난 정치적 분열을 초래한 반유대주의 스캔들이었다(57쪽 참조).

1907년에 조르주 클레망소 수상이 되살려 본래의 방첩 임무를 부여한 제2국을 조르주 라두 사령관이 1914년부터 맡아 세계 대전이 끝날 때까지 이끌었다. 제2국은 암호 해독 분야에서 스스로를 증명하는 여러 위업을 달성했는데, 독일의 외교통신용 암호를 해독한 적도 있다. 이러한 성과는 또 다른 특급 성과

왼쪽 : 프랑스 수상 조르주 클레망소

로 이어졌는데, 독일의 선전포고 암호문을 가로채 파리 주재 독일 대사가 전보를 해독하기도 전에 미리 소식을 안 것이다. 전쟁을 잘 치르려면 참전국 모두에게 암호를 다루는 일은 무척 중요했고, 프랑스 제2국이 독일의 선전포고문을 해독한 일은 시작에 불과했다.

암호 해독자들

에티엔 바제리와 조르주 페인빈은 프랑스에서 가장 뛰어났던 암호학자로, 두 사람은 암호 작성 분야와 암호 해독 분야를 모두 발전시켰다.

바제리는 프랑스-프로이센 전쟁(1870~1871)의 참전용사였으며, 지역 신문에 실린 암호문을 풀어보고 암호술에 관심을 갖게 되었다. 그는 1890년에 프랑스의 군사용 암호를 풀어 육군성이 새로운 암호 체계를 도입하게 만들었고, 그 후 프랑스 암호의 결함을 추가로 드러냈으며, 17세기에 개발된 위대한 암호 '르 그랑 시프레'를 해독했다. 1891년에 그는 외무부의 암호국에 들어갔다. 1899년에 군에서 은퇴하고 1901년에 『베일을 벗은 비밀의 암호』를 출판했다. 이 책은 오늘날까지도 암호학 분야의 기념비적인 책으로 여겨지며, 제2국이 재수립된 후 은퇴한 그를 불러들인 이유이기도 했다.

조르주 페인빈은 바제리와 같은 시기에 제2국에서 일했으며, 전쟁 말엽에 암호를 해독해 파리를 구했다. 1918년 6월, 독일군이 파리에서 불과 100킬로미터 떨어진 곳까지 진격했는데, 연합군은 어떤 식으로 선제공격이 들어올지 여전히 갈피를 잡지 못했다. 독일군은 ADFGVX라는 암호를 사용했는데, 페인빈은 그 암호를 해독하려고 무척 애를 쓰고 있었다. 일에 몰두해 업무 스트레스를 받은 나머지 15킬로그램이 빠진 후에야 그는 이런 짧은 교신 하나를 해독했다. '탄약이 급함. 들키지 않으면 낮에라도.' 교신 한 토막으로 독일군의 공격 위치가 결정적으로 드러났고, 연합군은 독일군을 무찌를 수 있었다.

이중 스파이… 진실 혹은 거짓

스파이에 관한 소설이든 전설이든, 다중 스파이라는 스파이의 또 다른 전형이 없었더라면 그저 미완성이었을 것이다. 제2국의 수장인 조르주 라두와 역사상 가장 유명한 인물 중 한 명인 마타 하리는 전쟁 당시에 이중 스파이 혐의로 기소되었다. 라두는 1916년에 마타 하리를 만난 후 그녀를 스파이로 고용한 데 책임이 있었고, 이후에는 그 자신이 이중 스파이로 몰리지만 결국엔 모든 혐의를 벗었다.

마타 하리는 라두만큼 운이 좋지 못했다. 그녀의 본명은 마가레타 젤러로, 그녀는 네덜란드 식민지군 대위와 결혼한 뒤 남편과 함께 인도네시아로 이주했다. 수년간 가정 폭력과 외도에 시달리다가 남편을 떠난 뒤, 이 여인은 '신성한 사원 춤'을 공부한 전위적인 무희, 마타 하리로 변신했다. 유럽 전역에 관능적인 춤사위를 선보인 마타하리는 이국적인 정부를 갖고 싶어 하던 몇몇 부유한 구애자의 정부가 되었지만, 전쟁이 터지고 프랑스에 다녀온 후 독일에 있던 재산과 은행 계좌를 몰수당했다.

처음에 마타 하리는 독일 황제를 위해 스파이로 일하라는 제안과 함께 돈을 받았고, 나중에는 우연히 라두를 만나 프랑스 스파이가 되라는 같은 제안을 받았다. 마타 하리가 스파이 활동을 하지 않은 것은 분명하지만, 1917년 2월에 독일인 공작관과 교신한 것이 발각되어 파리에서 체포되었다. 검찰의 증거는 정황 증거에 불과했지만, 독일 장교를 비롯한 많은 장교와 관계를 맺은 마타 하리는 무수한 연합군 사상자에 대한 희생양이 되어 그해 11월에 총살당했다.

왼쪽 : 마타 하리

독일 땅의 외다리

미국의 광산 기술자이자 모험가인 하워드 버넘은 제1차 세계 대전 당시에 프랑스 정보국을 위해 일했다. 결핵 환자에다 한쪽 다리밖에 없었던 버넘은 의외의 스파이였다. 1917년, 그는 독일이 알프스산맥에 새로운 남부 전선을 구축할 계획인지 알아보려고 적진으로 들어갔다. 버넘은 자기 병을 구실 삼아 요양원들을 돌아다니며 정보를 캐고 다녔다. 그는 기술자다운 솜씨를 발휘해 가재도구를 측량 기계로 만들었고, 그것을 나무 의족 안에 숨겼다. 건강이 악화되자 버넘은 독일에서 중립국인 스위스로 건너갔다. 그곳에서 요양지인 칸으로 갔고, 임종을 맞으며 독일군은 알프스산맥에 전선을 구축할 계획이 없다는 유언을 남겼다.

치머만 전보

위 : 독일 외무장관 아르투어 치머만

제1차 세계 대전이 한창이던 1917년 초, 독일은 영국과 프랑스가 항복하게 만들기 위해 연합군 선박을 대상으로 U보트 공격을 재개하기로 했다. 하지만 U보트 공격을 잘못했다간 미국이 연합군에 합류하는 결과를 초래할 수도 있다는 사실을 인지하고 있었다. 이러한 사태를 방지하기 위해 독일의 외무장관이었던 아르투어 치머만이 워싱턴 D.C.의 독일 대사관을 통해 멕시코 수상인 베누스티아노 카란사에게 암호화된 전보를 보냈다. 치머만은 미국의 주의를 돌릴 대담한 작전을 제안했다. 영국이 치머만의 전보를 가로채 해독한 일은 엄청난 위업이었는데, 여태껏 고립주의를 고수한 미국을 독일과의 전쟁에 끌어들였기 때문이다.

대담한 제안

독일 외무장관 아르투어 치머만이 계획한 음모란 멕시코에 국경 침략을 부추겨 멕시코가 19세기에 상실한 아메리카 대륙의 남서부 지역을 되찾도록 하고 여기로 미국의 주의를 돌리는 것이었다. 게다가 멕시코가 미국을 공격하면 태평양 건너의 일본도 미국을 공격할 가능성이 있었다. 치머만은 독일-멕시코 동맹을 제안하며, 미국이 참전할 경우 멕시코가 독일 편에 서준다면, 텍사스, 애리조나, 뉴멕시코 지역을 되찾도록 돕겠다고 약속했다.

전보 내용이 공개되자 결국 치머만은 3월 3일에 이 내용이 사실임을 시인했고, 이 일로 미국 내 반독 정서가 활활 타올랐다. 치머만의 전보를 해독한 일은 영국이 제1차 세계 대전에서 거둔 위대한 정보 분야 성과이자 신호 정보 하나가 세상에 엄청난 파급력을 미친 거의 최초의 사건이었다.

단서를 취합하기

치머만이 실패한 까닭은 전보의 전송 경로 때문이었다. 영국은 전쟁 초기에 독일의 대서양 횡단 케이블을 끊었고, 이는 전보가 워싱턴에 도착하기 전에 스웨덴과 영국을 거친다는 뜻이었다. 가로챈 전보는 레지널드 홀 대령이 이끄는 영국의 암호 해독반 40호실에 전달되었고, 장로교 목사인 윌리엄 몽고메리와 평시에는 출판업에 종사하는 나이절 드 그레이가 제일 먼저 해독 작업에 뛰어들었다. 전보에 사용된 암호는 1916년 7월에 처음 만들어진 것인데, 해독을 더 어렵게 하려고 이중으로 암호화된 상태였다. 40호실은 가로챈 전보들로

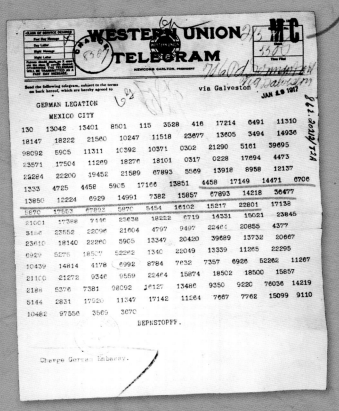

위 : 치머만 전보

해당 암호를 약 6개월간 연구하던 중이었다. 다행히 몇 가지 단서가 주어졌다. 동맹국 러시아가 전쟁 초기에 독일의 마그데부르크함을 침몰시키며 입수한 독일의 암호장을 영국과도 공유해 준 것이다. 또한, 독일 공작원 빌헬름 바스무스가 페르시아의 터키 부족들 사이에서 반영(反英) 봉기를 조장하려다가 1915년에 배흐바한에서 긴급 체포되며 그의 소지품이 런던으로 보내졌다. 이렇게 40호실은 마그데

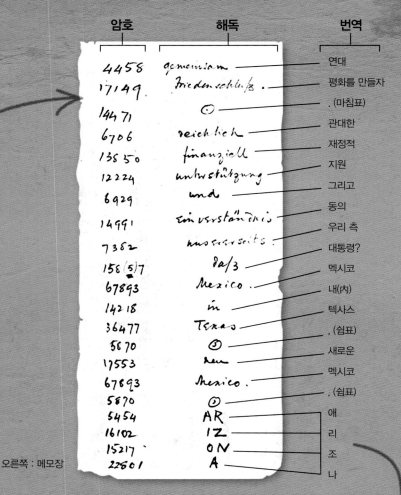

암호	해독	번역
4458	gememiam	연대
17149	Friedenschluß.	평화를 만들자
14471	⊙	. (마침표)
6706	reichlich	관대한
13850	finanziell	재정적
12224	unterstützung	지원
6929	und	그리고
14991	einverständnis	동의
7382	unsererseits.	우리 측
158(5)7	ᵈᵃ/₃	대통령?
67893	Mexico.	멕시코
14218	in	내(內)
36477	Texas	텍사스
5870	①	. (쉼표)
17553	neu	새로운
67893	Mexico.	멕시코
5870	①	. (쉼표)
5454	AR	애
16102	IZ	리
15217	ON	조
22801	A	나

오른쪽 : 메모장

부르크함에서 얻은 군사용 암호장과 바스무스에게서 얻은 외교용 암호장을 손에 넣게 되었는데, 여기에는 치머만 전보에서 사용된 암호의 구버전이 담겨 있었다. 하지만 암호장들도 부분적인 단서만 제공할 뿐이었다.

전보 해독

아르투어 치머만의 전보는 군사용 표준 숫자 암호를 사용했는데, 수신자가 해당 날짜의 암호장을 가지고 있어야 해독이 가능했다. 40호실은 입수한 두 권의 암호장에서 얻은 파편적인 정보들을 이어 맞춰야 했다. 홀 대령이 이끄는 40호실은 전보에 줄줄이 나열된 일련번호들을 식별하는 데 주력했다.

드 그레이와 몽고메리는 마그데부르크함과 바스무스의 암호장에서 얻은 부분적인 단서를 바탕으로 메모장에 위와 같은 필기를 했다. 해석한 내용은 대체로 암호 해독보다는 추론 능력과 창의적 사고에 근거하고 있었지만, 그래도 엄청나게 중요한 전보라는 것쯤은 추리할 수 있을 만큼 해독이 되었다(예를 들어, 67893은 멕시코를 의미했다).

40호실이 집중 공략한 일련번호가 충분한 실마리가 되어 나머지 전보 내용도 드러나면서 번역이 가능해졌다. 그렇게 치머만의 계획이 낱낱이 밝혀졌고, 그에겐 추락할 일만 남게 되었다.

암호 해독자의 딜레마

암호 해독자들은 전보를 해독하고 딜레마에 빠졌다. 독일의 최신 암호를 해독한 사실을 독일에 들키지 않고 미국에 전보 내용을 알려야 했기 때문이다. 홀 대령은 독일 대사관이 틀림없이 공공 전신선으로 워싱턴에서 멕시코까지 전보를 보냈으리라고 생각했다. 그래서 멕시코시티에 있는 영국 공작원을 파견해 전보 사본을 훔치도록 했다. 40호실로선 다행이게도, 그 전보는 새로운 0075 코드가 아니라 오래된 13040 코드로 암호화되어 있었고, 그럼 독일은 영국이 치머만의 계획을 알고 있더라도, 훔친 전보 사본과 전에 입수한 암호장 덕분이라고 짐작할 터였다. 이제 영국은 자신의 비밀을 들키지 않으면서, 미국에 전보 전문을 알릴 수 있었다. 고립주의 노선을 택했던 미국의 우드로 윌슨 대통령은 1917년 2월 25일에 해독된 전보를 받았다. 3월 1일에 전보가 공개되었고, 4월 6일에 미국은 독일에 선전포고했다.

아래 : 암호 해독된 전보

TELEGRAM RECEIVED.

FROM 2nd from London # 5747.

"We intend to begin on the first of February unrestricted submarine warfare. We shall endeavour in spite of this to keep the United States of America neutral. In the event of this not succeeding, we make Mexico a proposal of alliance on the following basis: make war together, make peace together, generous financial support and an understanding on our part that Mexico is to reconquer the lost territory in Texas, New Mexico, and Arizona. The settlement in detail is left to you. You will inform the President of the above most secretly as soon as the outbreak of war with the United States of America is certain and add the suggestion that he should, on his own initiative, invite Japan to immediate adherence and at the same time mediate between Japan and ourselves. Please call the President's attention to the fact that the ruthless employment of our submarines now offers the prospect of compelling England in a few months to make

전선 뒤에서

제1차 세계 대전 당시에 벨기에, 룩셈부르크, 프랑스 북부의 일부 지역이 독일에 점령당했다. 독일군 점령지의 저항 운동 조직은 연합군과 접촉해서, 탈출한 연합군 포로들이 중립국인 네덜란드로 도망칠 수 있게 도왔다. 하지만 이들의 가장 중요한 임무는 철도를 염탐하는 것이었다. 염탐을 통해서 이들은 전선을 드나드는 독일군의 병력 이동에 관한 중요한 정보를 후방에서 제공했다.

전쟁이 발발했을 때, 독일의 공세 전략(일명 슐리펜 계획)은 몇 주 안에 프랑스를 제압하고 영국의 참전 의지를 꺾은 후에 병력을 동부 전선으로 보내 러시아에 맞서는 것이었다. 계획의 성패는 철도를 이용해 병력을 신속히 이동시키는 데 달려 있었다. 하지만 프랑스는 호락호락하게 제압당하지 않았고, 양측은 참호 진지로 기어 들어갔다. 곧 연합군은 열차 이동 정보가 무척 중요하겠다는 사실을 깨달았다. 독일군이 그만큼 철도에 의지했기 때문에, 그 정보가 독일의 작전을 알아낼 확실한 방법이었던 것이다. 하지만 무장이 삼엄한 전선 부근에서는 열차 이동 정보를 수집할 수 없었다. 후방에 거주하면서 활동하는 요원들이 필요했다.

위 : 다친 군인이 독일의 부상병 수송 열차에서 들려 나오고 있다.

하얀 여인 첩보망

벨기에에서는 1916년에 브뤼셀의 전화 기술자인 발테르 드베가 광범위한 첩보망을 구축했다. 첩보망 이름인 '하얀 여인(La Dame Blanche)'은 하얀 여인이 등장하면 왕이 몰락한다는 독일 신화에서 따온 것이었는데, 벨기에와 프랑스 점령지 전역에서 1,000명 이상의 요원이 활동했다. 각양각색의 사람으로 구성된 이 첩보망에는 수백 명의 여성과 수십 명의 사제가 포함되어 있었다. 요원들은 밤낮으로 철도를 몰래 지켜보며, 로테르담을 거점으로 활동하는 영국 정보원들에게 전달할 보고서를 만들었다. 1918년에는 첩보망이 매우 커져서 독일군 호송대가 눈에 띄지 않고 전선에 도달하는 것이 불가능할 정도였다. MI6의 수장인 맨스필드 커밍은 전쟁 당시에 연합군이 수집한 전체 첩보 중 70%가 하얀 여인 첩보망에서 나온 것으로 추정했다. 제2차 세계 대전에서 독일이 또다시 벨기에를 점령했을 때, 드베는 비슷한 첩보망을 만들었다. 1944년, 그는 체포를 피하려다가 죽임을 당했다.

위 : 발테르 드베

중립국에서의 첩보 활동

제1차 세계 대전 당시에 연합군과 독일군 모두 로테르담에서 첩보 활동을 했고, 이 분주한 국제 항구 도시는 잠시 세계 첩보 활동의 중심지가 되었다. 네덜란드는 중립국이라서 양측 모두 입국이 비교적 쉬웠고, 네덜란드인은 어느 쪽으로든 상대적으로 자유롭게 이동할 수 있었다. 또한, 네덜란드에서는 최소한의 검열만 이루어졌고, 영국 신문과 독일 신문을 모두 구할 수 있었다.

영국 MI6 정보원들은 폐업한 우라늄 기선 회사(USB) 사무실에서 일했는데, 그들의 수장은 USB 전직 임원이자 퇴역한 해군 대령인 리처드 볼턴 틴슬리였다. 그곳에서 틴슬리는 독일에서 첩보를 가져온 네덜란드 요원들과 접촉했고, 육군 대위 월터 란다우는 하얀 여인 첩보망에 소속된 벨기에 저항 운동가들과 접촉했다. 불과 몇 블록 떨어진 사무실에서는 독일 정보원들이 네덜란드 스파이를 모집하여 북해로 파견했고, 영국 항구에서 군함의 동향을 살피도록 했다.

앨리스 첩보망

프랑스 북부의 독일 점령지 릴에서는 프랑스인 주부 루이즈 드 베티니가 앨리스 첩보망을 결성했다. 영어, 독일어, 이탈리아어에 능통했던 드 베티니는 앨리스 뒤부아라는 가명으로 약 100명 규모의 첩보망을 효율적으로 조직했고, 영국 정보원들과 접촉했다. 앨리스 첩보망은 부대 이동을 주시했고, 연합군이 네덜란드로 탈출하도록 도왔다. 9개월 동안 운영된 첩보망은 1,000명 이상의 영국군을 구한 것으로 추정되었다. 앨리스 첩보망은 1915년 10월에 드 베티니가 체포되며 해체되었다. 거의 마지막으로 제공한 첩보에서 그녀는 1916년 초에 독일군이 베르됭을 공격할 것이라고 경고했다. 안타깝게도 프랑스 지휘관들은 이 첩보를 무시했고, 결국 베르됭 전투는 가장 길고 피비린내 난 전투로 꼽히게 되었다. 드 베티니는 노역이 포함된 종신형을 선고받았고, 1918년 9월에 쾰른 감옥에서 38세의 나이로 사망했는데, 종전을 불과 몇 주 앞둔 때였다.

오른쪽 : 루이즈 드 베티니

신문 속 비밀 메시지

1995년, 조지 브루스 밸푸어 경이 사망하고 30년이 지난 후에 그의 자녀들은 고인이 남긴 문서에서 제1차 세계 대전 첩보 활동에 관한 놀라운 사실을 발견한다. 당시에 영국군 대위였던 브루스는 파리에 있는 군사 정보부에 배치되었다. 그곳에서 그는 룩셈부르크 출신의 리즈 리샤르라는 여인을 스파이로 채용했고, 그녀는 고국으로 돌아가 철도 스파이로 활동했다. 폴란드계 벨기에군인 바슈위츠 모도 수소 열기구를 타고 룩셈부르크로 날아가 리샤르와 합류했다. 1918년이 되자 룩셈부르크는 독일군의 철도 교통 요충지가 되었다. 리샤르와 모는 다양한 방법으로 열차 이동 정보를 보고했는데, 신문에 암호문을 싣기도 했다. 그들이 제공한 정보 덕분에 연합군은 공격받을 가능성이 가장 큰 곳에 병력을 집중함으로써, 그해 봄 독일군의 공세에 대항할 수 있었다.

아래 : 리샤르는 신문 공고를 이용해 열차 이동에 관한 정보를 전했다.

볼셰비키를 지원하다

1917년, 러시아에서 두 차례의 중대한 혁명이 일어났다. 첫 번째 혁명으로 차르가 폐위되고 온 나라가 충격에 빠졌다. 두 번째 혁명으로 공산주의 정부가 수립되고 전 세계가 충격에 빠졌다. 레닌이 이끈 볼셰비키의 승리로 러시아는 제1차 세계 대전에서 빠지게 된다. '적의 적은 나의 친구'라는 신조에 따라, 볼셰비키 공산주의자들은 권력을 쟁취하기 위해 의외의 국가와 손을 잡았다. 바로 독일 제국이었다.

1917년 초가 되자 전쟁 사상자가 600만 명에 육박했고, 러시아인들은 전쟁에 지쳐갔다. 러시아 본토에는 굶주림이 만연했고, 전선에서는 병사들이 수천 명씩 탈영했다. 차르 니콜라이 2세는 1915년에 전쟁을 몸소 지휘했기에, 기울어 가는 전세에 개인적인 책임이 있었다. 본토에는 그의 독일인 아내, 차리나 알렉산드라가 남아서 나라를 다스렸다. 그녀는 약하고, 무능력하고, 못 미더운 통치자임이 드러났으며, 그녀의 심복이자 괴짜 신비주의자인 그리고리 라스푸틴에게 사로잡혀 있는 듯했다.

차르의 몰락

사회 각계각층에서 지지를 잃은 왕정은 2월 혁명으로 몰락했고, 대신에 광범위한 지지 세력을 바탕으로 한 임시 정부가 들어섰다. 며칠 후, 2월 혁명 소식이 스위스 취리히까지 전해졌고, 취리히에 있던 급진 망명자들이 귀국을 계획했다. 망명자들의 리더는 레닌이라는 예명으로 더 잘 알려진 블라디미르 일리치 울리야노프였다. 레닌이 이끄는 볼셰비키 공산주의자들은 전쟁에서 빠지겠다고 약속했고,

위 : 스위스 시절의 레닌

위 : 체포당한 차르 니콜라이 2세

위 : 알렉산드르 케렌스키

두 개의 전선에서 싸우는 부담을 속히 덜고 싶었던 독일 정부는 기꺼이 이들과 동맹을 맺었다. 불과 며칠 전에 미국이 참전했기 때문에, 독일은 동부 전선에서의 전투를 종결짓고자 다시금 다급해진 상태였다. 미국은 재빨리 알렉산드르 케렌스키가 이끄는 임시 정부를 인정하고, 러시아가 참전국으로 남아 있도록 힘을 썼다. 반면에 레닌은 볼셰비키 당원들에게 군에 입대해 반란을 부추기도록 하는 '혁명적 패배주의' 전략을 선전했다. 독일은 레닌의 사상이 마음에 들었다. 적을 내부에서부터 붕괴시키는 방법이었기 때문이다.

> **"레닌은 성공적으로 러시아에 들어갔습니다.
> (독일이) 원하는 대로 움직이고 있습니다."**
>
> 독일 최고 사령부에 보고된 레닌의 페트로그라드 입성

레닌의 귀환

4월 9일, 레닌과 31명의 동지가 독일을 가로질러 핀란드를 통해 러시아로 들어가는 기차에 탑승했다. 러시아 망명자들이 취리히역에 모여 이들 혁명가에게 간첩이자 반역자라고 비난을 퍼부었다. 그들이 독일 최고 사령부와 협상하여 독일을 안전하게 통과한 것은 사실이었다.

독일이 볼셰비키에 얼마큼 자금을 직접 지원했는가는 여전히 논란이 되고 있지만, 알려진 바에 의하면 독일 자산가들은 러시아에 큰돈을 쏟아부었다. 독일에서 혁명 자금을 구할 수도 있다는 제안은 유대계 러시아인 망명 공산주의자 이즈라일 라자레비치 겔판트가 처음 발의했는데, 그는 혁명 활동 예명인 알렉산드르 파르부스로 더 잘 알려진 인물이다. 그는 1915년 2월에 베를린에서 자신의 계획을 발표했는데, 외세의 지원을 받은 쿠데타로 차르를 타도할 방법을 23쪽 분량의 문서에 상세히 설명했다. 파르부스는 자금을 받아 계획을 실행에 옮겼고, 혁명을 야기할 것이라 믿으며 분열을 조장했다. 그는 러시아에 돈, 물자, 무기를 밀반입했고, 볼셰비키를 비롯해 러시아 여러 지역의 분리주의자들을 포함한 여타 반체제 단체들을 지원했다. 독일에서 건너온 무기와 다이너마이트로 선박들이 침몰했고 항구가 불타올랐다. 파르부스가 레닌에게 직접 자금을 댔는가는 논란이 되고 있지만, 레닌의 무사 귀국을 가능케 한 협상에서 직접적인 역할을 한 것은 맞다.

제2의 혁명

임시 정부가 레닌을 독일의 협력자라고 힐난한 정치적 대혼돈의 여름이 지나고, 권력을 잡은 볼셰비키는 10월 혁명으로 임시 정부를 타도했다. 레닌은 즉시 동부 전선에 주둔한 독일군 사령부에 무조건적인 휴전을 제안하는 전보를 보냈다. 하지만 평화의 대가는 비쌀 터였다. 휴전 제안의 결과로 맺은 브레스트리토프스크 조약으로 러시아는 우크라이나와 발트해 국가들의 중요한 산업 중심지들을 넘겨야 했다. 레닌은 이러한 조건을 받아들였다는 이유로 정적들에게 다시 한번 독일의 스파이라는 비난을 받지만, 그렇게 얻은 평화는 볼셰비키 공약의 핵심이었고 혁명을 지켜냈다.

이듬해 러시아 안팎에서 반발이 거세지자, 볼셰비키는 반대파를 무자비하게 진압했다. 레닌은 나라가 내전 상황으로 치닫자 대숙청을 단행했고, 수만 명의 탈영병과 농민들이 학살당했다. 1917년 12월, 그는 '반혁명 범죄' 수사를 담당하는 비밀경찰 체카를 창설했다. 체카는 제정 러시아 시대에 공산주의 세력을 탄압했던 오흐라나와 묘하게 닮아 있었다. 구정권에서 사람들의 원성을 샀던 기관이 이름만 바꾼 새로운 기관으로 대체된 것이다. 공포가 사라진 자리에 또 다른 공포가 들어섰다.

왼쪽 : 1917년 12월 독일과 러시아 대표단이 예비 휴전 협상을 위해 만났다. 협상의 결과물인 브레스트리토프스크 조약은 3개월 후에 체결되었다.

— 제5장 —

전간기

제1차 세계 대전이 종식되며, 유럽은 공산주의인 동부와 자본주의인 서부로 갈라지기 시작했다. 이념적으로 대립하는 이 두 진영이 점차 20세기의 첩보 활동을 주름잡게 되었다. 1918년 이후, 서부 유럽 국가들은 정보기관의 규모를 축소한 반면에, 소련은 정보기관의 활동 영역과 규모를 크게 확대했다.

서부의 안보기관들은 소련이 가하는 위협을 잘 알았으나 엉뚱한 곳을 들쑤시며, 소련 공산주의와 거의 관련이 없는 좌파 사민주의 정당들을 무너뜨리려고 갖은 애를 썼다. 소련은 목적 달성을 위해 여러 국가의 공산당을 이용했지만, 서부의 주요 정부 부처에 비밀리에 침투하기 위해 공산주의에 동조하는 중산 계층도 포섭했다. 서부의 민주국가가 소련에만 관심을 쏟은 나머지, 정보기관은 1920~1930년대 사이에 고개를 든 파시즘을 신경 쓰지 못했다. 나치 독일의 등장은 엄청난 위협을 불러올 터였으나, 1939년에 전쟁이 발발한 후에야 서부 유럽의 첩보기관들은 그 위협을 심각하게 받아들이게 됐다.

시드니 라일리는 에이스 스파이일까?

추종자들에게 '에이스 스파이'라고 불리는 시드니 라일리(1874~1925)는 교묘히 여러 정보기관에서 일하는 데 능통했다. 1906년, 라일리는 러시아 혁명가들과 교제하는 한편 차르의 정보기관에서 일했고, 영국의 MI6에서 일하기도 했다. 라일리는 자신을 화려하게 포장했는데, 사실과 허구를 제대로 분간하지 못해 결국 파멸하게 되었다.

라일리는 자신의 아버지가 아일랜드의 선장이라고 주장했으나, 실제로 그는 러시아의 유대인 가정에서 태어났고, 본명은 지그문트 로젠블룸이었다. 그는 젊어서 러시아를 떠나 세계를 떠돌며 군비 및 석유 산업에서 큰돈을 벌어보려 했다. 세계를 떠돌다가 영국에서 체류하던 1890년대에 그는 MI6의 눈에 띄어 비상근 비밀 요원으로 채용되었다.

볼셰비키 염탐하기

제1차 세계 대전이 터졌을 때, 뉴욕에 있던 라일리는 러시아 정부의 무기 중개인으로 일하고 있었는데, MI6가 그에게 스파이 활동을 재개하도록 설득했다. 1918년 4월, 새로 들어선 볼셰비키 정권을 타도하고 독일과 계속 전쟁할 의향이 있는 정부를 세우려는 비밀 작전의 일환으로 라일리가 러시아에 파견됐다. 반(反)볼셰비키 단체들에 자금을 지원하던 영국 영사관 직원 브루스 록하트도 라일리와 합류했다. 한편 영국 스파이 어니스트 보이스와 조지 힐은 자체적으로 공작원들을 관리하며 사보타주 임무를 수행했다.

1918년 여름, 최정예 크렘린 경비연대의 라트비아인 장교 두 명이 라일리와 록하트에게 접근했다. 그리고 자신의 동지들이 볼셰비키에 맞서 봉기하려 한다고 주장했다. 그리하여 라일리는 연합군이 아르한겔스크 북쪽 항구에 침공하는 일정에 맞춰 경비연대원들이 쿠데타를 일으킬 수 있도록 서둘러 계획을 짰다.

그런데 사실 라트비아인 장교들은 러시아의 새로운 비밀 안보기관인 체카의 요원들이었다. 이른바 '라트비아의 음모'에 체카는 발 빠르게 대처했다. 보이스는 사살되고 록하트와 다른 공모자들은 체포되었으나, 라일리는 네덜란드 화물선을 타고 가까스로 러시아를 탈출했다. 록하트는 초창기 스파이 교환 때 풀려나게 된다.

"불굴의 용기를 지녔고 천재적인 요원이나 도저히 완전히 신뢰할 수 없는 음험한 인물이다."

시드니 라일리를 언급하는 MI6의 수장 맨스필드 커밍

더 룸은 뉴욕 사회의 두 주축이었던 빈센트 애스터(출판업자이자 자선가인 백만장자)와 커밋 루스벨트 주니어(아마추어 탐험가이자 시어도어 루스벨트의 손자)가 1927년에 조직했다. 부유한 호사가와 전직 정보 장교들로 구성된 이 모임은 투명 잉크로 글을 쓰는 것이든, 서로에게 암호문 편지를 보내는 것이든, 스파이 세계의 온갖 은밀한 특징과 비밀을 사랑하여 뭉쳤다.

다수의 회원이 공안기관 관리가 되기도 했는데, 커밋 루스벨트 주니어도 나중에 OSS(전략 사무국)와 그 후신인 CIA에서 정보관으로 일했다. 이미 정보기관에서 일한 경력이 있는 다른 회원도 있었는데, 은행가 윈스럽 W. 올드리치, 판사 프레더릭 커노챈, 그리고 외무공무원이면서 OSS에서 일한 데이비드 브루스가 그러했다. 훗날 CIA 수장이 되는 앨런 덜레스와 윌리엄 도너번도 이 모임의 회원이었다.

대통령의 인정

프랭클린 D. 루스벨트도 마찬가지로 부유한 첩보 애호가였고, 1933년에 미국 대통령이 되고서 더 룸이 제공하는 정보는 무엇이든 환영했다. 또한 모임 회원들과 즐겁게 어울리며, 애스터의 요트에서 주연을 벌이기도 했다.

애스터는 자신의 요트로 손님을 접대하기도 하고, 태평양을 건너 마셜 제도로 가서 일본 해군이 얼마큼 팽창했는지 자세히 알아보기도 했다. 그리고 웨스턴 유니언 케이블 회사의 중역이라는 자신의 지위를 이용하여 전보를 도청하였고, 그 덕분에 멕시코에서 파견한 스파이가 있다는 사실, 스페인과 나치 독일의 관계가 돈독해지고 있다는 사실이 드러났다.

1939년에 유럽에서 전쟁이 발발하자 '더 룸'은 '더 클럽'으로 개칭했고 첩보 활동에 더욱 진지하게 임하기 시작했다. 대부분 회원이 친영 성향이었기에 미국의 공식적인 중립 정책을 무시하고 영국과의 관계를 돈독히 하고자 했다. 1940년 7월에 도너번은 영국 순방을 떠났다. 당시에 주영국 미국대사였던 조지프 케네디가 미국 정부에 영국이 곧 무너질 것이라고 보고했다. 하지만 도너번은 케네디와 정반대 의견이었고 루스벨트에게 영국을 지원하도록 강력히 권고했다. 도너번의 권고가 받아들여졌고, 이를 시작으로 미국은 독일과의 전쟁에 점차 개입하게 되었다.

블랙체임버

미국 육군 암호부의 수장이었던 허버트 야들리는 유능한 암호 해독자였다. 1919년에 그는 암호국을 설립하고 블랙체임버라는 거창한 이름을 붙였다. 1921년 11월, 블랙체임버는 워싱턴 회의 직전에 일본의 중요한 외교 암호를 해독했다. 워싱턴 회의의 목적은 세계 주요 해군들의 병력에 제한을 두려는 것이었다. 일본의 속셈을 미리 알고 있던 미국 협상가들은 강하게 나갔고, 일본이 미국의 조건을 받아들이도록 설득하는 데 성공했다. 하지만 블랙체임버를 위한 예산은 이후에도 위태로웠고, 1929년에 첩보 활동을 못마땅하게 여기는 헨리 스팀슨이 국무장관이 되면서 블랙체임버는 문을 닫게 되었다.

위 : 허버트 야들리

"신사들은 상대의 편지를 읽지 않습니다."

블랙체임버를 폐쇄한 이유를 설명하는 헨리 스팀슨

아래 : 블랙체임버가 일본의 암호를 깨는 데 사용한 암호 분석지

스탈린의 두더지들

러시아 혁명 이후, 미국은 오늘날 우리가 '제1차 적색 공포'라고 부르는 편집증에 사로잡히게 되었다. 이 시대의 편집증은 가볍게 치부되기가 쉽다. 극성스러운 매카시즘(미국을 휩쓴 극단적인 반공산주의 선풍_옮긴이)으로 유명한 1950년대의 제2차 적색 공포와 비견되면 특히 그렇다. 물론 러시아 스파이들이 침투해 서방 국가들을 파괴하려 한다는 미국 안팎의 편집증은 대체로 우스꽝스러울 만큼 과장된 것이 사실이었다. 그러나 여전히 사실에 근거한 편집증이었고, 소련은 미국과 영국에서 여러 차례 굉장히 성공적인 첩보 작전을 펼쳤다.

양차 세계 대전의 전간기에 소련 정보기관은 공산주의 이념에 이끌린 서방 국가의 사람들을 포섭할 수 있었다. 이 젊은 이상주의자들은 그 시대의 경제적 문제(대공황의 절망적인 사회적 비용도 한몫했다)로 인해 공산주의가 약속하는 개혁을 호의적으로 바라보게 되었다. 또한, 이탈리아, 독일, 스페인에서 고개를 드는 파시즘에 대항할 수 있는 국가는 소련뿐이라는 믿음이 널리 퍼졌다.

케임브리지의 스파이들

1930년대 영국에서 채용을 담당했던 소련 공작관들은 그간 대다수가 노동자 계층인 사회주의 단체와 영국 공산당에 집중했던 관심을 밖으로 돌렸다. 그들은 주요 대학의 공산주의 학생들을 공략했다. 그리고 케임브리지 대학에서 가장 많은 결실을 거두었다.

초창기에 성공적으로 영입한 인물은 킴 필비(본명은 해럴드 필비)인데, 그는 1934년에 케임브리지 대학교 트리니티 칼리지를 경제학 전공으로 졸업한 직후에 채용되었다. 곧이어 가이 버지스, 도널드 매클린, 앤서니 블런트가 채용되었는데, 필비처럼 모두 영국 상류층 출신으로 장차 큰일을 할 운명이었다. 좀 더 평범한 집안 출신에 총명한 학생이었던 존 케언크로스도 훗날 케임브리지 5인조로 알려지게 되는 이 느슨한 스파이 조직에 합류했다. 매클린을 빼면 전부 트리니티 칼리지 출신이었다. 이들은 '슬리퍼' 혹은 '두더지'로 더 많이 지칭되는, 적의 심부까지 침투하는 고정간첩을 양성하고자 한 소련의 장기 계획에 이용되었다.

채용 담당관

전간기에는 공산주의 이념에 매료된 사람들이 소련의 정보기관을 위해 활약했는데, 이 중 많은 수가 유대계 동유럽인이었으며, 교양이 뛰어나고 국제적 인맥을 갖춘 덕분에 서방 국가의 고위 인사들을 포섭할 수 있었다. 이러한 요원 가운데 아르놀트 도이치도 있었는데, 오스트리아의 저명한 학자였던 그는 케임브리지 5인조를 비롯해 영국에서 20명의 스파이를 모집했다. 도이치는 이 풋내기 케임브리지 스파이들에게 공산주의 활동에서 즉시 발을 빼고 영국 기득권층으로 편입하는 보수적인 커리어를 쌓아 가라고 지시했다. 일단 그들이 신임을 얻고 영향력 있는 위치에 오른 후에야 소련에 귀중한 정보를 제공할 수 있을 터였다.

위 : 케임브리지 대학교 트리니티 칼리지는 스파이의 산실이다.

위 : 김 필비

위 : 리하르트 조르게

"공산주의는 저에게 이 죽어가는 세상에서 다른 나약한 것들은 줄 수 없는 것을 주었고, 그것을 위해서라면 살 수도 있고 죽을 수도 있었습니다."

소련의 스파이였다가 후에 공산주의를 버리고 1948년에 앨저 히스에게 불리한 증언을 하는 휘터커 체임버스

아이비리그 출신 스파이들

미국에서는 NKVD와 GRU(정보총국)가 최고의 요원을 확보하기 위해 서로 경쟁했다. 아이비리그 졸업생들이 많이 포섭되었고, 포섭된 학생들은 공직으로 진출했다. 이 중에는 국무부 관료인 앨저 히스, 로런스 더건, 노엘 필드와 재무부 관료인 해리 덱스터 화이트도 있었다. 다른 유명한 소련 스파이로는 덩컨 리가 있었다. 변호사였던 그는 외교관 윌리엄 도너번 아래에서 일했다. 도너번이 OSS의 수장이 되자, 던컨도 OSS에 합류했고 고위직으로 승진하는 동안 계속해서 소련의 공작관에게 첩보를 제공했다.

소련이 심어놓은 두더지들이 사회에 깊숙이 침투한 사실은 훗날 영국과 미국 기득권층을 엄청난 충격에 빠뜨리지만, 1930년대와 1940년대에는 아직 그들의 활동을 방해하거나 알아차린 사람이 없었다.

일본 염탐하기

독일인 리하르트 조르게는 1920년대 후반부터 GRU에서 일하기 시작했다. 그는 스칸디나비아, 미국, 중국에서 활동하다가 1933년에 일본으로 건너갔다. 기자로 취직한 조르게는 주도쿄 독일 대사관과 일본 참모 본부에 침투하여 중요한 외교 및 군사 정보를 입수하는 데 성공했다. 독일이 소련을 침공할 것이라는 정보와 일본이 소련이 아닌 미국을 공격할 것이라는 정보가 포함되어 있어서 스탈린은 동부에 있던 병력을 재배치할 수 있었다. 1941년 10월, 조르게는 처음에는 독일 스파이라는 혐의를 받고 도쿄에서 체포되었다. 그리고 3년 후에 처형되었다.

총통의 스파이들

권위주의 국가의 공작관들은 국가 지도자의 정책을 열렬히 지지하는 게 일반적이다. 하지만 상황이 이상하게 꼬이며 독일군 정보부장은 아돌프 히틀러에게 등을 돌렸다. 그는 처음에는 반나치 행위를 그럭저럭 은폐할 수 있었지만, 육군의 히틀러 암살 시도가 실패로 돌아가며 정체가 탄로 났다. 그리고 다른 많은 공모자와 마찬가지로 천천히 고통스럽게 죽었다.

베르사유 조약의 금지 조항에도 불구하고 독일군은 1920년에 은밀히 해외방첩청을 창설했다. '아프베어'라고 불린 이 방첩청은 안보 유지와 정보 수집을 전담하는 기관으로 발전했다. 하지만 1933년에 히틀러가 권력을 잡으면서 아프베어에게 라이벌이 생겼다. 하인리히 힘러가 이끄는 나치 친위대(SS)는 자체 비밀정보부인 보안방첩부(SD)로 아프베어의 지위를 강탈하고자 했다.

1935년에 해군 제독 빌헬름 카나리스가 아프베어의 수장이 되면서, 그 당시 SD의 수장이었던 라인하르트 하이드리히와 합의해 두 조직이 서로 협력하기로 했다. 하지만 두 조직은 계속해서 앙숙으로 남았고, 심지어 서로를 곤경에 빠뜨리려 했다.

위 : 빌헬름 카나리스

카나리스와 프랑코

빌헬름 카나리스는 당시 파시스트 국가였던 스페인과 협상할 때도 반나치적 태도를 보였다. 스페인어를 유창하게 구사하는 카나리스는 스페인 독재자 프란시스코 프랑코와 친해졌다. 1938년, 히틀러는 카나리스에게 프랑코를 방문하여 독일-스페인 군사 동맹을 장려하도록 했는데, 전쟁이 일어날 경우에 독일군이 스페인을 경유해 영국령인 지브롤터를 점령할 수 있게 하기 위해서였다. 하지만 카나리스는 프랑코에게 군사적 개입을 피하고, 독일이 요구하는 통행권을 주지 말라고 조언했다. 프랑코는 친구인 카나리스의 충고에 따라 중립 정책을 유지했다.

위 : 1943년, 나치 친위대가 크라쿠프 게토의 유대인들을 한꺼번에 강제 수용소로 이송하고 있다.

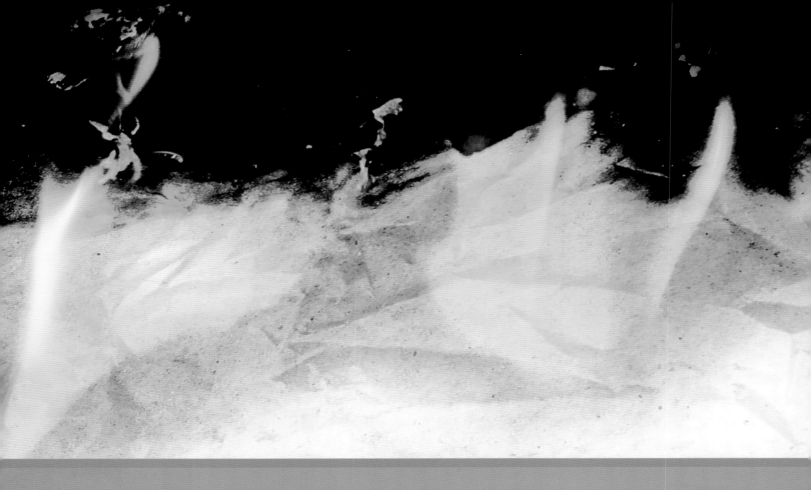

첩보 기술은 비밀공작을 펼치는 데 필요한 기술과 장비를 아울러 말한다. 정부는 극비의 특수 훈련 캠프에서 공작원들에게 첩보 기술에 관한 모든 것을 집중 교육한다. 공작원들은 후에 현장에 나가 정보원들을 교육할 수 있어야 한다. 채용할 만한 사람을 알아보는 일도 중요한데, 전략적 정보에 접근할 수 있는 위치에 있으면서 신뢰할 수 있는 인물이어야 한다. 첩보 기술 훈련 때는 도청 장치나 소형 카메라 같은 전문 장비를 사용하는 법도 배우며, 정체가 들통났는지 확인하는 대(對)감시 기술도 배운다.

모든 첩보 기술 훈련의 핵심은 기만술이다. 적진에서 작전을 수행하는 공작원들은 공식적 활동이든 비공식적 활동이든 치밀한 위장 신분을 만들어 자신을 보호한다. 기만 정보를 흘리기 위해 심지어 죽은 스파이에게 위장 신분이 부여되기도 한다. 가택에 침입하거나 적을 상대로 사보타주를 벌이는 좀 더 악질적인 비밀공작도 훈련에 포함되어 있으며, 고도로 훈련된 요원들은 국가가 지시한 암살을 수행하기도 한다. 워터게이트 음모 사건이 발각되어 닉슨 대통령이 실각한 것처럼, 이런 행위가 발각되면 국제적인 스캔들을 일으킬 수 있다.

채용

정부가 주도하는 첩보 작전의 중심에는 언제나 여러 공작관이 있다. 공작관은 정부와 공작원의 유일한 접점이다. 공작관은 공작원 채용을 담당하며, 외교관으로 위장하고 정부의 외교 부처에서 일하는 경우가 많다. 통상적으로 명목상의 직함을 받아 대사관에서 근무하며, 근무하지 않을 때에는 첩보 임무를 수행한다.

공작관은 공작자산, 즉 유용한 인간 정보(HUMINT)를 제공할 수 있는 공작원이나 정보원을 알아보고 채용할 수 있는 재량을 갖춰야 한다. 공작관이 일단 공작원을 채용하고 나면 첩보 기술을 교육하는데, 자기 흔적을 지우고 발각을 피하는 방법을 집중적으로 교육한다. 또한, 공작관은 녹음기, 민감한 정보를 촬영할 수 있는 소형 카메라, 그 밖에 필요할지도 모를 기타 장비들을 제공한다. 적국을 위해 일하는 공작원 입장에서 생각하면, 공작관은 그들이 접촉하는 유일한 적국 관료다. 그러므로 공작관은 사회복지사적인 재량도 십분 갖추어 압박감을 느낄 수 있는 공작원들을 안심시키고 격려해 주어야 한다.

핵심 자산

공작자산으로 채용되는 대상은 적국의 정보관, 외교관, 고위 정치인, 공무원, 군인, 과학자, 기술자 등이다. 그리고 운전기사, 경비원, 적국 대사관 비서 등 좀 더 낮은 직급에서 일하는 사람들이 채용 대상이 될 때도 있다. 한가한 잡담에서 얻은 정보가 유출된 문서에서 얻은 정보만큼 값어치 있을 수 있다. 이 책에 실린 많은 스파이 관련 일화가 개인이 자기 일이나 정부의 신념에 불만을 품었거나 경제적 문제에 봉착한 데서 시작되었다. 공작관은 정보원으로서 가능성이 보이는 인물들을 지켜보며, 그들의 동기를 파악하고, 반대편으로 넘어오도록 회유하는 것이 가능할지 가늠한다. 대부분 스파이는 한두 개의 문서를 공유하거나 파는 간단한 일부터 시작한다. 그러다가 어떤 이는 들키지 않고 얻는 물질적 보상이 만족스러워서, 다

른 이는 스파이 활동이라는 모험이 즐거워서, 발을 점점 깊숙이 들여놓게 된다. 공작원이 임무를 다소 버거워하면 공작관은 자신들이 그들을 계속 지원할 거라는 확신을 주고, 공작관이 붙잡힌 경우에는 탈출로를 마련해 준다.

현재 교도소에 수감 중인 스파이들에 따르면, 미국인이 반역죄를 저지르는 첫 번째 이유는 돈이고, 두 번째 이유는 자기만족이다. 과거에는 채용을 하려면 공작관이 직접 접선해야 했지만, 오늘날에는 인터넷 덕분에 훨씬 수월하게 세계 어디서든 전략 정보원을 찾을 수 있다.

동독의 로미오 스파이

냉전 시기에 동독은 '로미오 스파이'를 이용해 서독의 주요 정부 부처에서 비서로 일하는 여성들을 유혹했다. 로미오 스파이는 마르쿠스 볼프의 아이디어였는데, 그는 동독의 존속 기간 거의 내내 동독의 대외정보기관을 이끌었다. 제2차 세계 대전 이후 유럽에는 남자가 부족했기에 볼프는 로미오 스파이가 요긴하게 쓰일 수 있겠다고 생각했다. 또한 볼프는 웬만한 남성 외교관보다 여성 비서들이 훨씬 더 많은 정보에 접근할 수 있다는 사실도 깨달았다. 여성 비서들은 사적인 편지를 부치고 받는 일도 담당했고, 직장 내 소문도 거의 다 알고 있었다.

아무나 로미오 스파이가 될 수 있는 것은 아니었다. 나이가 스물다섯에서 서른다섯 살 사이여야 했고, 교육을 잘 받고, 잘생기고, 훌륭한 전통 매너를 갖춘 사람이어야 했다. 후보자의 99%가 심사에서 탈락했다. 선발된 사람들은 위장 신분을 부여받아 서독으로 갔으며, 원하는 정보를 제공해 줄 수 있는 '줄리엣'을 찾았다. 줄리엣을 찾고 나면 로미오는 버스 정류장에서의 만남처럼 우연한 만남을 꾸며냈고, 관계를 발전시켰다. 로미오는 줄리엣을 만날 때마다 보고서를 썼고, 심리학자들이 그 보고서를 분석하여 다음에 뭘 할지를 결정했다. 이러한 '사랑'이 수십 년간 지속된 경우도 있었다(아래 참조).

사랑에 빠진 스파이

1968년, 서독의 대학원생이었던 가브리엘레 가스트는 박사 학위 주제로 정한 동독 내 여성의 역할을 연구하기 위해 카를마르크스슈타트에 갔다가 카를하인츠 슈미트를 만났다. 슈미트는 그녀의 운전기사였고, 가스트는 고마운 마음에 그를 맥줏집에 데려갔다. 그리고 그곳에서 사랑이 움텄다. 가스트가 슈미트를 보러 동독에 갈 수 있었던 것은 학생 비자 덕분이었다. 후에 가스트의 동독 방문이 어려워지자, 슈미트는 실은 자신이 동독 비밀경찰이며, 그녀가 서독을 위해 자신을 감시한다는 의심이 든다고 했다. 그리고 가스트가 동독 비밀경찰을 돕겠다고 약속하지 않는 한 둘은 만날 수 없다고 했다. 그녀는 알겠다고 했다.

가스트는 위조여권과 비밀 수납공간이 있는 핸드백을 받았다. 스파이 훈련도 받아서 투명 잉크를 사용하고, 난수 방송을 듣고, 문서를 촬영하는 법을 배웠다. 그녀는 3개월에 한 번씩 슈미트를 만날 수 있었다. 두 사람의 관계는 공산주의 체제가 붕괴된 1990년에야 끝났고, 그때 가스트는 반역죄로 체포되었다. 가스트의 재판에서 슈미트는 자신이 그녀를 포섭하기 위한 미끼였다고 증언했다.

기술 훈련

정보 활동 훈련은 제2차 세계 대전 때 처음 정규화되었으며, 이후 전 세계의 다양한 정보기관이 이를 바탕으로 자신들만의 훈련을 발전시켰다. CIA의 훈련소는 습지대 농장에 위치해 '더 팜(The Farm)' 혹은 '스왐피 캠프'라는 별명으로 불린다. 한편, 영국 특수작전부대(SOE)는 외딴 스코틀랜드 고지대에 훈련소를 세웠고, 반면에 KGB는 모스크바 외곽에 '붉은 배너 기관 훈련소를 운영하고 있다. 이러한 훈련소들은 힘들고 혹독한 훈련으로 악명에 가까운 명성을 얻었다.

오늘날 정보 활동 훈련소들은 기술 발전에 발맞춰 함께 변화하는 까다로운 커리큘럼을 개발하고 있다. 스파이는 평가, 관찰, 상황 인지, 관계, 설득, 협상 등 일상생활과 거래 협상에서 모두 유용한 다양한 기술을 사용하여 작전을 수행한다. 스파이는 훈련소의 도움을 받아 이러한 기술을 배우고, 연습하고, 연마한다. 장차 공작관이 되려면 신입 공작원들을 현장에서 비공식적으로 교육할 수 있는 지식과 자신감도 쌓아야 한다.

더 팜

더 팜이라 불리는 CIA의 비밀 훈련소는 메릴랜드주 윌리엄스버그 부근의 피어리 캠프 안에 있다. 40제곱킬로미터의 부지에 비밀스럽게 자리한 훈련소에는 CIA가 첩보 활동 모의 훈련을 위해 조성한 가짜 마을이 있다. 신입 공작원들은 6개월 동안 집중 훈련을 받으며 회피 기동 운전, 총기 사용, 무술, 격투 등 몸을 쓰는 아주 광범위한 기술을 배운다. 또한, 정보원이 될 만한 사람을 알아보고 채용하는 법, 보디랭귀지 읽는 법, 유도신문으로 정보를 캐내는 법, 암기술, 거짓말 기술, 대화 조작법, 대감시 기술, 위장 신분 유지하는 법 등 머리를 쓰는 기술도 배운다. 훈련생들은 경찰에게 끌려가 혹독한 심문을 당하는 훈련도 한다. 또한, 칵테일파티에서 제대로 처신하기, 미행 따돌리기, 수수소 설치하기, 자물쇠 따기, 편지 염탐하기, 컴퓨터 해킹하기, 접선 장소 정찰하기, 여러 방법으로 정보원들과 통신하기 등 훌륭한 스파이가 되기 위해 알아야 할 모든 것을 배운다. 심지어 생포당할 경우에 스스로 목숨을 끊는 방법까지 훈련받는 것으로 알려졌다. 하지만 훈련 수료 기준이 높아 많은 신입 공작원이 훈련을 수료하는 데 실패한다.

아무것도 믿지 마라 : 모스크바 규칙

냉전 시기에 모스크바에서 스파이 활동을 하는 것은 위험하기로 악명이 높았고, 잡혔을 때 얼마나 가혹한 결과가 따르는지는 모든 스파이가 알고 있었다. 공식적으로 기록된 규칙은 아니나, 모스크바 규칙이란 소련의 수도에서 임무를 수행하는 스파이가 명심해야 할 개략적인 원칙들이었다.

- 아무것도 지레짐작하지 않는다.
- 절대 직감을 거스르지 않는다.
- 모든 이가 적의 수하일 수 있다고 생각한다.
- 돌아보지 마라. 반드시 누군가가 있다.
- 대세를 따르며 튀지 않는다.
- 행동에 변주를 주고 위장 신분을 고수한다.
- 적을 반복 공격하지 않는다.
- 상대방이 자만심을 갖게 한다.
- 시간과 장소를 고르고 움직인다.
- 언제나 선택지를 열어둔다.

성 스파이

러시아의 정보 요원들은 붉은 배너 기관에서 훈련을
받지만, 여성 해외정보 요원 '스패로'를 양성하는
특수 교육기관이 따로 존재했다는 루머가
있다. 스패로는 표적 대상을 유혹하는 훈
련을 받은 요원이었다. 루머에 따르면, 채용
된 여군들은 체력 단련, 화기 사용, 성적인 대
화, 유도신문, 심지어 노골적인 외설 행위까지 훈
련받으며 임무에 대비했다. 대다수 훈련생은 여성이었으나, 남
성들도 이러한 특수 훈련을 받았고 '레이븐'이라 불렸다. 소련
의 팜므파탈 스파이 이야기는 2018년에 개봉한 영화 〈레드 스
패로〉의 소재인데, 발레리나였다가 스파이가 된 러시아 여인이
주인공이며, 전직 CIA 요원인 제이슨 매슈스의 소설을 원작으
로 했다.

총잡이 걸음걸이

가끔은 어떤 사람에게서 그가 받았던 훈련이 완연히 드러나 보이기
도 한다. 러시아 대통령 블라디미르 푸틴을 예로 들어보자. 푸틴은
특유의 팔자걸음을 걷는데, 오른팔은 빳빳하게 몸에 붙이고 왼팔은
자유롭게 흔들며 걷는다. 다른 러시아 지도자들 역시 걸음걸이가 비
슷한 것으로 알려졌다. 유출
된 KGB 책자를 보면, 요원
들은 사격 훈련 때 총을 뽑을
수 있도록 오른팔을 흔들지
말고 언제나 몸 가까이 붙이
라는 교육을 받는다. 푸틴은
KGB에서 사회생활을 시작
했고, 역시 세 살 버릇이 여
든까지 간다.

왼쪽 : 블라디미르 푸틴이 총잡
이 걸음걸이로 걷고 있다.

통신

일단 귀중한 정보를 손에 넣고 나면, 스파이는 어떻게 들키지 않고 그 정보를 넘길 것인가 하는 까다로운 문제에 직면한다. 스파이가 가장 많이 노출될 수 있는 순간이어서, 투박한 구식 방법부터 세련된 전자 암호화까지, 은밀하게 통신할 수 있는 다양한 방법이 개발됐다.

대놓고 숨기기

다양한 위장법으로 교신을 숨길 수 있다. 수수소, 투명 잉크, 난수 방송, 스테가노그래피는 모두 빤히 보이는 곳에 정보를 숨긴다. 지금 보고 있는 게 무엇인지조차 모른다면, 거기서 정보를 집어낼 가능성이 희박하기 때문이다. 소련과 영국의 이중 스파이였던 올레크 고르디옙스키가 모스크바에 불려 갔을 때, 그는 셰익스피어의 소네트 책을 가지고 갔다. 책에는 영국 정보국이 그를 구출해야 할 때를 대비한 비밀 탈출 계획이 투명 잉크로 쓰여 있었다(163쪽 참조).

브러시 패스

정보를 전달하는 한 가지 방법은 직접 건네 주는 것이다. 고전 방식인 '브러시 패스(스쳐 지나가기)'에서 두 요원은 분주한 지역을 서로 스치듯이 지나가며, 한 사람이 다른 사람에게 물건을 신문으로 감싸 직접 건네주거나, 아니면 잠시 후에 와서 집어갈 수 있도록 서류 가방을 두고 사라진다. 그런데 이 방식은 두 사람이 직접 접촉해야 가능하다. 그것이 불가능한 상황에서는 정보를 어딘가에 감추어 둘 방법이 필요하다.

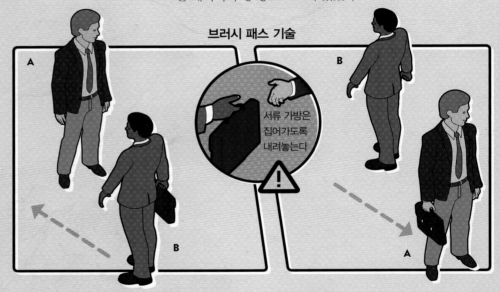

브러시 패스 기술

서류 가방은 집어가도록 내려놓는다

수수소

수수소는 정보를 전달하기 위해 이용되는 비밀스러우면서도 개방된 장소다. 스파이는 무언가 전달할 것이 생기면 신호를 주는데, 우편함에 분필로 표시를 할 수도 있고, 특정한 지하철역 벽에 흔적을 남길 수도 있다. 정보를 주는 쪽과 받는 쪽이 서로 다른 시간에 수수소를 방문하여 정보 전달에 더욱 안전을 기할 수 있다. 공원의 다리 밑이나 등산로의 바위틈, 벽의 느슨한 벽돌 뒤에 수수소가 숨어 있을 수 있다. 수수소를 만들 때 많이 사용하는 수수소용 '스파이크'는 방수가 되고 특수 제작되어 속에 마이크로필름을 넣을 수 있으며, 공원의 원하는 나무 근처 흙에 쉽게 박을 수 있다. 수수소를 이용하면 비교적 안전하게 정보를 주고받을 수 있지만, 수수소 이용자 둘 중 하나가 의심을 받는 상황이라면, 의심받고 있는 그 요원을 따라 미행 팀이 수수소까지 올 수 있다. 요원이 떠나면 미행 팀은 내용물을 회수하여 그를 체포하기에 충분한 증거를 입수할 수 있다. 존 워커 첩보망도 이런 식으로 적발되었다(160~161쪽 참조).

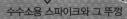

수수소용 스파이크와 그 뚜껑

올바른 스파이크 사용법

마이크로 필름

난수 방송

국가는 난수 방송을 통해 멀리 떨어져 있는 스파이들과 교신할 수 있다. 제1차 세계 대전에서 처음 사용된 난수 방송은 오늘날까지 사용되고 있다. 난수 방송은 단파 주파수로 일련의 숫자나 문구를 방송한다. 누구든지 난수 방송을 들을 수 있지만, 그 내용을 이해할 수 없다. 흡사 동요처럼 숫자나 문구가 길게 낭송되는데, 그것이 몇 번 반복되다가 방송이 끝난다. 이는 일회용 암호표의 암호로, 수학적으로 깰 수 없는 유일한 암호화 기법이다. 난수 방송은 적진 깊숙이 파고든 스파이와 통신하는 방법이며, 스파이도 일회용 암호표의 내용을 역으로 전달할 수 있다. 난수 방송은 일반 단파 라디오로 들을 수 있다.

위 : 단파 라디오

디지털 통신

디지털 스테가노그래피는 점점 흔해지는 비밀 통신 기법이다. 2011년, 암호화된 파일이 담긴 메모리 카드를 소지하고 있던 알카에다 요원이 베를린에서 체포되었다. 독일의 컴퓨터 포렌식 전문가들이 결국 파일을 여는 데 성공했는데, '킥애스'라는 음란 동영상이 들어있었다. 영상 안에는 향후 테러 공격에 관한 계획이 상세히 기술된 141개의 문서 파일이 감춰져 있었다. 가장 조악한 형태의 디지털 스테가노그래피는 문서 편집기로 JPEG 파일을 열고 그림 끝에 텍스트를 입력하는 것이다. 이미지가 그대로 있지만, 살펴보면 텍스트가 금방 보인다. 좀 더 정교한 기법은 줄줄이 나열된 데이터 바이트 속에 암호화된 메시지를 삽입하는 것이다.

공유 이메일 계정을 사용하면, 이메일을 꼭 발송하지 않아도 다른 사람과 이메일을 주고받을 수 있다. 이메일을 보낼 때, 발신인의 IP 주소, 메일을 보낸 날짜와 시간, 메일을 보낸 컴퓨터와 서버 정보 따위의 데이터가 메일에 첨부되는데, 이는 모두 증거로서 효력이 있는 정보다. 하지만 공유 이메일 계정을 사용하면, 이메일을 주고받기 위해 굳이 보내기 버튼을 누르지 않아도 된다. 메일을 작성한 후 초안으로 저장하는 것이다. 그럼 상대방이 같은 계정으로 로그인하여 저장된 메일 초안을 읽는다. 초안을 삭제한 뒤 휴지통을 비우고, 또 다른 메일을 초안으로 작성한 뒤 저장하여 답장을 할 수도 있다. 이 방법은 CIA 국장이었던 데이비드 퍼트레이어스와 그의 전기 작가인 폴라 브로드웰이 사용한 것으로 알려졌다.

초안

LOG IN
USER NAME: ABC1234
PASSWORD: ************

LOG IN
USER NAME: ABC1234
PASSWORD: ************

감시

들키지 않고 누군가를 관찰하는 일은 기술과 훈련이 필요하다. 스파이는 직접 감시에 나서거나 감시 카메라 혹은 도청 장치를 이용해, 영입할 만한 대상이나 상대편 스파이를 예의 주시하는 법을 배운다. 스파이는 표적을 미행하고, 전선이나 전화 도청 장치를 사용하고, 육안이나 CCTV로 관찰하고, 인터넷으로 정보를 수집하는 등 온갖 기술을 총동원해 적을 감시한다. 공작관은 정보원으로 포섭할 만한 사람에 대해 조사할 때, 일단 데이터를 수집해 그가 어떤 정보에 접근할 수 있는지, 무슨 동기로 움직이는지 등 기타 중요한 세부 사항을 파악하고 그에게 접근한다.

국장(國章)에 숨겨진 도청 장치

1945년, 제2차 세계 대전이 끝나기 몇 주 전에 소련 학생들이 미국 대사 W. 애버렐 해리먼에게 나무로 조각한 미국 국장을 선물했다. 그 국장은 모스크바에 있는 미국 대사관저의 서재에 걸렸다. 선물한 국장에는 소련이 미국 몰래 삽입한 도청 장치가 있었고, 독수리 부리 바로 밑에 안테나가 달려 있었다. 1952년이 되어서야 도청 장치가

왼쪽 : 국장을 본떠 섬세하게 조각되었다.

오른쪽 : 안에 도청 장치가

발견되었는데, 영국의 한 무선 통신사가 우연히 미국 대사관에서 오가는 대화를 듣게 된 것이었다. 대사관을 샅샅이 뒤진 결과 도청 장치가 발견되었다. 해당 장치는 오디오 신호를 패시브 기법으로 전송해 감지가 거의 불가능했다. 이 교묘한 장치는 테레민 전자 악기의 발명가인 레온 테레민이 발명했는데, 그는 1940년에 시베리아 굴라크에 수용되어 있던 중에 새로운 무선 기술을 개발하도록 징집되었다. 이 장치는 자체적으로 전력을 생산할 수 없어서, 소련이 원격 송신기의 무선 신호로 전력을 전송했을 때 비로소 감지되었다.

미국은 도청 장치를 발견한 사실을 알리지 않고, MI5의 도움을 받아 장치를 분해하여 복제품을 만들었다. 1960년, 첩보기 조종사였던 게리 파워스가 몰던 U-2가 격추된 사건 이후에야 이 비밀이 세상에 알려졌다(175쪽 참조). 소련의 지도자 니키타 흐루쇼프는 U-2기 사건을 가리키며 미국이 소련을 정탐하고 있다는 증거라고 했다. 이에 맞서 미국은 국장 속 도청 장치를 꺼내 들며 소련이 15년간 미국을 정탐했다고 지적했다.

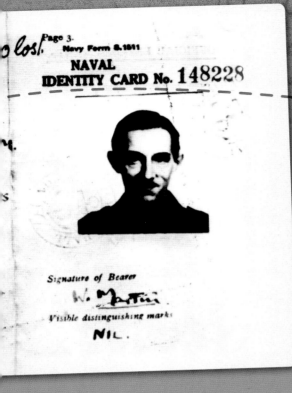

왼쪽 : 마틴 대위의 가짜 신분증

위 : 마틴 대위의 가짜 여자친구 팸의 사진

민스미트 작전

위 : 존 고드프리

1939년, 플라이 낚시를 무척 좋아하는 영국 해군 정보국장 존 고드프리는 『더 트라우트 메모(The Trout Memo)』를 썼는데, 그 책에서 군사 기만술을 플라이 낚시에 비교했다. (제임스 본드의 창작자 이언 플레밍은 당시에 고드프리의 조수였다.) 고드프리는 책에서 '적을 기만하는 50가지 방법'을 제안했는데, 그중 하나가 민스미트 작전이라는 실제 작전의 모태가 되었다. 계획은 간단한데, 시체를 구해서 위조문서를 지니게 한 다음, 독일군이 발견할 만한 곳에 놓아두는 것이다.

1943년 1월 28일, 정보 장교 이웬 몬태규가 이끄는 해군 부대가 쥐약을 먹고 죽은 남자의 시체를 샀다. 몬태규는 심혈을 기울여 시체에 그럴듯한 신원을 부여했고, 이제 시체는 소령 예우를 받는 영국 해병대 대위 윌리엄 마틴으로 거듭났다. 부대원들은 시체에 정식 전투복을 입히고, 주머니에 가짜 여자친구의 사진과 연애편지를 비롯해 우표, 담배, 동전, 성냥, 다이아몬드 약혼반지 영수증, 영국 해병대 신분증 등의 물건을 채워 넣었다. 그리고 연합군이 그리스와 이탈리아를 통해 침공할 것이라는 계획이 담긴, 조작된 기밀문서가 잔뜩 든 서류 가방도 시체가 갖고 있게 했다. 시체는 드라이아이스로 채운 특수 상자에 보관되었는데, 발각되는 일을 방지하려고 상자에 '광학 기기'라고 써 붙였다. 1943년 4월 30일 새벽, 중립국 스페인의 우엘바 해안에서 시체가 바다로 방류되었다. 같은 날 오전에 한 어부가 시체를 발견해 스페인 당국에 넘겼고, 당국은 간단한 부검을 한 뒤에 '마틴 소령'을 군장으로 현지 묘지에 묻었다.

위 : 우엘바에 있는 윌리엄 마틴의 무덤. 이제 그의 진짜 이름인 글린더 마이클이 밑에 추가로 쓰여 있다.

마틴 소령의 서류 가방은 마드리드로 보내졌다가 다시 런던으로 보내졌다. 그러나 스페인 당국은 몰래 서류를 꺼내 사본을 만든 뒤에 다시 봉투에 넣어 봉인했다. 스페인은 내심 독일 편이어서 그 정보를 독일과 공유했다. 모든 게 계획대로였다. 전쟁 후에 공개된 독일 문서들을 보면 그 허위 정보는 히틀러에게까지 전달되었고, 히틀러가 프랑스에서 그리스의 살로니카로 병력을 재배치하게 만들었다. 이로써 연합군은 계획한 대로 시칠리아를 통해 침공할 수 있게 되었다. 훗날 몬태규는 이 작전에 관하여 『존재한 적 없는 사나이』라는 책을 썼다.

블랙백 작전

블랙백 작전은 정보를 수집하는 데 범죄 수법을 이용한다. 도둑들이 범행 도구를 나르는 데 사용하는 가방에서 그 이름을 땄으며, 실제로 블랙백 작전 때는 사유지에 무단 침입하는 경우가 많다. 블랙백 작전에는 범죄적 성격을 띠는 자물쇠 따기, 열쇠 복제, 금고 털이 등의 기술이 요구되며, 자료를 신속하게 사진 촬영하기, 도청 장치 설치하기 등의 전문적인 스파이 기술도 추가로 요구된다. 그리고 현행범으로 잡히지 않아야 한다. 1972년에 이렇게 실패로 돌아간 블랙백 작전 때문에, 미국 대통령이 사임하게 되었다.

버그 또는 와이어라고 불리는 도청 장치는 마이크와 무선 송신기를 합친 장치인데, 보통 대사관이나 재외 공관의 방이나 전화기에 심는다. 도청하는 사람은 가까운 방이나 사무실, 길 건너 호텔, 근처 주차장에 주차된 밴 등 도청 장치 근처에 있어야 한다.

위 : 1973년, 닉슨에 반대하는 시위대가 백악관으로 행진하고 있다.

대통령의 사임

1972년, 워싱턴 D.C.에 위치한 워터게이트 빌딩의 민주당 전국위원회(DNC) 사무실에서 다섯 명의 괴한이 적발되며 시작된 스캔들은 결국 1974년에 리처드 닉슨 대통령의 몰락으로 이어지게 되었다. 5월 27일, DNC 사무실에 처음으로 침입한 이 괴한들은 DNC 의장 래리 오브라이언과 총무 R. 스펜서 올리버의 전화에 도청 장치를 설치했다. 길 건너에 있는 하워드 존슨 호텔의 한 방에서 그들은 올리버의 통화 내용을 도청할 수 있었는데, 오브라이언의 전화 도청 장치는 작동하지 않아서 그 후 6월 17일에 고장 난 장치를 수리하러 다시 워터게이트 빌딩에 잠입했고, 간 김에 문서를 추가로 복사해 오기로 했다.

한편, 경비원 한 명이 정기 순찰을 하다가 지하 주차장에 있는 몇몇 문의 잠금장치에 테이프가 붙은 것을 발견했다. 경비원은 별다른 생각 없이 테이프를 뗐다. 잠금장치에 테이프가 붙어 있어서 문이 닫

혀도 잠기지 않았기 때문이다. 그런데 그 경비원이 다시 순찰을 하던 와중에 똑같은 잠금장치에 또다시 테이프가 붙은 것을 보았고, 경찰에 신고했다. 괴한들의 공범인 앨프리드 볼드윈은 그때 길 건너 호텔방에 있었다. 볼드윈은 도청된 대화를 들으며 나날을 보냈는데, 5인조가 도청 장치를 고치는 동안에는 만일의 사태에 대비하여 망을 보는 게 그의 역할이었다. 하지만, 그는 대신 TV를 보고 있었고, 세 명의 사복 경찰관이 오는 것을 보지 못했다.

수술용 장갑을 끼고 파일들을 촬영하던 5인조는 경찰이 도착하자 크게 당황했다. 경찰은 자물쇠 따는 도구, 전파 수신기, 필름 40통, 35mm 카메라 2대, 펜 크기의 최루탄 3개, 연속된 일련번호가 적힌 100달러짜리

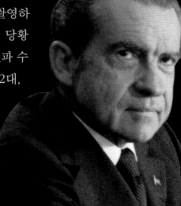

"도둑이 쓰는 방법을 써. 제기랄. 들어가서 그 파일들을 가져와. 금고를 날려버리고 가져오란 말이야."

1971년에 브루킹스 연구소에 침입할 것을 지시하는 닉슨 대통령

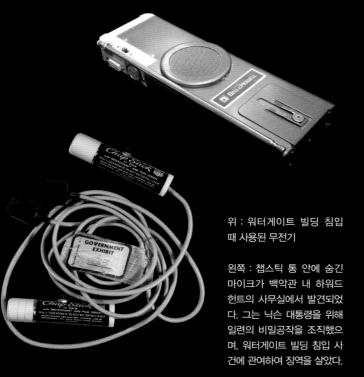

위 : 워터게이트 빌딩 침입 때 사용된 무전기

왼쪽 : 챕스틱 통 안에 숨긴 마이크가 백악관 내 하워드 헌트의 사무실에서 발견되었다. 그는 닉슨 대통령을 위해 일련의 비밀공작을 조직했으며, 워터게이트 빌딩 침입 사건에 관여하여 징역을 살았다.

지폐 23장을 발견했다. 그리고 볼드윈이 있던 하워드 존슨 호텔 방에서 현금 4,200달러, 더 많은 무단 침입용 도구, 도청 장치가 든 6개의 서류 가방을 추가로 발견했다.

공모자 닉슨

발견된 현금은 닉슨 재선 선거 운동 위원회와 관련이 있는 것으로 드러났지만, 그해 말 닉슨은 재선에 성공했다. 하지만 이어진 수사 결과, 자신의 행정부가 침입 사건에 관여한 사실을 은폐하기 위해 닉슨이 직접 공모에 가담한 것으로 밝혀져 결국 사임할 수밖에 없었다. 알고 보니 닉슨은 백악관에서 자신이 한 대화들을 은밀히 녹음하고 있었다. 그리고 그 녹음테이프를 통해서 닉슨이 워터게이트 사건 전에도 블랙백 작전을 지시한 적이 있었음이 드러났다. 1971년, 닉슨은 워싱턴 D.C.에 있는 브루킹스 연구소에서 특정 보고서를 훔치라고 지시했는데, 1968년에 베트남전 종전 평화 협상을 방해할 목적으로 자신이 저지른 불법 행위가 폭로될 수 있다고 생각했기 때문이다. 1968년에 그는 대통령으로 당선되었다.

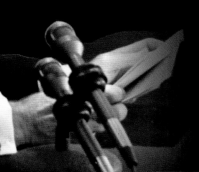

왼쪽 : 1974년 4월 29일, 리처드 닉슨은 워터게이트 스캔들과 관련된 백악관의 녹음테이프를 공개하겠다고 발표했다. 하지만 4개월 후에 결국 사임했다.

키 자동 기록기

기발하게 사용되고 있던 도청 장치가 발견된 것은 1984년, 미국이 모스크바 대사관과 레닌그라드 영사관에 있는 IBM 셀렉트릭 타자기 16대가 조금 이상하다는 것을 알아차렸을 때였다. 적어도 8년 동안 소련이 '키 자동 기록기'로 이 타자기들을 감시하고 있었던 것이다.

감시 장치는 타자기 내부의 속이 빈 금속 지지대 안에 설치되어 있었다. 해당 장치는 공처럼 생긴 활자 뭉치가 회전하며 일으키는 자기장 교란을 측정하여 입력되었을 법한 글자를 추측했다. 그러고선 짤막한 전파를 터뜨려 도청자에게 수집한 정보를 보냈다. 무결점 데이터는 아니었지만, 도청자는 각 글자의 빈도를 고려하여 타자기로 입력한 텍스트를 재구성할 수 있었다. 도청 장치 하나를 설치하는 데 한 시간이 넘게 걸릴 테니, 장치가 설치된 것은 타자기를 미국 대사관으로 수송하는 동안이었을 것이다. 도청 장치는 타자기 내부에 완전히 은폐되어 있어 육안으로 확인할 수 없었고, 전파도 짧게 단속적으로 송신되어 감지되지 않았다. 그런데 이 도청 장치가 발견된 것은 프랑스가 자국의 전신 타자기에서 유사한 장치를 발견한 후에 귀띔해 준 덕분이었다. 분석을 위해 타자기는 미국으로 보내졌고, 엑스레이 감식 결과 도청 장치가 확인되었다.

위 : 도청 장치가 설치되어 있던 타자기는 위와 같은 모델인 IBM 셀렉트릭 2였다.

신분을 위장하다

외국에서 활동하는 비밀 스파이라면 그럴듯한 위장 신분이 꼭 필요하다. 자기 나라나 우호국에서 활동하는 스파이는 정체를 숨기기 위해 위조 여권, 공식 주소, 직업 등 꽤 단순한 위장 신분만 있으면 된다. 하지만 스파이가 장기적으로 활동하는 지역이 적대국일수록 위장 신분도 더욱 철저해져야 한다.

완벽한 위장 신분 만들기

최고로 치밀한 위장 신분을 '전설'이라 한다. 이는 일관된 세부 자료를 갖춘 완전한 가짜 인생을 지칭한다. 일반적으로 출생 직후 사망한 아기의 출생증명서가 이용되는데, 여기에 가짜 사회 보장 번호(우리나라의 주민 등록 번호와 비슷한 개인 식별 번호_옮긴이), 혼인 신고서, 호적을 추가해 새로운 인물을 창조한다. 스파이는 꾸며낸 과거사를 세세히 암기하여 완전히 숙지해야 한다.

훌륭한 위장 신분을 만드는 기술이라 함은 위장 신분의 배경을 그럴싸하게 꾸며내고, 스파이가 그것을 현실성 있게 연출하는 것이다. 예를 들어, 위장 신분을 무슨 언어든지 유창하게 구사할 수 있는 인물로 설정했다면, 스파이도 그렇게 할 줄 알아야 한다. 오늘날은 기술이 발전하여 그럴듯한 위장 신분을 만들기가 더 어려워졌는데, 디지털화된 세상에서는 어디에서든지 우리의 활동 정보가 수집되기 때문이다.

공직 위장

스파이는 해외에 살며 대사관이나 영사관에 공식적으로 소속되어 있는 경우에 공직 위장을 부여받을 수 있다. 그리고 비공식적으로 진짜 임무를 수행하며, 잠재적 정보원을 찾고 접선하는 등의 비밀공작을 펼친다. 공직 위장을 한 스파이는 진짜 정체와 활동이 발각되더라도 외교관 면책 특권을 누리므로 어느 정도 보호를 받을 수 있다. 그리고 공직 위장 스파이는 그들이 소속되어 있는 정부에서 존재를 파악하고 있으므로 필요한 경우에 정부의 도움을 받을 수 있다. 공직 위장 스파이는 발각되는 경우, 대체로 추방되는 데서 그친다.

비공직 위장(NOC) 스파이는 비밀공작을 목적으로 해외에 체류하면서도 외교적 면책 특권을 누리지 못하는 스파이를 지칭하는 용어다. NOC 스파이는 발각되는 경우, 체포되어 재판을 받고 투옥될 수 있다. 이들은 '비합법 요원'으로 불리기도 하는데, 적발되더라도 위장 신분을 끝까지 유지하기 위해 정부의 개입 사실을 일절 부인할 수 있다. 2010년, FBI는 위장한 러시아의 NOC 스파이 조직을 적발했다(229쪽 참조).

포켓 리터

스파이는 위장 신분을 유지하는 데 빈틈이 없어야 하는데, 위장 신분을 보강하는 한 가지 방법은 위장 신분과 관련된 물품을 지갑, 가방, 짐, 주머니에 넣고 다니는 것이다. '포켓 리터(주머니 속 잡동사니라는 뜻_옮긴이)'란 승차권 반쪽, 영수증, 편지, 동전 등 스파이의 위장 신분을 그럴듯하게 보이게 해주는 자질구레한 물건을 일컫는 용어다. 스파이가 검문을 받는다면, 이러한 잡동사니가 그의 위장 신분에 신빙성을 더해준다.

"시민들을 보호하기 위해, 국가는 때때로 반민주적인 행위를 할 필요가 있다."

『모사드:이스라엘 정보기관의 위대한 임무』의 저자 마이클 바조하

엘리트 암살단

1970년대, 이스라엘의 정보기관인 모사드는 뛰어난 암살 작전 수행 능력으로 명성을 쌓았고, 산하에는 오로지 암살 작전을 위한 극비 부서인 '키돈'이 있었다. 암살로 따지면 정보기관을 통틀어 모사드가 최고의 공포 대상이었고 최고의 실력을 갖추고 있었으나, 그들도 실수할 때가 있었다. "누군가가 당신을 죽이러 오면 일어나서 당신이 그를 먼저 죽여라."라는 문구는 모사드의 인정사정없는 태도를 그대로 보여준다.

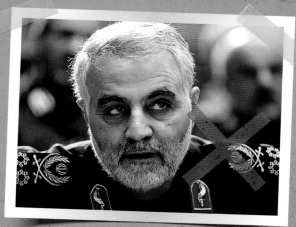

왼쪽 :
가셈 솔레이마니

드론 공습

2007년부터 헬파이어 미사일을 탑재한 MQ-9 리퍼 드론이 도입되며 미국의 표적 살인 능력이 향상되었다. 표적 살인 대상자 중 한 명은 이란 장군 가셈 솔레이마니로, 그는 2020년 1월에 리퍼 드론으로 이라크에서 살해됐다. 드론 공습의 실효성을 두고 말이 많은데, 드론에서 발사되는 미사일이 늘 표적 대상 주변에 있는 무고한 사람들의 목숨도 위협하기 때문이다. 표적 살인에 드론을 이용한 미국은 표적이 된 세계 다른 국가의 일반 대중으로부터 국제적인 원성을 샀다.

미국에서 드론 공격이 이루어지려면 관계 당국의 승인을 받아야 하고, 대통령이 직접 서명해야 한다. 그런데 다른 국가에서는 이러한 절차가 다소 모호하다. 예를 들어 이스라엘의 경우, 모사드에서 발간한 보고서에 따르면 하부 조직이 갖는 자유재량이 훨씬 크다.

릴레함메르 사건

모사드는 뛰어난 암살 실력으로 오랫동안 이름을 날렸지만, 1973년에는 일이 제대로 꼬여 버렸다. 1972년, 팔레스타인 테러 조직이 뮌헨에서 이스라엘 올림픽 대표팀 11명을 납치해 살해했는데, 이 뮌헨 대학살에 대한 보복으로 암살 작전이 지시되며 사건이 시작되었다. 모사드는 뮌헨 대학살에 관여한 모든 이를 살해할 목적으로 '신의 분노 작전'을 수행했다. 알리 하산 살라메는 뮌헨 대학살의 주범인 팔레스타인 테러 조직 '검은 9월단'의 작전 대장이었다. 대학살 가담자들을 찾던 모사드는 노르웨이의 마을 릴레함메르에서 살라메를 찾았다고 생각했다. 그들은 모로코인 웨이터 아메드 부치키를 살라메로 착각하고 추적하여, 그가 임신한 아내와 저녁을 먹고 집에 들어오는 길에 아내가 보는 앞에서 그를 사살했다. 그런데 이미 수상한 낌새를 눈치챈 현지 경찰이 사건 현장에 빠르게 도착했다. 몇몇 요원은 달아나는 데 성공했지만 두 명은 붙잡혔다. 이후 이어진 심문에서 작전의 세부 사항이 밝혀지며, 다수의 모사드 비밀 요원들과 유럽에 산재한 은신처의 위치가 드러나게 되었다.

아래 : MQ-9 리퍼 드론

제2차
세계 대전

전역을 충격에 빠뜨렸다. 하이드리히 암살 사건의 여파로 체코슬로바키아에서 수천 명의 시민이 죽임을 당한 극단적인 보복 행위가 일어났다. 이렇게 잔혹한 복수극이 펼쳐지자 영국 외무부의 많은 이가 불안에 떨었지만, 처칠은 SOE의 확고한 지지자로 남았으며, SOE가 일으키는 교란이 독일에 점령당한 국가 내에 저항 세력을 기르고 그들이 공격을 조직하도록 하는 데 무척 중요하다고 주장했다. SOE를 향한 처칠의 굳건한 신뢰가 옳았음이 후에 드러나게 되었다.

노르망디 상륙 작전 준비하기

SOE 요원들은 코드명 제드버러 작전(139쪽 참조)을 수행하여 1944년의 노르망디 상륙 작전에서 핵심적인 역할을 했다. 노르망디 상륙 작전 직전에 세 명씩 짝 지은 SOE 요원들이 낙하산을 타고 프랑스에 잠입하여, 독일군이 노르망디로 진군하는 것을 프랑스 저항군이 지연시키도록 지휘했다. 또한, 차축유를 연마제용 기름으로 바꿔치기해서 바퀴를 고장 내 독일 수송 열차를 파괴했다. 연합군이 진격해 오자 SOE는 연합군 사령부와 저항군 사이에서 징검다리 역할을 했다.

포스 136

SOE는 처음에는 유럽에서 활동하였으나, 1941년에는 '포스 136'라는 가명으로 아시아 내 일본군 점령지까지 활동 반경을 넓혔다. 요원들은 사보타주 공작 및 정보 수집을 위해 버마, 말라야, 중국, 태국에서 비밀리에 현지인들을 모집해 교육했다. 150명의 중국계 캐나다인이 포스 136에서 복무했다. 그들의 영웅적인 행위 덕분에 전쟁이 끝나고 중국계 캐나다인들이 완전한 투표권을 얻을 수 있었고, 포스 136 요원 출신의 더글러스 정 대위는 1957년에 가시적 소수 인구(사회 대다수 구성원과 다른 인종임이 겉으로 뚜렷이 드러나는 집단_옮긴이) 중에서 최초로 캐나다 국회의원이 되었다.

위 : 더글러스 정

파르티잔 지원하기

독일 점령지 유고슬라비아에서 SOE는 처음에 왕당파인 체트니크의 저항 운동에 합류했다. 하지만 체트니크가 독일 및 이탈리아 점령군과 연합한다는 보고를 접한 후 1943년부터는 훗날 유고슬라비아의 지도자가 되는 티토가 이끄는 공산주의 파르티잔들과 연합했다. 유고슬라비아의 맹렬한 저항 운동에 부딪힌 추축국은 다른 전선에 있던 막대한 병력을 이곳에 재배치했다. 1945년까지 파르티잔은 그 어떤 저항 운동 조직보다도 크게 활약했다. 파르티잔은 80만 명의 회원을 거느렸고, 유고슬라비아 해방에 주도적인 역할을 했다.

"적의 철도 교통을 교란하고, 독일의 도로 교통을 방해하며, 유럽 전역의 독일 점령지에서 독일의 정보기관을 점진적으로 옭아맸던 것이 우리가 완전하고 최종적인 승리를 거두는 데 상당히 이바지했다."

드와이트 아이젠하워 장군

태평양의 미국 정보부

1941년 12월 7일 일요일, 오전 8시가 조금 안 된 시각에 일본 제국 해군이 하와이 호놀룰루에 있는 미군의 진주만 기지를 기습 공격했다. 루스벨트 대통령은 이날을 '치욕의 날'이라 불렀다. 일본은 동남아를 치려고 계획하고 있었는데, 미 해군의 태평양 함대가 개입하는 일을 막기 위해 선제적으로 진주만을 습격했다. 미국은 습격에 곧장 대응하여 다음 날 일본에 선전포고를 했다. 그리고 재빨리 정보 작전을 조직했고, 그 덕분에 태평양에서 결정적인 승리를 거두었다. 진주만의 경험이 계기가 되어 미국은 전쟁이 끝나고 평시 상설 정보기관을 창설했다. 두 번 다시는 기습 공격을 당하지 않을 작정이었던 것이다.

위 : 미국의 암호 해독자들은 일본의 퍼플 암호기를 역설계하여 비슷한 암호기를 여섯 대 만들었다.

1939년부터 일본은 독일에서 제공한 에니그마 기계로 고위급의 외교통신을 암호화했다. 같은 해, 미 육군과 해군은 일본의 암호를 해독하기 위해 매직 작전이라는 합동 작전을 시작했다. 미국의 암호 해독자들이 '퍼플'이라고 이름 붙인 이 새로운 암호는 해독하기가 어려웠지만, 매번 같은 문구로 시작하는 교신의 형식적 특징 덕분에, 1941년이 되자 해독에 상당한 진전을 이루었다. 그러나 교신을 해독하는 일은 지난한 과정이었고, 해독에 성공했을 때는 이미 정보가 쓸모없어진 경우가 많았다. 하지만 어차피 해독된 교신들도 임박한 진주만 공습에 대한 힌트를 주지 않았는데, 일본이 외교통신에서 신중하게 말을 삼갔기 때문이었다. 더군다나 일본군은 진주만 공습에 관한 정보를 보낼 때는 미국이 JN25라고 이름 붙인 또 다른 암호를 사용했다. JN25는 다섯 자리로 이루어진 암호로 확인되었으나 12월까지 해독되지 않았고, 결국 미국은 무방비 상태에서 진주만 공습을 당했다.

위 : 미국 태평양 함대의 사령관인 체스터 니미츠 제독이 승조원인 도리스 밀러에게 해군 십자 훈장을 수여하고 있다. 밀러는 훈련을 받은 적이 없었음에도 진주만 공격 당시에 대공포기로 싸웠다. 미국 흑인 최초로 해군 십자 훈장을 받은 그는 1943년에 전사했다.

정보 활동에 총력을 기울이다

이제 공식적으로 독일뿐만 아니라 일본과도 전쟁을 치르게 된 미국은 동맹국인 영국에게 도움을 청했고, 영국은 블레츨리 파크의 암호 해독자들을 파견했다(126~127쪽 참조). 6개월이 지나자 미국 정보당국은 퍼플 암호를 훨씬 더 빨리 해독할 수 있게 됐다. 한편, 진주만 공습 이후 일본군의 교신량이 상당히 증가한 덕분에, 매직 작전에 투입된 요원들은 JN25 해독에 필요한 교신 물량을 확보할 수 있었다. 1942년 4월이 되자 JN25의 5분의 1 정도를 해독할 수 있게 됐는데, 유용한 정보를 추출하기에 충분한 수준이었다. 일본은 두 암호가 모두 해독된 사실을 전혀 모르고 있었다.

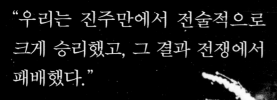

"우리는 진주만에서 전술적으로
크게 승리했고, 그 결과 전쟁에서
패배했다."

일본 제독 주이치 하라

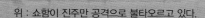
위 : 쇼함이 진주만 공격으로 불타오르고 있다.

전세가 뒤집히다

1941년에 소련도 해독하게 된 퍼플 암호를 일본은 전쟁 내내 사용했다. 하지만 미국의 암호를 해독하는 데는 실패하여, 이렇게 치명적인 정보 격차가 생기게 되었다. 일본은 미군을 철수시킬 목적으로, 태평양에 있는 미군 기지에 다시 한번 공격을 퍼붓기로 했다. 목표는 미드웨이 산호섬이었다. 하지만 이번 공격은 진주만 공격 때와 상황이 하늘과 땅 차이였다. 부분적으로 해독된 JN25 교신 덕분에, 미국의 정보 장교들은 공격이 행해질 장소와 날짜, 일본군의 전력 편성까지 알아낼 수 있었고, 그 덕분에 미군은 매복해 있다가 일본 전투기를 습격할 수 있었다.

1942년 6월 4일 이른 아침에 일본의 항공모함 네 척이 미국의 미드웨이 기지를 공격했다. 미국 함대가 섬 동쪽에서 대기하고 있다는 사실을 알지 못한 채였다. 이틀간 치러진 전투로 일본은 항공모함 네 척, 순양함 한 척, 항공기 수백 대를 잃었다. 미국의 결정적인 승리였고, 이 시점부터 일본 제국은 몰락의 길을 걸었다. 미국은 정보 활동에서 우위에 선 덕분에 미드웨이에서 승리할 수 있었고, 이로써 태평양 전쟁에 끝이 보이기 시작했다.

왼쪽 : 미 해군의 더글러스 SBD-3 돈틀리스가 미드웨이 전투에서 폭탄을 투하하고 있다.

위 : 야마모토 제독

야마모토의 죽음

미드웨이 공격의 설계자 야마모토 이소로쿠 제독의 계획은 미국 정보기관에 의해 완전히 무너졌으며, 그는 정보 활동에 실패한 대가로 목숨까지 잃었다. 1943년 초, 야마모토는 일본군의 사기를 북돋기 위해 남태평양을 시찰하기로 했다. 미국 정보기관은 야마모토의 시찰 일정이 상세히 기록된 교신을 가로채어 해독했으며, 그를 암살하기로 했다. 4월 18일, 미국 전투기가 라바울에서 발랄라에섬으로 향하던 야마모토의 비행기를 격추했다. 연합 함대 사령관의 죽음으로 이미 휘청이던 일본군의 사기는 더욱 땅으로 떨어졌다.

에니그마 기계

전쟁 초, 독일군은 암호술에 있어서 자신들을 따를 자가 없다고 믿었는데, 에니그마라는 기계 덕분이었다. 하지만 영국에서 비범한 암호 해독자들이 탁월한 수학적 지식과 브루트포스 기법(모든 경우의 수를 탐색하여 문제를 푸는 기법_옮긴이)으로 에니그마 암호를 해독했고, 덕분에 연합군은 전쟁 내내 독일군을 염탐할 수 있었다.

에니그마 기계는 1918년에 엔지니어 아르투어 셰르비우스가 발명하여, 1926년에 독일군이 처음으로 사용했다. 에니그마는 겉보기에 타자기처럼 생겼는데, 휴대하기가 쉬웠고 현장에서 사용하기도 간편했다. 타자키를 누를 때마다 기계 내부에 있는 세 개의 회전자가 돌아가서 암호가 계속 바뀌게 할 수 있었고, 나중의 모델들은 103섹스틸리언(10의 21승)이라는 어마어마한 설정값을 가

위 : 에니그마 기계

질 수 있었다. 오늘날의 컴퓨터도 이렇게 많은 경우의 수를 가진 암호를 해독하려면 엄청난 시간이 소요된다.

폴란드의 봄바

당연하지만 독일은 에니그마 암호가 난공불락의 암호라고 믿었다. 그러나 에니그마 기계를 제대로 다루지 못한 탓에 그 난공불락의 암호에 균열이 생겼다. 이 균열을 최초로 파고든 이들은 폴란드의 암호 해독자들이었다. 1932년, 독일 암호국의 스파이 한스틸로 슈미트가 독일의 에니그마 사용 매뉴얼과 암호키를 프랑스에 넘기면서, 최초로 해독에 진전이 이루어졌다. 재능 있는 폴란드 수학자 마리안 레예프스키는 이렇게 주어진 정보로 에니그마 기계의 내부 설계를 추론해 역설계했다. 1938년에 레예프스키는 에니그마 암호를 해독하는 기계를 만든 뒤 '봄바'라는 이름을 붙였다.

전쟁이 터지자 폴란드는 1939년 7월에 자신들의 에니그마 연구물을 영국, 프랑스와 공유했다. 하지만 독일은 전쟁 준비의 일환으로 암호 기술을 보강하면서 에니그마 기계를 더욱 복잡하게 만들었고, 매일 암호 체계를 바꾸었다. 암호는 또다시 해독이

> "적군의 정확한 병력 및 작전 계획뿐 아니라 적군이 언제, 어디서, 어떻게 작전을 수행할 것인지까지 알게 되면서 전쟁을 수행하는 데 새로운 차원이 열렸다."
>
> 이탈리아 지역 연합군 총사령관 해럴드 알렉산더 장군

위 : 독일군이 전장에서 에니그마 기계를 사용하고 있다.

위 : 마리안 레예프스키

불가능해졌다. 영국 블레츨리 파크의 GC&CS 암호학자들은 역시 뛰어난 수학자였던 앨런 튜링의 지휘하에 레예프스키 팀에게서 받은 연구물을 토대로 에니그마 해독 기계인 '봄베'를 자체 제작해 1940년 3월부터 사용했다. 거대한 봄베에는 에니그마 기계의 신호 변환용 회전판을 시뮬레이션하는 108개의 회전 드럼이 장착되어 있어서, 교신을 암호화하는 데 사용된 특정 에니그마 기계의 설정값을 추측한 뒤 확인해 볼 때 사용할 수 있었다.

힌트 문구 찾기

봄베 덕분에 튜링 팀은 에니그마 암호에서 가능한 설정값의 개수를 크게 줄일 수 있게 되었지만, 봄베로 테스트하려면 시작점이 되는 입력값이 여전히 필요한 상태였다. 이러한 입력값을 제공해 준 것이 '크립스', 즉 해당 암호문에 상응하는 평문에서 힌트가 될 만한 문구였다. 힌트 문구를 정확히 추측하기는 어려웠지만, 독일군의 에니그마 암호 교신 습관에서 돌파구를 찾았다. 일부 표준 교신에서 '보고할 내용 없음'이라는 문구가 자주 등장했고, 특히 정기 일기 예보에서 많은 힌트 문구를 얻었다. 봄베는 크립스와 일치하는 설정값이 나오면 회전을 멈추는 방식으로 설계되었다. 봄베가 멈출 때마다 시험해 볼 수 있는 설정값이 나왔고, 그러면 암호는 몇 시간 내에 해독되곤 했다.

1940년대 중반이 되자 블레츨리 팀은 매일 암호를 해독해 냈다. 결과적으로 영국은 211대의 봄베를 만들었고, 나중에 튜링은 미국이 봄베를 자체 제작할 수 있게 도왔다. 1만 명이 넘는 사람이 블레츨리 파크에서 일했는데, 이 많은 숫자에도 불구하고 보안이 새는 법이 없었다. 그리하여 독일은 전쟁이 끝날 때까지 이들의 존재를 몰랐다.

위 : 실제로 작동이 되는 봄베의 모조품으로, 지금은 박물관이 된 블레츨리 파크에 전시되어 있다.

아래 : 블레츨리 파크에 세워진 튜링 석상은 50만 개의 웨일스 점판암 조각으로 만들어졌다.

앨런 튜링

수학자 앨런 튜링(1912~1954)이 전시에 한 일은 그가 죽고 오랜 시간이 지난 후에 공개됐다. 전쟁 시작 무렵에 그는 GC&CS에 합류했다. 에니그마 암호에 관한 연구 외에도, 그는 독일의 로렌츠 암호를 해독하기 위해 '튜링 기법'을 고안했다. 그는 틈을 내어 암호학에서의 확률과 통계에 관한 논문을 두 편 썼는데, 이 논문들이 굉장히 중요한 내용을 담고 있다고 생각한 영국 정보기관은 2012년에서야 기밀을 해제했다. 전쟁이 끝나자 튜링은 컴퓨터 분야에서 일하며 현대 컴퓨터의 초석을 마련했다. 훗날 그는 생물학으로 관심을 돌렸다. 1952년, 영국에서 동성애 행위가 형사 범죄였던 시기에 튜링은 성추행으로 기소되었고, 얼마 지나지 않아 자살로 생을 마감했다. 암호학과 컴퓨터 분야에 튜링이 기여한 공로는 그의 모국에서 이제야 제대로 인정받고 있다.

울트라 정보 활용하기

1941년부터 영국의 신호 정보는 '울트라'로 분류되었는데, 이는 최고 기밀의 정보임을 뜻했다. 블레츨리 파크의 암호 해독자들(126~127쪽 참조)이 수집한 정보는 출처를 위장하기 위해 수정되었고, 연합군이 어떻게 해당 정보를 알고 있는지에 대해 다른 이유를 대기 위해, 예컨대 독일 사령부 내에 배신자가 있다는 등의 정교한 계략을 꾸몄다. 전쟁이 무르익어 감에 따라 영국과 미국이 정보와 기술을 점차 공유하게 되면서, 울트라는 연합군이 지닌 모든 정보를 총칭하는 용어가 되었다. 울트라 정보는 운명적인 대서양 전투를 승리로 이끈 일등 공신이었다.

유령 스파이

울트라 정보의 존재를 감추기 위해 보니페이스라는 코드명을 가진 가상의 MI6 스파이가 탄생했다. 블레츨리 파크의 보고서들에는 여러 스파이의 이니셜이 쓰여 있어서, 보니페이스가 마치 독일에서 스파이 조직을 운영하는 것처럼 보이게 했다. 정부 고위 간부에게조차 보니페이스의 정체를 알리지 않았을 정도로 비밀이 철저하게 유지되었다. 그리고 해군성에는 해독된 암호문을 원문대로 필사하여 전달한 반면에, 야전 사령관들에게는 같은 내용을 다르게 풀어 쓴 뒤 전달하여, 독일군이 전갈을 가로챈 경우에도 정보의 출처를 알 수 없게 했다. 다행히도 독일이 에니그마 암호를 굉장히 신뢰한 덕분에, 내부에 반역자가 있다고 믿게 만드는 일은 별로 어렵지 않았다. 한편, 울트라 정보를 근거로 작전을 수행할 때마다 항공 정찰 부대에 적의 진지를 순찰하라는 명령이 규칙적으로 내려졌는데, 적의 눈에 꼭 띄어야 한다는 지침도 있었다. 모든 정보 주도 작전에 해당 정보의 그럴듯한 출처를 대야 했기 때문이다.

대서양을 차지하기 위한 전투

전쟁 내내 계속되어 1943년에 절정에 달한 해전인 대서양 전투에서 울트라 정보는 처음으로 그 가치를 증명했다. 영국은 미국 상선에 의지하여 물자를 보급받고 전쟁 수행 능력을 유지했다. 대서양 전투에서 추축국은 영국이 물자를 보급받지 못하게 하려고, U보트로 영국의 보급선을 폭침하는 '이리 떼' 전술을 사용했다.

1941년 봄까지 영국이 입은 손실은 이만저만이 아니었다. 하지만 5월 중순부터 상황이 변하기 시작했는데, 영국이 나포한 독일의 전천후 트롤선 한 척과 U보트 한 척에서 에니그마 기계와 향후 두 달간 사용할 암호장이 나온 것이다. 새로운 정보로 무장한 블레츨리 팀은 그달 말에 U보트 교신을 해독했고, 그 후 다섯 달 동안 꾸준히 교신을 해독해 냈다. 그 덕분에 독일 사령부가 잦은 교신을 통해 조종하는 이리 떼 U보트의 움직임을 상세히 파악하게 되었다. 효과는 즉시 나타났고 상선 손실이 3분의 2 이상 감소했다

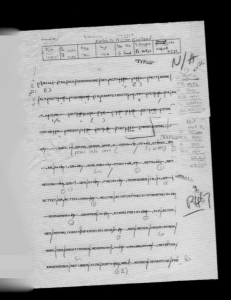

위 : 블레츨리의 교신 도청 종이에는

위 : 대서양 전투에서 이리 떼 전술을 고안한 카를 되니츠 제독이 U보트를 시찰하고 있다. U보트들이 위치를 들켜 대거로 파괴되었을 때 그는 크게 당황했다

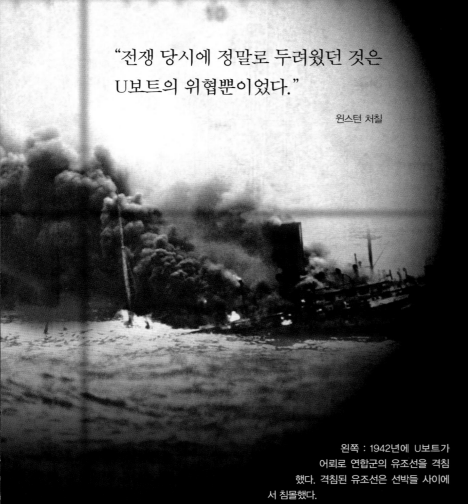

"전쟁 당시에 정말로 두려웠던 것은
U보트의 위협뿐이었다."

윈스턴 처칠

왼쪽 : 1942년에 U보트가
어뢰로 연합군의 유조선을 격침
했다. 격침된 유조선은 선박들 사이에
서 침몰했다.

위 : 에르빈 롬멜

되니츠를 격파하다

1942년이 되자 독일은 에니그마 키 설정을 새로 했고, 이로써 영국은 U보트 교신에 접근하지 못하게 되었다. 타이밍이 이보다 나쁠 순 없었다. 미국이 막 참전한 상태였고, 이제 연합군은 대서양 양쪽에서 그해 내내 큰 손실을 입었기 때문이다. 1941년보다 U보트 수가 많아졌고, 너무 많은 보급선이 공격을 받았기 때문에 영국의 전쟁 지속 능력에 다시 한번 의문이 제기되었다. 하지만 울트라 정보가 또다시 판세를 뒤집었는데, 블레츨리 파크에서 마침내 새로운 암호를 해독한 것이다. 1943년 3월부터 5월까지 두 달간 격렬한 전투를 치른 끝에, 전체 U보트의 4분의 1이 파괴되었다. 손실이 너무 커서 독일 해군 사령관인 되니츠 제독은 북대서양에서 수행하던 작전을 포기해야만 했다. 되니츠는 신호 정보 보안 상태를 점검하라고 명령했는데, 에니그마 자체는 보안에 이상이 없다는 잘못된 결과가 나왔다. 이 결정적인 승리로 1년 뒤에 노르망디 상륙 작전을 준비하는 데 중요한 역할을 하게 될 보급로를 지킬 수 있었다.

롬멜을 격파하다

1942년 10월부터 11월까지 이집트에서 벌어진 제2차 엘 알라메인 전투에서 연합군이 거둔 승리를 두고 훗날 처칠은 전쟁의 결정적인 전환점이었다고 상찬했다. 그때부터 전운이 연합군의 승리 쪽으로 기울었다는 것이다. 제2차 엘 알라메인 전투의 결과로 '사막의 여우'라 불린 독일의 육군 원수 에르빈 롬멜이 이끈 아프리카 군단이 철수했고, 연합군은 요충지인 수에즈 운하와 중동의 유전을 점거하는 데 성공했다. 전투를 치르기도 전에 연합군은 울트라 정보 덕분에 추축국 보급선이 북아프리카로 향하고 있다는 사실을 알았다. 연합군은 보급선에 공격을 퍼부었고 오직 30%의 선박만 살아남았다. 정보기관에 따르면, 이후 독일의 보급로는 대혼란 그 자체였다. 북아프리카에 주둔한 연합군을 지휘하던 육군 원수 버나드 몽고메리는 이러한 상황의 덕을 톡톡히 보았고, 울트라 정보를 이용해 기습 공격까지 계획했다. 울트라 정보원들이 가로챈 교신을 보면 롬멜은 독일 수뇌부에 병력과 물자 지원을 간청했다. 그러나 스탈린그라드 전투가 일어나면서 러시아와의 싸움에 많은 자원이 소진되고 있었으므로, 롬멜이 간청했던 병력과 무기를 지원받을 가능성은 전혀 없었다. 11월 4일, 12일간의 전투 끝에 롬멜은 퇴각 명령을 내렸다. 일주일 후, 추축국은 이집트에서 쫓겨났다.

스탈린과 그의 스파이들

소련은 제2차 세계 대전이 발발하기 전에도 그리고 후에도 세계 전역에 광범위한 첩보망을 운영하여 스탈린에게 최고급 정보를 꾸준히 제공했다. 다양한 국적의 열렬한 공산주의자들이 소련의 여러 첩보망을 이끌며 대의에 이바지하기를 갈구했다. 하지만 불행히도 편집증에 권위주의적 성향을 지닌 스탈린은 첩보를 무시할 때가 많았고, 독일의 소련 침공 계획 바르바로사 작전을 경고하는 첩보를 무시하여 참혹한 대가를 치렀다.

붉은 오케스트라

붉은 오케스트라는 소련의 영향력 아래 있다고 의심되는 유럽 전역의 저항 단체에 SS가 붙인 이름이다. 오케스트라라는 단어에 걸맞게 SS의 방첩 요원들은 무전을 '피아노', 공작원을 '피아니스트', 공작관을 '지휘자'라고 불렀다. 하로 슐체보이젠(94쪽 참조) 같은 반나치 독일 저항가들을 비롯해 온갖 종류의 조직이 붉은 오케스트라라는 포괄적인 용어 아래 하나로 뭉뚱그려졌지만, 사실 대체로 각 조직은 접촉이 거의 없었거나 아예 없었다.

붉은 오케스트라 중에서도 크게 활약한 조직들은 오랫동안 NKVD 요원으로 활동한 유대계 폴란드인 레오폴트 트레퍼가 창설했다. 트레퍼는 전쟁이 발발하기 몇 년 전부터 프랑스 공산당과 긴밀히 협력했고, 반나치 공산주의 세력과 폭넓게 접촉했다. 캐나다인 산업가로 위장한 그는 위장 회사들을 설립하여, 프랑스와 벨기에의 독일 점령지에 첩보망을 조직했다. 그리고 첩보망을 통해 다양한 군사 정보와 산업 정보를 수집했다. 심지어 그는 만찬 행사들에서 독일인 사업가 행세를 하여 독일의 고위 간부들에게서 정보를 입수하기도 했다.

트레퍼의 첩보망은 1942년 봄에 발각되어, 그해 말에 대부분 해산됐다. 600명이 넘는 사람이 체포당했으며 대부분이 고문당하고 처형되었다. 트레퍼를 체포한 독일군은 그를 이중 스파이로 만들어 모스크바에 기만 정보를 보내려고 했다. 하지만 그는 가까스로 탈출했고, 전쟁이 끝날 때까지 파리에 숨어 있었다. 1945년에 모스크바로 돌아간 그는 즉시 체포되었다. 많은 귀환 군인처럼 그도 편집증적인 스탈린 정권으로부터 배신자가 아니냐는 의심을 받았고, 강제 수용소에서 10년을 보냈다. 1955년에 석방된 트레퍼는 폴란드로 이주했고, 다시 이스라엘로 이주하여 1982년에 숨을 거두었다.

레드 스리와 루시 첩보망

소련의 첩보망 중에서는 중립국 스위스에 있던 것이 가장 일을 잘했다. 로잔에 거점을 둔 레드 스리(독일어로 '로테 드라이') 첩보망은 헝가리인 지도 제작자 알렉산더 라도가 러시아 당국과 무전으로 직접 교신하며 이끌었다. 라도의 첩보망은 1941년부터 1944년까지 하루 평균 약 다섯 건의 첩보를 꾸준히 제공했다. 레드 스리라는 이름과는 달리 네다섯 명의 요원이 첩보망에서 활동할 때가 많았고, 모두 라도에게 첩보를 보고했다. 첩보망에는 독일인인 우르줄라 함부르거와 라헬 뒤벤도르퍼가 있었다. 그리고 루시라는 코드명으로 활동하는 또 다른 독일인도 라도의 첩보망에 합류했다. 라도는 루시가 루체른에서 활동한다는 것 외에는 아는 바가 없었다. 루시의 첩보망은 무척이나 비밀스러워서 뒷소문이 무성했는데, 소련에 기밀 정보

> "러시아인들이 전혀 아닐 때가 많았다… 그들은 위장하고 활동했으며, 종종 굉장한 위험을 무릅썼고, 영입할 만한 사람을 찾아서 세계 각지를 돌아다녔다. 그들은 러시아 정보기관 사상 최고로 뛰어난 채용관이자 공작관이었다."
>
> 『스파이캐처』의 저자 피터 라이트

오른쪽 : 말년의 레오폴트 트레퍼

아래 : 알렉산더 라도

를 전달하려는 영국인들이 운영한다는 말도 있었다. 사실 루시는 독일인 망명자 루돌프 뢰슬러였으며, 그는 독일 내 여러 소식통으로부터 정보를 전달받았다. 뢰슬러의 소식통들이 누군지는 확실히 밝혀지지 않았지만, 그중에는 고위 육군 장교들과 정치인들이 있었다. 그들이 누구였던지 간에 그들은 독일군의 동부 전선 작전 정보를 적절한 시기에 루시에게 제공했다. 루시의 소식통 중 일부 혹은 전부는 실패로 돌아간 1944년 히틀러 암살 작전에 가담한 것으로 추정되며, 그 후로 정보가 뚝 끊겨 버렸다. 트레퍼와 마찬가지로 라도도 공로를 치하받기는커녕 1945년에 소련의 노동 수용소로 보내졌다.

경고를 무시하다

소련의 첩보 활동을 통해 첩보는 적절한 행동이 뒤따라야만 그 쓸모를 발한다는 사실이 여실히 드러난다. 트레퍼, 라도, 그리고 도쿄에서 활동한 리하르트 조르게(91쪽 참조) 등 많은 정보원이 스탈린에게 독일이 1941년에 소련을 침공할 것이라고 사전에 경고했다. 이는 소련이 연합군으로부터 입수한 정보와도 부합했다. 하지만 스탈린은 고집스레 증거를 믿지 않았고, 독일의 탱크들은 스탈린이 미처 침공에 대응하기도 전에 이미 소련 영토 깊숙이 들어와 있었다.

스파이로 변신한 사교계 명사

프랑스가 점령되기 전, 상당한 유산을 상속받은 벨기에 출신 사교계 명사 수잔 스파크는 남편 그리고 두 아이와 함께 파리에서 호화로운 생활을 하고 있었다. 1942년, 프랑스를 점령하고 인종주의를 주창하는 나치에 경악한 스파크는 새롭게 출범한 인종 차별 반대 전국 단체에 후원을 제공했다. 이 단체는 흑인 프랑스 아이들이 국외로 추방되는 일을 막기 위해 창설되었는데, 이 단체를 통해 레오폴트 트레퍼가 스파크를 붉은 오케스트라로 영입했다. 붉은 오케스트라에서 활동하는 동안 그녀는 수십 명의 유대인 아이가 국외로 추방되는 일을 막았고, 아이들을 자기 집에서 머물게 할 때도 많았다.

붉은 오케스트라의 여러 단원처럼 스파크는 게슈타포에 정체가 발각되어 체포되었다. 그녀는 파리가 해방되기 불과 며칠 전인 1944년 8월 12일에 처형되었다.

왼쪽 : 수잔 스파크

더블 크로스 시스템

독일이 영국을 상대로 첩보 활동을 벌이려던 것이 발단이 되어 영국은 제2차 세계 대전 첩보전에서 대단한 성공을 거두었다. 전쟁 초기에 독일은 수백 명의 스파이를 영국으로 몰래 파견했지만, 독일 스파이들은 훈련도 제대로 받지 못했고 그다지 의욕도 없어서 영국 보안국에서 어렵지 않게 적발해 냈다. MI5는 이들을 놓쳐선 안 될 기회로 생각하고 더블 크로스 시스템을 구축해 영국에 파견된 모든 독일 스파이가 독일에 등을 돌리게 만들었다. 이렇게 이중 스파이가 된 독일 스파이들이 독일 공작관들에게 보고한, 교묘하게 선별된 기만 정보와 오보가 영국을 보호하고 노르망디 상륙 작전을 성공으로 이끄는 데 중차대한 역할을 했다. 독일은 속고 있다는 사실을 전혀 눈치채지 못했다.

1940년 5월, 독일군이 서유럽을 휩쓸었다. 미국과 소련이 아직 참전하지 않은 상태라 영국은 고립되어 있었다. 영국 대중 사이에는 나치의 스파이 '제5열(적과 내통하여 국내에서 파괴 행위를 일삼는 사람들_옮긴이)'이 영국 본토 침공의 기반을 닦기 위해 사전 준비를 하고 있다는 불안감이 만연했고, MI5는 적의 활동이 의심된다는 수천 건의 신고를 받았다. 대부분이 근거 없는 신고였으나, 실제로 독일은 1940년 7월부터 영국에서 첩보 활동을 개시했다. 얼마나 큰 대가를 치르게 될 결정인지는 상상도 하지 못한 채 말이다.

> "채프먼은 자신을 사랑했고, 모험을 사랑했으며, 조국을 사랑했다. 아마 그 순서대로 사랑했을 것이다."
>
> '지그재그' 요원이라 불린
> 에디 채프먼에 대한 MI5의 내부 평가

왼쪽 : 에디 채프먼

첩보망 탈취하기

전쟁 후 공개된 기록에 따르면, 영국에 파견된 독일 스파이 115명 중 114명은 MI5에 적발됐고, 나머지 한 명은 자살했다. 영국 정보기관은 독일 스파이들을 재빨리 체포하기 시작해 1941년이 되자 조직 전체를 검거했다고 확신했고, 굉장히 성공적이었던 더블 크로스 시스템을 통해 독일 스파이들이 독일을 등지게 만들었다. 이십 위원회(더블 크로스, 즉 XX가 로마 숫자로 이십을 뜻하기 때문에 그렇게 이름 붙였다)가 더블 크로스 시스템을 운영했는데, 위원회 회장은 학자인 존 매스터먼이었다. 매스터먼은 훗날 책을 써서 그가 통솔했던 100명이 넘는 스파이들에 대해 자세히 밝혔다. 체포된 스파이들은 기나긴 심문을 받았고, 심문 결과 이중 스파이에 적합하다고 판단되는 경우 이중 스파이가 되는 대가로 징역이나 사형에서 구제될 기회를 얻었다. 이 새로운 요원들은 MI5 공작원 T. A. 로버트슨 밑으로 들어갔다. 로버트슨은 스테가노그래피나 무전으로 독일과 통신하는 이중 스파이들을 통해 기만 정보와 쓸모없는 진짜 정보를 신중하게 선별하여 보냈다.

지그재그 요원

이중 스파이는 충성심이 의문스럽고 과거가 파란만장해서 통솔하기 힘든 사람이 많았다. 영국인 금고 털이범 에디 채프먼은 독일군에게 점령당한 저지섬의 교도소에서 수감 생활을 하다가 독일에 포섭된 인물인데, 종잡을 수 없는 성격 때문에 영국 공작관은 그에게 '지그재그'라는 코드명을 붙였다. 채프먼은 범죄 경력이 있어서 가명을 사용하는 일에 이미 익숙했다. 그는 스파이 활동을 하며 유럽 전역을 돌아다녔다. 그는 영국의 항공기 공장 한 곳을 파괴했다고 거짓으로 꾸며냈고, 이를 독일 공작관에게 보고하기 위해 중립국 포르투갈의 리스본으로 갔다. 리스본에서 그는 독일인들을 꾀어 어떤 상선을 폭파하겠다며 폭탄 두 개를 받아냈다. 그러고선 그 상선의 선장에게 폭탄을 건네며 분석을 위해 영국에 전달하도록 했다. 그 후 리스본을 떠난 채프먼은 노르웨이에 있는 아프베어 은신처로 가서 독일 스파이들을 몰래 촬영한 뒤, 영국으로 돌아가 계속 임무를 수행했다. 독일은 채프먼의 가짜 사보타주 행위에 매우 감명받은 나머지 그에게 철십자 훈장을 수여했다.

위 : V-1 로켓이 목표 지점이었던 런던에서 조금 벗어나 런던 남동쪽에 있는 캠버웰에 떨어지면서 거리가 쑥대밭이 되었다.

속임수와 혼란

더블 크로스 시스템은 노르망디 상륙 작전의 교두보가 된 포티튜드 작전(136~137쪽 참조)에서 중요한 역할을 했다. 이중 스파이들은 독일 공작관에게 잉글랜드 남부에 주둔한 군대의 움직임에 관한 기만 정보를 꾸준히 흘려, 연합군이 칼레에 상륙할 것처럼 속였다.

노르망디 상륙 작전 일주일 후, 독일은 영국에 미사일 공격을 퍼부었다. 1944년 6월부터 10월까지 영국 남동부에 1만 개에 가까운 로켓이 투하됐다. 이중 스파이들은 영국의 지시에 따라 독일 공작관들에게 런던 중심부를 겨냥한 로켓들이 목표 지점보다 위쪽에 떨어진다고 보고했다. 그래서 독일군은 조준을 다시 했고, 그 결과 대다수 로켓이 런던까지 못 가고 대신 인구가 적은 교외 지역에 떨어졌다. 10월에 연합군이 V-1 로켓 발사장을 점령했지만, 이미 그때는 장거리 V-2 로켓이 V-1을 대신하고 있었다. 이중 스파이들은 독일 공작관들에게 런던 중심부의 V-2 로켓 폭격 피해지를 보고했는데, 폭격 위치는 독일도 항공 정찰을 통해 확인할 수 있기에, 목표 지점에 미치지 못했던 이전 로켓들의 투하 날짜가 찍히게 타임스탬프를 조작했다. 그리하여 독일군은 로켓을 재조준했고 점점 더 많은 로켓이 목표 지점에 못 미치고 떨어졌다. 이러한 전략은 논란을 불러일으켰지만 비윤리적이라는 반대의 목소리는 무시되었으며, 더블 크로스 시스템으로 여러 사람의 목숨을 구했다는 사실에는 의심의 여지가 거의 없다.

게슈타포 스파이들

전시에 영국은 영국 파시스트 연합(BUF) 대표 오즈월드 모즐리를 포함해 나치에 동조한 수백 명의 사람을 억류했다. 하지만 1942년까지도 독일이 영국 본토를 침공할 것이라는 공포가 계속돼서, MI5는 혹시 있을지 모를 제5열 색출 작전을 개시했다. 정보 장교인 에릭 로버츠가 잭 킹이라는 가명으로 가짜 게슈타포 신분증을 만들어, 첩보망을 조직하려고 하는 게슈타포 요원 행세를 했다. 로버츠는 유명한 파시스트 동조자 마리타 페리고에게 접근했다. 페리고는 잭 킹에게 각종 공장의 보안 설비를 스케치한 것을 비롯해 여러 문서를 열심히 넘겼다. 그리고 첩보망 확장에도 열성을 다하며, 주기적으로 예비 첩보원들을 킹에게 소개했다. 페리고가 영입한 사람들은 다양한 군사기밀을 가져왔다. 사실, 이 가짜 첩보망의 성과가 굉장히 좋아서 MI5는 첩보원 두 명(페리고와 민방위 직책을 맡고 있어서 군사 정보에 접근할 수 있었던 오스트리아인 한스 코호우트)에게 가짜 게슈타포 표창을 수여하기로 했다. 로버츠는 전쟁 내내 첩보망을 유지했고, 독일군 수중에 들어갔을지도 모를 풍부한 정보를 가로챘다.

독일의 정보국

제2차 세계 대전 당시에 독일은 정보 활동에서 성공할 때보다 실패할 때가 훨씬 더 많았다. 1944년까지는 아프베어가 정보 작전을 주도하다가 이후에는 하인리히 힘러의 SD가 정보 작전을 주도했다. SD는 아프베어보다 나치에 더 충성했다. 하지만 두 기관 모두 정보의 옥석을 제대로 가리지 못했고, 암호 해독에서 큰 성과를 올리지 못하며 고군분투했다. 더군다나 독일은 기껏 노력해 남 좋은 일을 할 때가 많았는데, 영국에 파견한 스파이 전원을 포함해 독일 스파이들이 이중 스파이가 되기도 했다(132~133쪽 참조).

아프베어의 수장은 빌헬름 카나리스 제독이었다. 카나리스는 1944년 히틀러 암살 음모에 가담하여 처형되었으나(92쪽 참조), 이미 수년 전부터 나치의 유대인 박해 및 포로 처형 등 잔혹한 전쟁 수행 방식에 반감을 키워 왔다. 그는 하인리히 힘러가 이끄는 라이벌 정보기관인 SD와 관계가 좋지 못했고, 그 스스로 나치의 대의명분에 헌신하지 않았기에 그가 이끄는 조직도 성과가 저조했다. 카나리스가 이끈 아프베어의 정보 활동 실패로 독일은 1941년에 소련 침공에 앞서 소련의 군사 능력을 과소평가했고, 무참한 결과를 맞았다. 부분적으로는 이러한 침공의 결과로 카나리스는 이미 1942년에 독일이 전쟁에서 이길 수 없다는 결론에 다다랐고, 이후 더욱 적극적으로 아군에 반하여 일했다.

미국에서 맛본 실패

미국이 전쟁에 합류할 무렵, FBI가 듀케인 첩보망을 검거했다(120~121쪽 참조). 미국을 첩보 활동의 주 표적으로 삼았던 카나리스는 1942년에 파스토리우스 작전에 실패하면서 또다시 큰 좌절을 맛보았다. 그는 파스토리우스 작전을 위해 미국에 거주한 적이 있는 독일인 여덟 명을 채용했다. 그들은 훈련을 받고 신분을 위장한

베른하르트 작전

작전 지휘관인 SS 소령 베른하르트 크뤼거의 이름을 딴 베른하르트 작전은 위조지폐를 대량 공급해 영국 경제를 무너뜨리는 작전이었다. 1942년 크뤼거는 작센하우젠 수용소에 수감된 죄수들을 모아 위조지폐 제조 팀을 만들었다. 1945년 4월에 수용소가 해체될 때까지 그곳의 인쇄기는 약 900만 장의 지폐를 찍어냈는데, 이 지폐들은 너무 잘 만들어져서 진짜 지폐와 구별하기가 거의 불가능했다. 원래 계획은 영국 상공에서 항공기로 지폐를 뿌리는 것이었는데, 결과적으로 대부분의 지폐가 사용되지 않았다. 그리하여 지폐들은 돈세탁을 거쳐 수입품을 사거나 독일 스파이들에게 자금을 댈 때 사용되었다. 독일은 위조지폐 생산에 동원한 강제 노역자들을 작센하우젠 수용소에서 옮겨 몰살하고자 했다. 하지만 많은 노역자가 혼란한 틈을 타서 목숨을 건졌다. 지폐는 대부분 오스트리아에 있는 어느 호수에 수장되었지만, 전쟁이 끝난 후 여러 해 동안 시중에서 발견되곤 했다.

오른쪽 : 홀로코스트 생존자 아돌프 부르거가 강제 동원되어 만든 위조지폐 중 한 장을 들고 있다.

위 : 파스토리우스 작전의 주요 표적 중 하나였던 헬 게이트 다리

뒤, 경제적 가치가 큰 시설물들을 파괴하라는 지령에 따라 미국에 밀입국했다. 첫 번째 표적은 뉴욕의 헬 게이트 다리였다. 하지만 작전은 시작하자마자 내부에서부터 무너졌다. 헬 게이트 다리 파괴 작전에 배정된 게오르게 다슈가 FBI에 자수한 탓에 공작원 여덟 명이 작전을 시작해 보기도 전에 전원 체포된 것이다. 여섯 명은 사형을, 다슈와 다른 공작원 한 명은 장기 복역을 선고받았다.

위 : FBI에 체포된 게오르게 다슈

잉글랜드 게임

아프베어가 크게 성과를 올린 것은 1942년 네덜란드에서였다. 영국 SOE는 네덜란드 요원들을 훈련시키며 이제 싹트기 시작한 반나치 저항 운동을 돕고 있었다. 초기에 네덜란드에 파견된 요원 중 한 명이었던 휘프 라우에르스는 1942년 3월 6일에 아프베어 요원들에게 생포되었다. 아프베어는 라우에르스를 감금한 뒤 런던에 꾸준히 교신을 보내라고 지시했다.

라우에르스는 SOE가 자신이 위험에 처한 사실을 눈치챌 것이라고 확신했다. 교신을 보낼 때마다 교신에 포함해야 하는 비밀 보안 암호를 일부러 빠뜨렸기 때문이었다. 그는 SOE에 충분한 신호를 보냈다고 생각했다. 하지만 좌절스럽게도 SOE는 보안 암호가 빠진 사실을 무시하고 네덜란드에 계속해서 요원들을 파견했고, 그들은 아프베어가 잉글랜드 게임(독일어로 '엥란트슈필')이라고 이름 붙인 작전을 통해 쉽게 체포되었다. 아프베어는 억류된 SOE 요원으로 위장하여 런던에 추가로 교신을 보냈고, 역시 교신에는 보안 암호가 없었는데도 SOE로부터 네덜란드에서 펼칠 작전의 세부적인 계획을 회신받을 수 있었다. 2년 동안 50명이 넘는 SOE 요원이 생포되었고, 네덜란드의 반나치 저항 운동은 무참히 짓밟혔다. 잡힌 요원들은 거의 모두 처형당했다. SOE 내에서 교신에 보안 서명이 없다는 점을 지적하는 목소리가 나왔지만, 우려의 목소리는 무시되었다. 잉글랜드 게임 작전은 아프베어로선 최고의 성공작이었고, SOE로선 최악의 실패작이었다.

키케로 요원

SD에서 키케로라는 코드명을 부여한, 알바니아인 엘리에사 바즈나는 제2차 세계 대전 당시에 독일 최고의 스파이였다. 그는 중립국 터키 앙카라에 주재하던 영국 대사 휴 내치불휴게슨 밑에서 일하며 대사의 신임을 얻는 데 성공했다. 대사는 기밀 서류를 가지고 집에 가는 버릇이 있어서, 바즈나는 대사의 서류함에 몰래 접근해 서류를 촬영한 뒤, 독일 대사관에 필름을 제공하는 대가로 영국 화폐를 받았다. 총 30만 파운드라는 후한 액수였다. 1943년 10월부터 1944년 2월까지, 바즈나는 많은 고급 정보를 넘겼고, 그중에는 노르망디 상륙 작전의 코드명이 오버로드라는 정보도 있었다. 그러나 독일은 바즈나를 믿지 않았고, 그가 제공한 정보의 진가를 제대로 알아보지 못하여 대부분 무시해 버렸다. 자신들에게 주어진 정보를 전혀 몰라봤던 것이다. 미국 스파이 한 명이 앙카라 주재 독일 대사관에 비서로 위장 취업해 펼친 미인계 작전으로 바즈나가 정보를 유출해 온 사실이 밝혀지며, 수입이 쏠쏠했던 그의 부업도 막을 내리게 되었다. 바즈나는 지급받은 현금을 여행 가방에 가득 담아 즉시 도주했지만, 알고 보니 독일인들이 준 그 돈은 작센하우젠 수용소에서 찍어낸 쓸모없는 위조지폐였다.

오른쪽 : 엘리에사 바즈나

— 제8장 —

냉전

제2차 세계 대전이 끝나자 소련과 서구의 동맹은 순식간에 무너졌다. 1945년, 영국 작가 조지 오웰은 핵폭탄의 시대를 고찰하며, 이 무시무시한 신종 무기가 불러일으킬 지속적인 긴장 상태를 가리키는 '냉전'이라는 단어를 만들었다. 단어는 그대로 남았고, 동구와 서구의 냉전은 40년 이상 계속되었다. 1949년, 서구는 군사 동맹을 위해 북대서양조약기구(NATO)를 결성했다. 이에 질세라 소련도 바르샤바 조약으로 동유럽에서 자신들의 세력을 공고히 했으며, 꼭두각시 정권들을 이용하여 서구 내 첩보망을 확장했다.

미국에서는 냉전을 계기로 CIA가 창설되었는데, CIA는 소련의 세력 확장을 저지할 목적으로 세계 전역에서 비밀공작을 펼쳤고, 그 과정에서 민주적으로 선출된 정권을 전복하기도 했다. 소련은 서구에 포진한 여러 첩보망을 성공적으로 운영했으며, 케임브리지 5인조 같은 장기 고정간첩을 활용하기도 했다. 반면에 서구는 소련 진영의 행적에 환멸을 느껴 망명한 사람들이 제공하는 정보에 더 의존했다. 이중 스파이, 삼중 스파이의 시대였고, 사람들의 편집증은 일상적인 것이 되었다.

CIA 창설

오른쪽 : 윌리엄 도너번

오른쪽 : 로스코 힐렌케터

중앙 정보국(CIA)은 소련이 점차 위협적인 존재로 인식됨에 따라 1947년에 창설되었다. CIA는 국내 활동이 금지되었으나, 해외 활동에서는 운신의 폭이 넓었고, 정보 수집은 물론 비밀공작을 직접 수행하는 것도 허락되었다. 냉전이 무르익어 감에 따라 CIA는 미국의 외교 정책에 점차 중요한 역할을 하게 되었고, CIA에서 수행한 몇몇 작전은 오늘날까지도 그 파급력이 남아 있다.

전시 정보국

미국이 제2차 세계 대전에 참전한 1941년에는 정보 수집 임무가 FBI, 국무부, 육군, 해군 등 다양한 기관에 분산되어 제대로 조직화되지 않은 실정이었다. 진주만 습격 몇 달 전, 해당 기관들은 상호 간의 경쟁의식 때문에 일본의 향후 계획에 관한 중요한 정보를 루스벨트 대통령에게 보고하지 않기에 이르렀다. 1942년 6월, 이러한 문제를 해결하기 위해 루스벨트는 전략 사무국(OSS)을 창설했고, 변호사이자 제1차 세계 대전 참전용사인 '와일드 빌' 윌리엄 도너번을 수장으로 임명했다. 자신의 별명에 걸맞게 도너번은 종잡을 수 없지만 수완이 좋은 공작관이었고, 곧 OSS는 유럽 전역에서 저항군과 협력 작전을 수행하게 되었다. 1944년, 노르망디 상륙 작전을 앞두고선 500명이 넘는 OSS 요원이 독일군에게 점령당한 프랑스에서 활동하고 있었다.

냉전이 시작되다

OSS의 활약에도 불구하고, 전쟁 말기에 트루먼 대통령은 OSS를 해체했다. 평시에는 쓸모가 없다고 여겼기 때문이다. 하지만 유럽이 민주주의 서구와 공산주의 동구로 나뉘며 '철의 장막'이 두 진영을 가르자, 미국과 소련의 불안했던 전시 동맹도 이내 와해되기 시작했다. 1946년, 이러한 새로운 국면에 대응하기 위해 트루먼 대통령은 미국 중앙 정보 그룹(CIG)을 창설하여 OSS에서 일했던 많은 사람을 재영입했다.

1947년, 의회는 국가보안법을 통과시켜, 대통령을 수장으로 하는 국가안전보장회의(NSC)와 산하 단체인 중앙 정보국(CIA)을 창설했다. 이 새로운 체계로 정보 활동을 어느 기관이 담당하는지가 깔끔하게 정리되었다. CIG의 부국장이었던 로스코 힐렌케터가 CIA 초대 국장으로 임명되었다. 새롭게 출범한 CIA의 직원 3분의 1이 OSS에서 일한 경험이 있었고, 이 중에는 앨런 덜레스, 리처드 헬름스, 윌리엄 콜비 등 미래의 CIA 국장들도 있었다. 소련의 중앙 정보국과 달리 CIA는 국내 활동이 금지되었다. 하지만 해외에서는 종횡무진 활동할 수 있었다.

정권 교체에 최초로 개입하다

1949년, 트루먼 대통령이 CIA에 정부의 통상적인 감시를 받지 않고 비밀공작 자금을 댈 수 있는 권한을 부여하면서, CIA의 운신의 폭이

오른쪽 : 앨런 덜레스

"정보기관은 음모를 꾸미기에 더할 나위 없이 좋은 수단이다."

1953년부터 1961년까지 CIA 국장이었던 앨런 덜레스

굉장히 넓어졌다. CIA가 해외에서 펼친 수많은 비밀공작은 이렇게 시작되었다. CIA는 민주적으로 선출된 정부에 반발하는 군사 쿠데타를 지원하기도 했는데, 최근 10년 사이에야 과거 행적의 많은 부분을 공식적으로 인정했다. CIA가 처음 이러한 작전을 펼친 것은 1953년 이란에서였다. 이란의 총리 모하마드 모사데크는 영국의 앵글로-이란 석유회사(지금의 BP)를 국유화했다. 이란에서 사업권이 침해당할 것을 걱정한 영국은 모사데크를 제거하기 위해 미국에 몰래 도움을 요청했다. 그리하여 CIA와 MI6가 함께 쿠데타를 획책하여 미국은 TPAJAX 작전을, 영국은 부트 작전을 펼쳤다. 결국 모사데크 정권이 타도되고 모하마드 레자 팔라비왕이 새로운 정권을 수립했는데, 팔라비왕은 점차 독재적이고 권위주의적이 되었다. 이란의 민주주의를 대가로 영국과 미국은 사업 이익을 지켰고, 이 사건은 1979년에 팔라비왕을 타도한 이슬람 혁명의 씨앗이 되었다.

'그런 기관 없음'

미국 국가안보국(NSA)은 1952년에 트루먼 대통령 훈령으로 창설되었다. 트루먼은 '효율적이고 통일된 정보 조직을 마련하고 미국이 외국 정부를 상대로 벌이는 정보 활동의 통신을 관리하기 위해' NSA를 창설했다고 말했다. 처음에는 NSA의 존재 자체가 기밀이었고, 그래서 정보계에서는 NSA가 '그런 기관 없음(No Such Agency)'의 약자라는 우스갯소리가 나왔다. NSA의 원래 역할은 암호를 생성 및 해독하고 정부의 안보 체제를 수호하는 것이었다. 하지만 시간이 흐르면서 NSA는 미국 정부의 '도청 대장'으로 거듭나, 온갖 종류의 전자 통신 데이터를 수집하게 되었다. NSA는 미국 시민을 사찰하는 것이 금지되어 있지만, 2013년에 전 NSA 요원 에드워드 스노든이 폭로한 정보에 따르면 자국민을 광범위하게 도청하는 것으로 드러났다. 의회의 감시에서 벗어나 있는 NSA는 미국의 모든 정부기관 가운데 가장 비밀스럽고 가장 수상한 곳일 것이다. NSA의 예산은 기밀이지만, 연간 100억 달러가 넘는 것으로 추정된다. 직원 수는 3만 5,000명에서 5만 5,000명으로 추산되며, 많은 직원이 메릴랜드주 포트미드에 있는 보안이 철통같은 본부에서 일하고 있다.

아래 : 포트미드에 있는 NSA 본부

왼쪽 : 모하마드 모사데크는 가택 연금 상태에서 말년을 보냈다. 쿠데타 후, 모사데크를 지지했던 많은 사람이 고문당하고 처형되었는데, 그중에는 이란에 매장되어 있는 석유와 가스를 국유화하자고 주장한 호세인 파테미 외무장관도 있었다.

서구의 반격

1940년대 후반이 되자 미국 내 적색 공포가 절정에 이르렀고, 많은 인사가 공산주의에 동조한 이력 때문에 직장을 잃었다. 적색 공포는 근거가 없을 때가 많았지만, 실제로 제2차 세계 대전 당시에 소련 스파이로 포섭된 공산주의 동조자들이 있었다. 이 사실이 드러난 것은 소련 정보기관으로선 흔치 않게 교신을 허술하게 암호화한 탓이었다. 해독된 교신에서 나온 정보와 소련의 망명자들이 누설한 정보가 일치해 스파이들의 신원 정보가 드러났다. 비록 미국은 소련에 첩보망을 구축하는 데 실패했지만, 냉전 내내 소련 망명자들에게서 귀중한 정보를 꾸준히 제공받았다.

왼쪽 : '팻맨' 플루토늄 폭탄의 모형

오른쪽 : 데이비드 그린글래스는 자신이 줄리어스 로젠버그에게 넘긴 '팻맨' 폭탄 정보를 설명하려고 해당 그림을 그려 재판에 증거로 제출했다.

베노나 프로젝트

베노나 프로젝트는 1943년부터 1980년까지 버지니아주 알링턴에서 진행된 극비의 암호 해독 프로젝트였다. 프로젝트 당시에 암호 해독자들은 제2차 세계 대전 당시와 종전 직후에 소련의 외교통신에서 가로챈 3,000건이 넘는 교신을 해독하기 위해 애썼다. 소련의 교신은 일회용 암호표로 암호화되어 있었는데, 이런 경우 보통은 해독이 불가능했다. 그런데 소련이 전쟁에 합류한 지 얼마 되지 않아 혼란스럽던 시기에 일회용 암호표에 대한 수요가 급증해 1942년에 중복 제작된 암호표가 나왔다. 이러한 실수로 4년 동안 일부 교신의 보안에 구멍이 생기게 되었다.

원자 폭탄의 비밀

1944년 11월, 베노나 프로젝트에 참여한 리처드 할록 중위가 무역 관련 교신을 해독하다가 소련의 보안 허점을 발견했다. 할록의 동료인 메러디스 가드너가 이 허점을 이용해 NKVD의 교신을 분석했다. 해독 과정은 느리고 지난했으며 교신은 부분적으로만 해독될 때가 많았다. 하지만 1946년에 가드너는 암호 해독에 성공해, 원자 폭탄

개발을 위한 맨해튼 프로젝트가 비밀리에 진행되고 있는 로스앨러모스 국립 연구소에 스파이가 존재한다는 사실을 알아냈다.

1949년, 소련은 자체적으로 생산한 최초의 원자 폭탄인 RDS-1을 시험했다. 이 폭탄은 1945년에 미국이 일본 나가사키에 투하한 '팻맨'과 유사했다. 이러한 유사성이 우연이 아니라는 사실은 베노나 프로젝트에서 해독한 암호 덕분에 드러났다. 물리학자인 클라우스 푹스와 시어도어 홀, 기술자인 데이비드 그린글래스가 로스앨러모스 국립 연구소의 세부 기술 자료를 소련으로 유출한 것이다. 또

위 : 증인이 올레크 펜콥스키와 그레빌 윈의 재판에서 증언하고 있다. 법정 뒤편의 경호원 옆에 앉아 있는 윈(왼쪽)과 펜콥스키(오른쪽)는 증언을 듣고 있다.

"제가 러시아에 핵 기밀을 넘기기로 한 까닭은 한 국가를 위협적인 존재로 만들 수 있는 정보 독점이 없는 게 중요하다고 생각했기 때문입니다."

1998년, 소련의 스파이라는 사실이 폭로된 후 발언하는 시어도어 홀

한, 베노나 암호 해독 프로젝트는 총 300명이 넘는 스파이 용의자의 이름을 밝혀냈다. 이 중에는 호머라는 코드명의 스파이도 있었는데, 그는 케임브리지 스파이 도널드 매클린으로 드러났다. 명단이 FBI에 제출되었고 수사가 시작되었다. 그런데 베노나 프로젝트의 가치가 너무 커서 그 존재가 드러나는 일은 무릅쓸 수 없었다. 그리하여 푹스와 그린글래스는 재판에 회부되어 유죄 선고를 받은 반면에 홀은 기소되지 않았다가 1995년에 베노나 프로젝트의 기밀이 해제된 후에야 그도 연루된 사실이 밝혀졌다.

소련 망명자들

소련에서 망명한 사람들이 제공한 정보가 베노나 프로젝트에서 얻은 정보를 보완해 주었다. 이고르 구겐코는 초기 망명자 중 한 사람으로 캐나다 오타와 주재 소련 대사관의 암호 담당관이었는데, 제2차 세계 대전이 끝나자 3일 후에 100건이 넘는 소련 첩보망 관련 자료를 들고 망명했다. 그 후에는 폴란드의 정보 장교 미하엘 골레니에프스키가 CIA에 정보를 제공해 1961년에 영국 포틀랜드 첩보망의 정체가 밝혀지게 되었다.

　서구 입장에서 가장 보배 같았던 스파이는 아마도 GRU의 올레크 펜콥스키 대령이었을 것이다. 1961년, 펜콥스키는 쿠바에 미사일 기지를 건설하려는 소련의 계획을 영국과 미국에 자세히 알렸다. 그 결과, NSA와 MI6에 침투해 있던 소련 스파이들에게 정체를 들켜 1962년에 체포되었다. 올레크 펜콥스키와 그의 전달원 역할을 한 영국인 기술자

전기의자에서 처형되다

1953년 6월 19일, 줄리어스와 에셀 로젠버그 부부가 뉴욕의 싱싱 교도소에서 전기의자로 처형됐다. 줄리어스는 제2차 세계 대전 때 소련에 정보를 전달한 죄로 유죄 판결을 받았고, 에셀은 남편을 도운 죄로 유죄 판결을 받았다. 줄리어스 로젠버그는 1942년에 소련 스파이 세몬 세묘노프에 의해 채용되었다. 육군 통신대의 전기 기술자였던 줄리어스는 소련에 수천 건의 기밀 보고서를 넘겼다. 또한 그는 많은 스파이를 채용했는데, 그중에는 로스앨러모스 국립 연구소에서 일하는 자신의 처남 데이비드 그린글래스도 있었다. 1950년에 그들이 발각되었을 때, 그린글래스의 증언이 부부의 유죄를 확증하는 데 결정적이었으나, 훗날 그린글래스는 자신의 아내가 기소되는 일을 막기 위해 누나 에셀의 공모 사실을 과장하여 말했다고 시인했다. 로젠버그 부부를 상대로 한 기소는 설득력이 떨어져 보여서 당시에 많은 비난을 받았고, 상원의원 조지프 매카시의 반공 마녀사냥이 극에 달할 때에 사형이 이루어져 전 세계에서 힐난의 목소리가 일었다. 하지만 1995년에 공개된 베노나 파일 자료는 줄리어스의 유죄를 명명백백하게 드러냈으며, 제2차 세계 대전 당시에 많은 공산주의자가 실제로 미군에 잠입했다는 사실을 보여주었다.

왼쪽 : 1951년, 로젠버그 부부가 반역죄를 선고받은 후 법정을 떠나고 있다. 부부는 2년 후에 처형되었다.

그레빌 윈은 간첩 행위로 재판에 회부되어 유죄 선고를 받았다. 펜콥스키는 1년 뒤에 처형되었으나, 윈은 포로 교환을 통해서 1964년에 석방되었다. GRU를 배반한 또 다른 인물인 빅토르 수보로프는 훗날 펜콥스키에 관하여 "그가 제공한 귀중한 정보 덕분에 쿠바 미사일 위기가 마지막 세계 대전으로 번지지 않았다."라고 썼다.

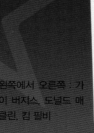

왼쪽에서 오른쪽 : 가이 버지스, 도널드 매클린, 킴 필비

케임브리지 5인조의 흥망성쇠

제2차 세계 대전이 발발하며 영국 정부기관들의 몸집이 빠른 속도로 거대해졌다. 재능 있고 야망 있는 KGB의 장기 고정간첩들은 케임브리지 대학교 재학 시절에 일찍이 포섭되어 부지런히 영국 정부기관의 요직에 올랐다.

도널드 매클린과 가이 버지스는 처음에 외교부에 들어갔으나, 많은 고급 정보를 감독할 수 있는 다른 부서로 이동했다. 존 케언크로스는 블레츨리 파크에 있는 암호 연구소에서 일하다가 MI6로 이동했고, 그 후 재무부에 배정되었다. 앤서니 블런트는 전쟁 기간 내내 MI5에서 일하며, 전체 MI5 요원 명단과 감시 기법에 관한 세부적인 자료를 소련 공작관에게 넘겼다. 킴 필비는 MI6에 들어간 후 빠르게 승진했다. 그리고 1944년에 MI6 방첩 부서의 수장으로 임명되었다. 스파이 색출을 책임진 자가 다름 아닌 스파이였던 것이다.

케임브리지에서 미국으로

전쟁이 끝나자 블런트와 케언크로스는 첩보 활동에서 거의 손을 뗐지만, 나머지 KGB 요원 세 명은 활동을 계속했다. 이제 그들의 관심은 소련의 최대 적이 된 미국으로 향했다. 매클린은 1944년에 미국으로 건너가서 미국의 핵 기밀에 접근했고, 마찬가지로 소련의 장기 고정간첩이었던 앨저 히스와 잠시 함께 일했다. 1948년, 영국으로 돌아온 매클린은 외무부에서 미국과를 이끌었다. 1년 뒤, 워싱턴으로 건너간 필비는 영국 정보부, CIA, FBI 사이에서 연락을 담당하는 관리가 되었는데, 미국 정보기관의 관심사를 파악하기에 완벽한 자리였다. 1950년에 워싱턴으로 전출된 버지스는 필비의 집에서 지내며 영국 대사관에서 일했다. 필비는 이중 스파이 생활을 즐기는 듯했지만, 버지스와 매클린은 중압감에 무너지기 시작했다. 버지스는 문제가 될 만큼 폭음을 했고 동성애자와의 잦은 만남으로 워싱턴에서 눈총을 받았다. 결국 FBI에서 두 사람을 감시하기에 이르렀는데, 그들이 외국 기관의 협박에 쉽게 넘어갈까 봐 우려했기 때문이었다.

탄로 난 정체

하지만 더 위험한 것은 미국의 베노나 암호 해독자들이 전해 오는 해독 결과였고, 1951년에는 매클린이 소련 스파이임이 밝혀졌다. 필비가 이러한 진행 상황을 미리 알고 발 빠르게 움직였다. 런던에 있던 매클린과 직접 접촉하는 게 불가능했던 필비는 버지스와 함께 음모를 꾸몄다. 주말 동안 버지스는 술에 취해 난동을 피웠고, 이 남세스러운 사건은 그를 런던에 돌려보내기에 충분한 구실이 되었다. 그렇게 버지스는 매클린과 담당 소련 공작관인 유리 모딘에게 직접 위험을 경고할 수 있었다.

왼쪽 : 앤서니 블런트

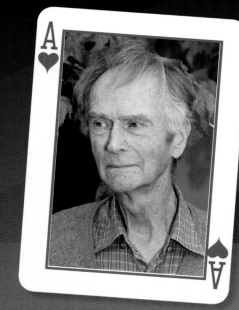

왼쪽 : 존 케언크로스

"그는 결코 자신의 진짜 모습을 드러내지 않았다. 영국도 우리도 그를 갑옷처럼 감싸고 있던 수수께끼를 뚫는 데 실패했다. 첩보 활동에서 거둔 위대한 성과는 그의 필생의 업적이었고, 그는 죽는 날까지 온통 거기에 사로잡혀 있었다."

킴 필비를 언급하는 KGB 공작관 유리 모딘

KGB는 상태가 점점 불안정해지는 매클린이 심문을 견디지 못할 것을 알고 그를 소련으로 탈출시킬 작전을 꾸몄다. 작전을 도운 버지스는 매클린이 배를 타고 프랑스를 거쳐 러시아로 갈 수 있게 영국 남해안에 있는 한 항구로 몰래 태워다 주었다. 버지스는 영국에 머물기로 되어 있었는데, 무슨 이유에서였는지 매클린과 함께 도망쳐 버렸다.

이제 의심은 버지스와 친했던 필비에게 향했다. 워싱턴에서 소환된 그는 거듭 심문을 받았지만, 법원에서 그에게 유죄 판결을 선고할 증거가 없다는 것을 알고 확고하게 무죄를 주장했다. 어쨌든 필비는 1955년에 MI6에서 해고되었다. 그 후, 그는 좋은 인맥을 통해 언론인으로 일하게 되었고, 결국에는 레바논에 자리를 잡았다. 1961년, 새로운 증거가 나타나 필비가 소련의 스파이라는 사실을 입증했고, 1963년에 MI6 장교가 그를 심문하기 위해 파견되었다. 필비가 자신의 과거를 시인한 것은 확실하나, 어떠한 후속 조처가 이루어지기도 전에 KGB가 그를 소련으로 구출했고, 그 후 필비는 1988년에 숨을 거둘 때까지 소련에서 살았다.

여파

버지스와 매클린이 모스크바로 도주하면서 영국 정보기관은 큰 곤욕을 치렀고, CIA, FBI와의 관계도 틀어졌다. 이 사건이 남긴 상처는 보기보다 깊었고, 영국과 미국의 정보기관에는 더 많은 고정간첩이 그들 사이에 존재할 수도 있다는 공포가 퍼졌다. 그리하여 소련 스파이와 싸우는 데 활용되어야 할 자원이 조직 내부를 들쑤시는 데 허비되었다. 내부 수색 활동은 부정한 행동을 저질렀다고 괜히 의심당한 사람들에게서 반감을 사는 것 외에는 별다른 성과를 거두지 못했다. 그동안 신문사들이 찾으려고 야단법석이었던 '세 번째 스파이'는 결국 필비로 드러났다. 다른 케임브리지 스파이에 대한 수색이 계속되었고, 마침내 이들도 덜미가 잡혔지만 기소되지는 않았다. 1979년에는 네 번째 스파이 블런트의 정체가, 1981년에는 다섯 번째 스파이 케언크로스의 정체가 드러났다.

미인계

냉전이 한창이던 시절, 해럴드 맥밀런 총리가 이끄는 보수당 정부와 영국 고위층은 국가의 안보 체계 전체가 도마 위에 오르는 스캔들로 연일 헤드라인을 장식하며 심각한 위기를 맞았다. 이는 프러퓨모 스캔들로 불리게 되었다. 나중에 밝혀진 것처럼 첩보가 누설되었다는 증거는 거의 없었지만, 친구, 정부 각료, 소련 외교관, 사교계 여인들이 모여 섹스 파티를 벌인 것은 매춘부나 반역이라면 좋아서 어쩔 줄 모르는 타블로이드 신문들에 먹잇감을 던져준 셈이었다.

"우리가 하는 이야기가 스파이 이야기라는 걸 알았어요. 내가 안다는 걸 그도 알았단 걸 안다고요. 내가 내 무덤을 판 거죠."

크리스틴 킬러

왼쪽 : 파파라치에게 찍힌 크리스틴 킬러. 킬러는 스티븐 워드의 재판에서 위증한 죄로 9개월 동안 수감되었으나, 새롭게 얻은 유명세를 최대한 활용했다.

위 : 법정에 도착한 존 프러퓨모

파병된 해병대원

1987년, 클레이턴 로네트리는 미국 해병대원 중 최초로 간첩죄를 선고 받았다. 1984년에 모스크바 주재 미국 대사관의 경비병으로 임명된 그는 소련 시민과 어떠한 우정도 맺지 않기로 약속하는 교제 금지 조항에 서명했다. 1985년, 로네트리는 지하철에서 비올레타 세이나라는 젊은 여성과 우연히 만나 이야기를 나누게 되었다. 우연한 만남은 긴 산책으로 이어졌고, 그 후 그들은 은밀한 사이가 되었다. 하지만 그들의 만남은 결코 우연이 아니었고, 사실 세이나는 KGB 요원이었다. 세이나는 로네트리에게 사샤 삼촌을 소개해 주었는데, 사실 그는 소련 공작관 알렉세이 예피모프로, 두 사람의 관계를 폭로하겠다고 협박하여 로네트리를 포섭했다. 로네트리는 모스크바 주재 미국 대사관의 서류를 예피모프에게 건네주기로 했고, 나중에 오스트리아 빈으로 전출되자 그곳 대사관의 서류도 넘겨줬다. 로네트리는 1986년 12월에 CIA에 자수했다. 로네트리의 공판 때 해병대 사령관인 앨프리드 그레이 장군이 그를 위해 선처를 호소하며 로네트리의 간첩 활동에 대해 "반역이나 탐욕이 아니라 고립되고 적대적인 환경에 놓인 순진하고, 어리고, 미성숙하고, 외로운 병사가 사랑에 눈이 멀어 한 행동"이라고 말했다. 로네트리는 15년을 선고받았으나 9년을 복역하고 1996년에 석방되었으며, 정말로 중요한 자료는 하나도 넘겨주지 않았다고 줄곧 주장했다. CIA에서 소련의 이중 스파이로 활동했던 올드리치 에임스가 훗날 주장한 바에 따르면, KGB는 에임스의 활동으로부터 CIA의 관심을 돌리기 위해 로네트리를 간첩 활동에 끌어들였다.

오른쪽 : 클레이턴 로네트리의 공식 해병대 사진

프러퓨모 스캔들

1960년대 초, 예브게니 이바노프는 런던 주재 소련 대사관에서 일했다. 인기 많고 잘생겼던 그는 스티븐 워드가 주최하는 파티의 단골손님이었다. 워드는 고위 인사들의 접골사였는데, 예쁘고 어린 여성들을 불러 파티를 여는 것으로 유명했으며, 파티는 애스터 경의 으리으리한 별장인 클리브던 저택 같은 호화스러운 장소에서 열리곤 했다. 파티 참석자 가운데는 1960년대를 마음껏 즐겼던 여인, 크리스틴 킬러도 있었다. 킬러는 이바노프의 정부였다고 한다. 그런데 얄궂게도 같은 시기에 유부남인 영국의 전쟁장관(지금의 국방부 장관_옮긴이) 존 프러퓨모와도 잠깐 사귀고 있었다.

1962년, 프러퓨모와 킬러의 불륜이 대서특필되었다. 이런 기회를 순순히 놓칠 리 없는 타블로이드 신문들은 워드의 파티를 조사하기 시작했다. 곧 다른 이름들도 신문에 등장하기 시작했는데, 그중에는 킬러의 친구이자 애스터 경과 불륜 관계라고 주장한 맨디 라이스 데이비스도 있었다. 이내 타블로이드 신문들은 확실한 증거도 없으면서 소련이 미인계를 이용해 첩보 활동을 했을지 모른다는 이야기를 건져 올리기 시작했다. 이 불륜에 관한 질문에 프러퓨모는 하원에서 거짓으로 답했고 결국 사임해야 했다.

후폭풍

부정하게 번 돈으로 생활했던 워드는 재판을 받은 후에 자살했으나, 두 여인은 오히려 새로운 유명세를 즐기며 악명을 떨쳤다. 프러퓨모는 아내에게서 용서받았으나, 장관으로서의 경력은 끝장났다. 해럴드 맥밀런 총리는 의회에서 프러퓨모 스캔들 보고서가 발표된 지 한 달 후에 건강상의 이유로 사임했다. 이바노프는 다시 모스크바로 불려갔으나, 공식 석상에서 언제나 미인계 음모를 부정했다.

바르샤바 조약과 스파이들

1955년에 체결된 바르샤바 조약은 소련과 유럽 7개국[동독(GDR), 루마니아, 폴란드, 헝가리, 체코슬로바키아, 불가리아, 알바니아] 사이에 맺어진 공동 방위 조약이었다. 소련의 명령에 따라 각 회원국은 첩보 및 방첩 기관을 설립하여 자국민을 사찰하고 서방에서 작전을 수행했다. 그중에서 가장 크고 무자비했던 기관은 (그 방법과 행적에서 게슈타포를 닮은) 동독의 슈타지와 루마니아의 세쿠리타테였다.

위 : 빌리 브란트(왼쪽)와 귄터 기욤(오른쪽)

위 : 마르쿠스 볼프

위 : 에리히 밀케

독일민주공화국, 즉 동독(GDR)은 1950년에 슈타지(국가안전부)를 창설했다. KGB를 본뜬 슈타지는 능률적이고 무시무시한 세계적 정보 기관으로 성장했다. 1989년에는 300명에 달하는 슈타지 요원이 세계 전역에서 활동하고 있었는데, 그중 절반이 서독에서 활동했다. 슈타지는 브뤼셀에 있는 NATO 본부에 침투하여 서방의 군사력 및 군사 전략에 관한 정보를 입수하는 데도 힘을 쏟았다. 모든 정보는 즉각 모스크바로 넘겨졌다.

장기 고정간첩

1953년부터 1986년까지 슈타지의 서방 첩보망은 베일에 싸인 공작관 마르쿠스 볼프가 관리했다. 볼프는 1978년까지 그 정체가 서방에 알려지지 않아 '얼굴 없는 남자'라고 불렸다. 대외정보부 수장으로서 볼프는 공작원인 귄터 기욤을 직접 감독했는데, 기욤은 1950년대에 동독에서 서독으로 이주하여 서독 총리인 빌리 브란트의 오른팔이 된 인물이었다. 1974년에 기욤이 스파이인 것이 드러나 브란트는 사임하게 되었다. 훗날 볼프는 브란트를 사임하게 한 것이 실수였다고 말했는데, 브란트가 동구권과의 관계 개선을 위해 노력하고 있었기 때문이다.

서독의 라이너 루프와 브리턴 앤 크리스틴 보엔 부부 또한 슈타지가 보유한 귀중한 장기 고정간첩이었다. 루프는 학생이던 1968년에 스파이로 채용되었고, 1972년에 결혼하자 자신와 아내를 포섭했다. 1970년대 중반까지 두 사람은 브뤼셀에 있는 NATO에서 일하면서 슈타지에 자료를 유출했다. 주기적으로 NATO 본부 상황실에서 근무한 루프는 동부가 재래식 공격을 해올 때를 대비한 NATO의 핵 선제공격 정책 정보를 빼돌렸다.

슈타지의 스파이들은 NATO의 군사력 및 군사 전략에 관한 정보 외에도, 서방 세력이 바르샤바조약기구의 능력을 얼마큼 간파하고 있는지에 관한 정보를 제공했고, 그 덕분에 소련은 자신들의 기밀이 얼마큼 새어 나갔는지 가늠할 수 있었다. 동독은 소련이 알려주지 않았던 정보까지 알게 되었는데, 동독 영토에 배치된 핵무기의 정확한 개수도 그중 하나였다. 슈타지의 스파이들이 모스크바에 넘긴 정보를 보면, 단단히 무장한 서방이 핵무기를 선제적으로 사용할 태세였다. 이러한 정보는 소련 내 강경 분파를 주춤하게 만들면서도, 소련이 자체 능력을 기르도록 하는 원동력이 되었다. 하지만 최종적으로는 1980년대에 미하일 고르바초프가 서방의 군사력은 동구권이 필적할 수 없을 정도로 우월하다는 결론을 내리는 데 이바지하여 냉전의 종식을 앞당겼다.

"동독 같은 정권을 이해하려면 평범한 사람들의 이야기를 들어야 한다. 운동가나 유명한 작가의 이야기만 들어선 안 된다. 보통 사람들이 과거에 그러한 정권에서 어떻게 살아갔는지를 보아야 한다."

『스타실랜드』의 저자 안나 펀더

감시 속에서 사는 나라

1957년부터 베를린 장벽이 붕괴된 1989년까지 동독 본토에서는 에리히 밀케의 지휘 아래 슈타지의 악명 높은 비밀경찰이 운영되었다. 수십만 명의 정보원들로 이루어진 방대한 첩보망이 일상 속에서 동독인들의 일거수일투족을 감시했다. 1989년이 되자 반체제 단체 내에 밀고자가 너무 많아서, 반체제 단체들이 실제보다 강력해 보이는 탓에 오히려 사람들의 입단을 부추긴다는 우려의 목소리가 슈타지 내에서 나올 정도였다. 슈타지는 동독인 총 600만 명의 정보를 보유하고 있었는데, 이는 전체 인구의 3분의 1에 해당했다. 슈타지가 시민들의 대화를 얼마나 도청했는지는 2006년에 개봉한 영화 〈타인의 삶〉에 여실히 묘사되어 있다.

밀케는 사람들의 망명을 막는 일을 담당했으며, 1961년에 베를린 장벽 건설을 지휘하기도 했다. 장벽이 세워지기 전에 300만 명이 넘는 동독인이 도망쳤다. 밀케의 명령에 따라 망명을 시도하는 자는 총살되었다. 총 239명이 벽을 넘으려다가 목숨을 잃었으나, 5,000명이 넘는 사람이 벽을 넘는 데 성공했다.

오른쪽: 1961년, 네 살배기였던 미하엘 핀더는 자신의 아버지에 의해 국경 너머의 서베를린 주민들이 들고 있는 그물로 던져졌다. 동독을 탈출하려는 절망적인 몸부림이었다.

사라지는 반체제 인사들

슈타지와 마찬가지로 루마니아의 비밀경찰 세쿠리타테도 거대한 정보원 네트워크를 이용하여 반체제 인사들을 탄압했다. 점점 독재적으로 변하던 니콜라에 차우셰스쿠의 정권하에 1965년부터 1989년까지 수천 명의 사람이 쥐도 새도 모르게 사라졌다. 하지만 1985년에 시인 게오르게 우르수가 구금 중에 사망한 사실은 국제적인 스캔들로 번져, 차우셰스쿠 정권에 심각한 타격을 주었다. 우르수는 세쿠리타테의 감시를 받던 중이었다. 그는 루마니아 사회에 만연한 고발 문화에 관해 자기 생각을 기록한 글을 소지한 혐의로 체포되었다. 그리고 체포 직후에 세쿠리타테의 사주를 받은 감방 동료들에게 구타당해 죽었다. 당시에 세쿠리타테의 수장이었던 투도르 포스텔니쿠는 우르수를 살해한 혐의로 기소되어 재판을 기다리다가 2017년에 사망했다. 1989년에 차우셰스쿠의 정권이 무너지자, 차우셰스쿠와 그의 아내는 대량학살 혐의로 즉결 재판을 받고 처형되었다.

위: 세쿠리타테의 게오르게 우르수 파일에 들어있던 그의 사진

라틴 아메리카의 체제 변화

1940년대 후반에 냉전이 본격화되기 시작하자 미국은 소련의 영향력을 제한한다는 명분으로 라틴 아메리카에 개입하는 '봉쇄 정책'에 착수했다. 1823년에 공표된 먼로주의는 미국이 유럽의 아메리카 대륙 식민지 확장에 반대하는 내용이었다. 하지만 냉전의 맥락에서 먼로주의는 반소련 용어로 재정립되어 미국의 개입과 그로 인한 정권 교체를 정당화하는 데 사용되었다. 미국은 거듭하여 라틴 아메리카에 개입했지만 1954년에 행해진 초창기 개입은 볼셰비키보다 차라리 바나나와 더 관련이 있었다.

1931년부터 1944년까지 과테말라는 호르헤 우비코 장군의 잔혹하고 사유화되다시피 한 독재 정권 아래에 놓여 있었다. 우비코는 친미 정책을 펼치며 미국의 유나이티드 프루트사에 막대한 이권을 내주었는데, 이 과일 회사는 과테말라 농지의 거의 절반을 소유하고 대부분 기반 시설을 장악하면서 사실상 세금은 한 푼도 내지 않았다. 1944년 봉기로 우비코 정권이 타도되었고, 1951년에 개혁주의자 하코보 아르벤스가 60%의 득표율을 얻으며 대통령에 당선되었다. 아르벤스는 땅이 없는 농부들에게 경작되지 않은 땅을 나눠주고, 땅 주인들에게는 보상금을 지급하는 농지 개혁을 시작했다. 유나이티드 프루트는 소유지 대부분이 미경작 토지였기 때문에 아르벤스의 토지 개혁에 위협을 느끼고 미국 정부에 도움을 요청했다.

헛소문 퍼뜨리기

미국 정부에는 유나이티드 프루트에 동정적인 사람들이 있었는데, 한때 유나이티드 프루트에서 일했던 존 포스터 덜레스 국무장관도 그랬다. 미국 언론은 아르벤스 정부를 소련에 연줄을 둔 공산 정권으로 그렸는데, 이러한 주장은 전혀 근거가 없었다. 유나이티드 프루트의 홍보실 고문이자 유명한 선전가인 에드워드 버네이즈의 기획에 따라 「뉴욕 타임스」에 과테말라 공산주의의 위협을 다룬 기사가 실리기 시작했으며, 곧이어 다른 신문들에도 비슷한 기사가 실렸다.

위 : 1950년의 하코보 아르벤스

한편, CIA는 1952년부터 카를로스 카스티요 아르마스 장군을 도와 온두라스와 엘살바도르에 있는 망명자들을 모아 군대를 조직하도록 했다.

망명자들 조직하기

1995년에 기밀이 해제된 문서를 보면 CIA가 아르마스 장군과 얼마큼 얽혀 있었는지를 알 수 있는데, 아르마스에 대한 지원은 트루먼 대통령이 처음 승인해 아이젠하워 대통령이 이어받았다. 초기 자금 22만 5,000달러에 대한 승인이 떨어지자, 아르마스는 암살 대상 명단을 만들고 특별 작전 팀을 양성하기 시작했다. 하지만 음모가 들통났고, 코드명 PBFORTUNE의 첫 번째 작전은 폐기되었다. 그 후 1953년에 PBSUCCESS 작전이 개시됐고, 사보타주, 변절, 침투, 선전 등의 방법을 이용해 아르벤스를 타도하고자 했다. 이러한 '심리전과 정치적 조치'를 위해 아이젠하워는 290만 달러의 예산을 승인했다. 그리하여 암살 대상 명단이 새로 쓰였고, 함께 실시된 협박 작전의 일환으로 과테말라 지도자들이 암살 위협을 받았다. 나중에 드러난 것처럼, 200여 명의 사망자를 낸 이 쿠데타는 상대적으로 많은 피를 흘리지 않고 끝났다. 아르마스가 이끄는 침략군의 규모가 과장 보도되어 과테말라군이 1954년 6월 27일에 망명한 아르벤스에 대한 지원을 거부했기 때문이다. 아르마스가 새로운 대통령으로 취임했고, 유나이티드 프루트는 특권을 되찾았다. 얼마 지나지 않아 과테말라는 수십 년간 이어질 내전으로 치달았다.

미국은 과테말라 쿠데타에 개입한 사실을 공식적으로 부인했다. 하지만 그렇게 부인하는 와중에도, 유엔 미국 대사였던 헨리 캐벗 로지는 소련에 "이쪽 반구에서 물러나라."라고 경고하며, 마치 아르벤스의 배후에 소련이 있었다는 듯한 분위기를 풍겼다. 라틴 아메리카에서 벌인 CIA의 첫 번째 비밀공작은 성공적이었고, 이를 기점으로 라틴 아메리카에 거듭 개입한 미국은 공산주의 확산 저지라는 표면적 이유를 내세우지만, 이는 민주적으로 선출된 사회주의 정부와 대립하는 미국의 사업상 이익을 보호한 행위로도 볼 수 있다.

아옌데의 죽음

1960년대와 1970년대 초, CIA는 칠레에서 일련의 공작 활동을 벌였는데, 1970년에는 사회주의자인 살바도르 아옌데가 대통령에 당선되는 일을 막으려 했다가 실패하기도 했다. 결국 아옌데가 죽임을 당하고 아우구스토 피노체트 장군의 잔혹한 정권이 들어서게 된 1973년 쿠데타에 CIA가 얼마큼 개입했는가는 여전히 논란이 되고 있다. CIA는 마르크스주의자인 아옌데를 무너뜨리고 그의 신용을 훼손하기 위해 공작 활동 자금을 댔으며, 여기에 800만 달러를 썼다고 인정했다. 하지만 아옌데의 죽음에 직접적으로 관여했다는 혐의는 부인했으며, 닉슨 행정부가 쿠데타에 대해 미리 알고 있었는지를 알려줄 많은 문서가 오늘날까지도 기밀로 남아 있다. 그러나 CIA는 요원들이 쿠데타 음모자들과 밀접하게 접촉하고 있었고, 음모자들이 미국의 암묵적 승인하에 움직였다는 사실을 인정했다.

위 : 1972년, 살바도르 아옌데가 지지자들에게 인사하고 있다.

쿠바와 미국

1959년 1월 1일 새벽 3시, 쿠바의 독재자 풀헨시오 바티스타는 아바나에서 도미니카 공화국으로 향하는 비행기에 올랐다. 피델 카스트로가 이끈 6년간의 게릴라전으로 권력에서 밀려난 그는 도망치고 있었다. 처음엔 미국도 조심스럽게 쿠바 혁명을 환영했지만, 양국의 관계가 틀어지고 쿠바가 소련에 의지하면서 긴장감이 고조되었고 전 세계가 전쟁 직전으로 치달았다. 미국 본토에서 160킬로미터도 떨어지지 않은 곳에 들어선 공산주의 정권으로 이 긴장감은 오늘날까지도 계속되고 있다.

케네디 대통령이 후에 인정했듯이, 미국은 1950년대에 바티스타 독재 정권이 저지른 잔혹한 일들에 많은 책임이 있었다. 미국은 공산주의와의 전쟁에서 바티스타가 자기네 동맹이라고 선언하며, 그가 반군을 진압할 수 있도록 군사적 지원을 제공했다. 그 대가로 바티스타는 미국 기업들이 쿠바 경제를 장악하도록 허용했다. 또한, 바티스타는 미국 마피아와 결탁하여 아바나를 카지노, 마약, 매춘부가 가득한 부자들의 놀이터로 만들었다. 한편, 대부분의 쿠바인은 극심한 가난 속에서 살았다.

처음에는 미국도 새 정부를 인정했지만, 1960년에 미국이 소유한 부동산을 쿠바가 국유화하면서 양국의 관계가 틀어졌다. 아이젠하워 대통령은 경제 제재를 가했고, 쿠바는 소련에 도움을 요청했다. 공산 정권을 수립하려는 카스트로의 의도가 점점 명백해지자, CIA는 아이젠하워의 승인하에 비밀공작을 개시해 카스트로를 타도하고자 했다. 하지만 그 결과로 조직된 1년 후의 침공이 대실패로 끝나며 CIA의 명성은 땅에 떨어졌다.

위 : 1938년에 워싱턴 D.C.를 방문한 쿠바의 독재자 풀헨시오 바티스타가 미국 육군 참모총장인 말린 크레이그 옆에 앉아 있다.

피그만 대참사

침공은 처음부터 가망이 없었다. CIA는 비밀리에 플로리다에 살고 있던 쿠바 망명자들을 모집하여 파나마에서 훈련시켰다. CIA 자료를 보면 그 훈련이 아주 엉망이었음을 알 수 있다. CIA에서 스페인어를 할 줄 아는 요원이 거의 없었고, 그들은 모집된 망명자들에 대한 경멸을 거의 숨기지 않았으며, 작전도 누설되어 침공 계획이

위 : 1959년, 혁명에 성공한 카스트로(오른쪽)와 혁명 동지 카밀로 시엔푸에고스가 아바나에 입성하고 있다.

금세 쿠바에 전해졌다. 침공 당일인 1961년 4월 17일, 쿠바 남부 피그만에 있는 해변 플라야 히론에 1,511명의 망명군이 상륙했다. 쿠바군은 그들이 올 줄 알고 있었고, 공중 지원을 약속한 미국 공군은 나타나지 않았으며, 3일간 치러진 전투에서 망명군은 완전히 묵사발이 되었다. CIA는 계획한 대로 반카스트로 세력의 반란을 촉진하기는커녕, 카스트로에게 그의 지지 세력을 단합시킨 유명한 승리를 안겨주며 그를 더욱 소련의 품으로 밀어 넣었다. 냉전이 깊어지고 있었다.

쿠바 미사일 위기

1962년 10월 16일, 케네디 대통령은 U-2 정찰기가 이틀 전에 찍은 사진을 보고받았다. 쿠바에 있는 소련의 핵탄두 미사일 기지를 찍은

"쿠바의 카스트로 정권이 위협적인 가장 큰 이유는 빈곤, 부패, 봉건주의, 재산가들의 수탈에 시달리는 다른 라틴 아메리카 국가들에 본보기가 되기 때문이다."

1964년에 미국 기자 월터 리프먼이 쓴 글

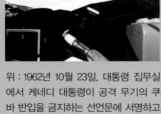

왼쪽 : 피그만에 침공한 망명군 쪽으로 쿠바군이 이동하고 있다.

사진인 듯했다. CIA는 소련 공산당 서기장인 니키타 흐루쇼프가 쿠바에 핵 기지를 건설하려고 한다는 소문을 알고 있었지만, 결정적인 증거를 발견한 것은 처음이었다. 대응에 나선 케네디는 쿠바로 향하는 소련 군함들을 봉쇄하고 미사일 기지를 모두 제거할 것을 요구했다.

그 후 13일간 세계는 전쟁을 향해 치달았다. 10월 22일, 케네디는 TV 방송으로 시민들에게 상황을 알리며, 미국이 쿠바를 봉쇄하고 있고 필요하다면 기지 제거를 위해 무력을 사용

위 : 1962년 10월 23일. 대통령 집무실에서 케네디 대통령이 공격 무기의 쿠바 반입을 금지하는 선언문에 서명하고 있다.

할 수도 있다고 설명했다. 그 후 팽팽한 대치 상태가 며칠간 더 지속되었고, 그 사이 CIA는 소련 기지를 찍은 사진을 추가로 제공했다.

10월 27일, 미국 정찰기가 쿠바 상공에서 격추되자 미국은 플로리다에 침공 병력을 조직했다. 핵전쟁의 공포로 전 세계가 떨고 있었고, 미국방성 장관 로버트 맥나마라는 훗날 '오늘이 내 생애 마지막 토요일'이라 생각했다고 털어놓았다. 하지만 이미 10월 26일에 흐루쇼프가 케네디에게 미국이 쿠바를 침공하지 않기로 약속하면 핵 기지를 제거하겠다고 제안한 상태였다. 케네디가 이 제안을 수용하면서 위기가 일단락되었다. 케네디는 터키에 설치한 미국의 미사일을 철수하는 데도 비밀리에 동의했다. 그는 나중에 CIA 국장 존 매크론에게 그들의 정보력을 치하했는데, 피그만 대참사 이후 CIA로선 그러한 성과가 꼭 필요했다.

카스트로 처단 시도

피델 카스트로는 2016년에 90세의 나이로 자연사했다. 그는 CIA, 쿠바 망명자, 마피아 등이 모의한 600회에 달하는 암살 시도에서 살아남았다. 1960년, CIA는 카스트로를 암살하기 위해 폭력배들에게 15만 달러를 주었다. 몇 개월 후, 그들은 카스트로가 가장 좋아하는 시가 한 갑에 치명적인 보툴리눔 독소를 주입했지만, 그 시가를 카스트로의 입에 물리지는 못했다. 007시리즈에서나 나올 법한 다른 음모들도 있었는데, 예를 들면 카스트로가 스쿠버 다이빙을 하는 동안 폭탄을 터뜨리거나, 그의 다이빙복 안에 유독성 균을 묻히거나, 펜 속에 숨긴 바늘로 찌르는 것 등이었다. 카스트로를 암살하기 위해서가 아니라 그의 권위를 떨어뜨리기 위해 추진된 음모도 있었는데, 예를 들면 수염이 빠지게 하는 가루를 그의 신발에 묻혀두는 것이었다. 1993년, 카스트로의 전 애인이었던 마리타 로렌츠는 CIA가 1959년에 자신을 포섭하여 카스트로의 음료에 넣을 독약을 주었다고 주장했다. 로렌츠에 따르면, 카스트로는 그녀의 계획을 간파했다. 하지만 그녀를 체포하는 대신에 장전된 총을 건네며 "당신은 나를 죽일 수 없어. 아무도 날 죽일 수 없지."라고 말했다고 한다. 로렌츠의 이야기가 사실이든 아니든, CIA는 피델 카스트로를 죽이지 못했다.

위 : 1959년, 미국을 방문한 피델 카스트로

위 : 1964년까지 코헨으로선 모든 일이 잘 풀리고 있었다. 편안한 생활은 그를 안일한 부주의로 이끌었다. 그는 순식간에 나락으로 떨어졌다.

수재나 작전

코드명 수재나 작전은 이스라엘군 정보부의 초기 주요 작전 중 하나였다. 1954년에 설계된 작전은 이집트 수에즈 운하 지역에 주둔한 영국군을 지원하기 위해 정보를 수집하고, 외국 재산을 폭파하며, 기만 정보를 유포했다. 유대계 이집트 주민들로 구성된 첩보망이 수재나 작전에 동원됐다. 작전은 대실패였다. 대부분의 첩보원이 발각되어 고문당하고, 투옥되었으며, 지도자 두 명은 교수형에 처해졌다. 1924년에 이집트에서 태어난 엘리 코헨은 이 첩보망의 몇 안 되는 생존자였다. 수재나 작전에서 그가 무슨 역할을 했는지는 분명하지 않지만, 1960년대 초에 이스라엘에 이주해 살고 있던 그는 스파이로 다시 채용되어 첩보 기술을 재교육받았다. 그리고 아르헨티나에서 온 아랍계 시리아인이라는 가짜 국적과 신분이 그를 위해 개발되었다.

불가능한 업적을 이룬 스파이 : 엘리 코헨

1962년, 이웃한 적대국이자 아랍 국가인 시리아의 고위층에 스파이를 침투시킨 일은 신생국 이스라엘이 거둔 최고의 첩보 활동 성과 중 하나였다. 스파이의 이름은 엘리 코헨이었다. 이집트 태생의 유대인인 그는 교묘하게 꾸며낸 그럴듯한 위장 신분을 부여받아 시리아의 전략적 기밀에 거의 무제한으로 접근할 수 있게 되었다. 그가 빼돌린 정보는 이스라엘의 국방에 대단히 중요했으나, 그 대가는 치명적이었다.

매력 공세

남아메리카에서 잠시 머물며 카리스마 있고 부유한 시리아 교포 사업가 행세를 한 코헨은 시리아에 초청되었고, 자신의 매력을 십분 발휘하여 시리아 정부 최고위직에 올랐다. 시리아에서 코헨은 자신에게 잘 맞는 생활 양식을 구축했다. 그는 호화로운 파티를 열어 손님들에게 성 접대와 술 접대를 했다(모든 자금은 이스라엘 정보기관에서 댔다). 그는 자금을 조달하고 투자하는 데 유능한 '국제적인 해결사'라는 명성을 얻었고, 시리아 정부의 신망받는 고문이 되었다. 심지어 그가 시리아 국방부 고위직 후보로 거론되었다는 주장도 있다.

현행범으로 체포되다

시리아에 안착한 코헨은 보통 자기 집에 숨겨놓은 단파 라디오 송수신기로 암호화된 교신을 보내 이스라엘에 있는 공작관과 소통했지만, 비밀 서신을 활용하기도 했고 심지어 모사드 요원들과 은밀하게 만나기도 했다(1964년부터는 모사드가 그를 지휘했다). 코헨이 시리아에서 거둔 성공이 그의 몰락을 불러온 측면도 있다. 1960년대 냉전 당시에 이스라엘에 대한 미국의 원조가 늘어나자, 소련 정보기관은 양국의 관계를 깨뜨릴 방법을 찾는 데 혈안이 되어 있었고, 그리하여 시리아를 포함한 여러 아랍 국가의 방첩 활동을 도왔다. 다마스쿠스에서 수상한 낌새를 느낀 시리아 당국은 무전 감지 장치를 이용하여, 암호화된 교신이 수차례 송신된 위치가 코헨이 사는 아파트라는 것을 재빨리 알아냈다. 1965년 1월, 코헨의 집이 급습당했고 부엌 찬장에서 송신기가 발견되어 그는 체포되었다. 코헨은 즉결 재판에서 사형을 선고받았다. 이스라엘 정부가 선처를 부탁했음에도 1965년 5월 18일에 엘리 코헨은 다마스쿠스의 마르제 광장에서 공개적으로 교수형에 처해졌다.

위 : 엘리 코헨의 교수형 처형은 공개적으로 행해졌고 TV로 방영되었다.

골란고원

코헨은 골란고원 지역과 관련하여 두 가지 큰 업적을 세웠는데, 이곳은 1967년의 6일 전쟁 이후로 이스라엘이 점령하고 있으나 여전히 분쟁 중인 곳이다. 시리아는 이스라엘 경제에 타격을 주려는 초창기 시도로서 골란고원에서 요르단강으로 흐르는 하천의 경로를 바꾸려고 했는데, 그렇게 하면 이스라엘로 흐르는 주요 물길을 말라붙게 할 수 있었다. 코헨은 이 프로젝트에 투자할 관심이 있는 것처럼 가장하여 세부적인 정보를 얻은 뒤에 이스라엘에 전달했고, 덕분에 이스라엘은 고원 북쪽에 건설 중인 언뜻 평범해 보이는 수력 시설을 폭파할 수 있었다. 그 당시에 시리아는 골란고원에 은폐 방어 시설, 벙커, 박격포를 삼중으로 구축하고 있었다. 코헨은 비록 이곳에는 접근하지 못했지만, 이스라엘 사람들이 요새를 보지 못하게 그 주변에 빨리 자라는 유칼립투스 나무를 심는 게 어떠냐고 쾌활하게 제안했다. 그리하여 새로 심긴 나무들은 6일 전쟁 당시에 이스라엘 포병대와 공군의 표적이 되었다.

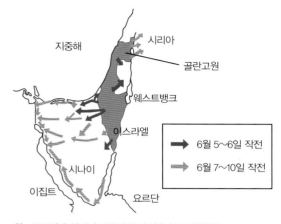

위 : 1967년에 일어난 6일 전쟁 당시에 이스라엘군의 이동을 보여주는 지도

"당신에게 전할 마지막 말을 쓰고 있소. 몇 분 후 내 인생은 끝이오. 당신에게 빌건대 평생의 반려자를 만나시오."

엘리 코헨이 아내에게 보낸 마지막 편지

아래 : 골란고원을 점령한 이스라엘군

워커 가족

미국 해군 장교 존 워커 주니어가 조직한 첩보망은 가족 사업이나 마찬가지였다. 1967년, 오로지 돈 때문에 워커는 소련의 스파이로 활동하기 시작했다. 1985년에 붙잡힌 그는 그때까지 가장 친한 친구인 제리 휘트위스, 형인 아서, 아들 마이클을 영입했다. 그런데 그를 몰락으로 이끈 사람도 바로 가족이었다.

1955년, 학교를 졸업한 존 워커는 해군에 입대해 무선 통신병이 되었다. 1967년, 통신 감시관으로 임명된 그는 잠수함 부대의 통신 본부를 지휘했다. 통신 감시관으로서 그는 잠수함에서 송수신하는 교신을 감독하고, 교신 해독에 필요한 코드와 암호를 관리했다.

돈을 받고 비밀을 팔다

1967년, 워커는 워싱턴 D.C.에 있는 소련 대사관에 들어가 대담하면서도 단순한 제안을 했다. 비밀을 넘길 테니 돈을 달라는 것이었다. 처음에 소련은 그의 제안에 회의적이었다. 일단, 대사관 정문은 틀림없이 CIA가 감시하고 있을 텐데 이 바보 같은 남자는 누구란 말인가? 워커는 자신이 제공할 수 있는 정보의 예시로서 암호 카드를 가지고 왔다. 암호 카드를 어느 정도 분석한 소련은 워커에게 정말로 귀중한 정보가 있다는 것을 알게 되었다. CIA의 스파이가 아니라는 것을 확실히 하기 위해 그는 소련 정보기관에서 기나긴 심문을 받았다. 그는 오로지 정보를 넘기고 돈을 받는 데만 관심이 있었고, 양측은 합의에 이르렀다.

존
워커 주니어

마이클
워커

아서
워커

이러한 관계가 유지되는 동안 워커는 민감한 잠수함 암호 자료, 통신 장비 수리 설명서, 해군 함정 설계도, 작전 명령, 전쟁 계획, 기술 계획, 무기 사진을 비롯한 기타 기밀문서를 제공했다. 그가 제공한 정보 덕분에 소련은 미국 잠수함의 교신을 해독할 수 있었다. 또한, 잠수함의 프로펠러가 만드는 공동(음파 때문에 생기는 작은 기포들) 덕분에 미 해군이 소련 잠수함을 식별하고 추적할 수 있었다는 것도 알게 되었다. 북한이 1968년에 미 해양 감시선 푸에블로함을 나포하는 데 소련이 일조한 것도 워커가 넘긴 정보 덕분이었다고 추정되며, 푸에블로함 나포로 소련은 미국의 통신 장비를 손에 넣을 수 있었다.

1973년, 워커는 해군의 통신 전문가인 자신의 절친한 친구 제리 휘트위스를 영입했다. 휘트위스는 워커에게 암호 정보와 통신 정보를 넘겨주었다. 처음에 워커는 휘트위스에게 거짓말로 미국의 동맹국인 이스라엘에 정보를 넘기는 거라고

왼쪽 : 마이클 워커가 근무했던 니미츠함

말했다. 하지만 워커가 휘트워스에게 소련에 정보를 넘기는 거라고 털어놓은 후에도, 그들의 모의는 계속되었다. 휘트워스는 해군에서 은퇴한 1983년까지 워커를 위해 계속 정보를 수집했다.

워커는 조사받을 것이 걱정되어 1976년에 해군에서 은퇴했다. 하지만 계속 정보를 수집해 넘기기 위해 자기 형이자 군수업자인 아서를 영입했고, 아서는 선박 설계도와 무기 정보를 제공했다. 워커는 니미츠함에서 일하던 자기 아들 마이클도 포섭했다. 육군에 있던 딸 로라도 영입하려고 했지만 거절당했다.

제리
휘트워스

술 취한 사람의 신고

마침내 워커를 몰락하게 만든 사람은 또 다른 가족 구성원이었다. 워커가 스파이로 활동한 지 1년이 된 1968년, 워커는 집 안에 숨겨둔 기밀 정보를 아내인 바버라에게 들켰고, 자신이 소련의 스파이라는 것을 인정했다. 두 사람은 1976년에 이혼했는데, 워커가 자녀들까지 첩보 활동에 끌어들이려고 하자 바버라의 걱정은 늘어갔다. 그녀는 술에 취해 보스턴 FBI에 여러 번 전화했지만, 그녀가 하는 말이 진지하게 받아들여지지 않았다. 1984년, 그녀가 술에 취해 또다시 신고 전화를 하자 노퍽 FBI는 자료를 살펴보고 자체 수사를 시작하기로 했다. 그들은 로라 워커를 심문했는데, 로라는 자기 아버지가 소련 스파이가 맞다고 증언했다. 그 사이, 휘트워스는 첩보 활동에서 발을 빼고 싶어 했다. 1984년 5월, 그는 샌프란시스코 FBI에 연락해 자수하면서, 사면을 조건으로 협조하겠다고 했다. 하지만 이내 마음을 바꾼 듯 자취를 감추었다.

FBI는 존 워커의 통신 내용을 감시하기 시작했고, 1985년 5월에 그가 수수소에 들를 계획임을 알게 되었다. FBI는 그를 따라 메릴랜드주 몽고메리 카운티의 시골 지역까지 갔고, 거기서 그가 소포를 놓고 사라지는 모습을 보았다. FBI가 소포를 회수하자, 그 안에는 워커의 아들 마이클이 근무하는 니미츠 항공모함에서 빼돌린 기밀 정보가 들어있었다. 소포에는 어떤 암호문도 있었는데, 워커의 첩보망에 속한 다른 첩보원들의 이름임이 나중에 밝혀졌다. 존 워커는 다음 날 체포되었다. 마이클 워커는 니미츠함에서 체포되었고, 아서도 연행되었다. 1985년 6월 3일, FBI는 휘트워스를 추적하는 데도 성공했다.

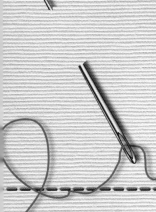

위 : 궤도를 도는 첩보 위성

매와 눈사람

1970년대, 어린 시절부터 친구였던 두 사람이 합심해서 첩보 활동, 마약 밀수, 은행털이 등 온갖 범죄를 저지르는 모험에 나섰다. 크리스토퍼 보이스는 매를 좋아해서 별명이 매였는데, 국가정찰국(NRO)에서 일하며 위성 통신을 관리했다. 보이스는 정찰 위성과 통신 암호 정보가 담긴 기밀문서를 훔쳐 친구인 앤드루 리에게 건넸다. 리는 코카인 및 헤로인 딜러로 '눈사람'이라 불렸다. 리는 멕시코시티에 있는 소련 대사관에 문서를 전달했고, 멕시코에 간 김에 마약을 사서 미국에 밀반입했다.

리가 붙잡힌 것은 순전히 우연이었다. 1977년 1월, 그는 대사관 앞에 쓰레기를 버렸다는 이유로 체포되었다. 당시에 그는 인공위성 설계도를 담은 필름을 휴대하고 있었다. 멕시코 경찰이 심문하자 리는 자신이 간첩이고 보이스가 공범임을 털어놓았다. 리는 미국으로 송환되어 무기징역을 선고받았다. 보이스는 40년 형을 선고받았다. 하지만 보이스는 1980년에 탈옥했고, 소련으로 도망칠 계획으로 은행 강도 행각을 벌였다. 보이스는 거의 2년을 도망 다니다가 공범의 자수로 붙잡혔다. 훗날 보이스와 리는 석방되었다.

소련의 쇠퇴와 몰락

1980년대 초, 첩보를 통해 미국의 핵 선제공격 가능성이 분명히 드러나자 KGB 지도부는 점차 공포에 휩싸였다. 이러한 공포에 우려스러운 국내 경제 상황까지 겹쳐서, 소련으로선 어쩔 수 없이 10년에 걸쳐 기존의 정책에 변화를 주어야 했다. 미하일 고르바초프 서기장이 주도한 이 변화는 결국 소련의 해체와 냉전의 종식으로 이어지게 되었다. 그 결과 KGB도 사라졌지만, 그렇다고 해서 러시아 정보기관 자체가 사라진 것은 아니었다. KGB의 후신인 GRU가 많은 기능을 그대로 이어받아 수행하고 있다.

위기일발

로널드 레이건 대통령의 지시하에 1981년부터 1983년까지 미군은 자신들의 자신감과 기량을 마음껏 뽐내며, 소련 기지 부근의 민감 지역으로 군함을 보내고, 소련 영공에 불쑥 항공기를 보낸 뒤 아슬아슬한 순간에 돌아 나오게 했다. 그 사이 미국의 핵무기는 크나큰 발전을 이루었고, 레이건이 새로 발표한 야심 찬 전략 방위 구상 계획은 '스타워즈'라는 유명한 별명을 얻었다. 1983년 11월에는 고조된 긴장감이 핵전쟁으로 번질 수 있는 일촉즉발의 상황이 펼쳐졌는데, 당시 NATO는 초비상 사태를 상정하고 훈련하는 '에이블 아처' 연례 군사 훈련을 조직하고 있었다. 사실성을 높이기 위해 국가 원수들을 참여시키고 무선 침묵(보안이나 기만을 목적으로 무전기를 일정 시간 사용하지 못하게 하는 일_옮긴이) 기간을 두는 등 1983년 훈련에는 새로운 요소가 가미되었다. 이것이 훈련을 가장한 실제 핵 공격 준비 작업일지 모른다고 의심한 소련은 핵무기를 준비하고 동유럽에 있는 부대들에 비상 경계 태세를 갖추게 했다. 5일간의 훈련이 끝난 후에야 긴장도 해소되었다.

군사적 불안감이 고조되는 한편, 소련은 경제적 어려움까지 겪고 있었다. 1986년에 일어난 체르노빌 원자력 발전소 대참사로 180억 루블이 넘는 경제적 손실이 생겼다. 미국과 핵무기를 동등한 상태로 유지하고 우주 경쟁을 지속하는 데 들어가는 비용이 어마어마해 소련은 파산 직전으로 내몰렸다.

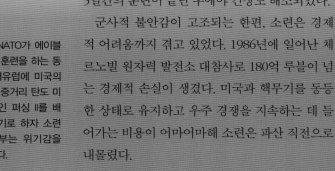

위 : NATO가 에이블 아처 훈련을 하는 동안 서유럽에 미국의 신형 중거리 탄도 미사일인 퍼싱 II를 배치하기로 하자 소련 지도부는 위기감을 느꼈다.

글라스노스트와 페레스트로이카

1985년, 미하일 고르바초프가 소련 공산당의 서기장(사실상 대통령)이 되었다. 현 상태가 지속 불가능하다는 것을 인식한 그는 소련을 소생시키기 위한 개혁을 시작하며 두 가지 주요 기치를 내걸었다. '글라스노스트'는 정부의 투명성 증대를 예고하는 개방 정책이었다. '페레스트로이카'는 공산주의 경제가 시민들의 요구를 더 잘 충족시킬 수 있도록 시장 경제와 비슷한 제도를 도입하여 경제 개혁을 꾀하는 정치 운동이었다. 바르샤바 조약에 가입한 모든 국가의 대중들은 개방성이 증대되자 더 많은 자유를 요구하기 시작했다. 1989년, 폴란드, 헝가리, 동독, 불가리아, 체코슬로바키아, 루마니아에서 줄줄이 혁명이 일어나며 이러한 요구는 절정에 달했다. 1991년, 베를린 장벽과 함께 '철의 장막'이라는 상징도 무너졌다.

실패한 쿠데타

처음에는 KGB도 고르바초프의 개혁을 지지했지만, 철의 장막이 무너지며 계획이 다르게 흘러가자, 1991년 8월에 KGB 고위 간부 여덟 명은 자신들이 직접 문제를 해결하고자 했다. KGB 수장 블라디미르 크류츠코프를 포함한 여덟 명의 간부는 국가 비상사태위원회를 조직하고, 1991년 8월 19일에 쿠데타를 시도했다.

위 : 블라디미르 크류츠코프

쿠데타는 이틀 만에 실패로 끝이 났으나 소련의 몰락을 초래했다. 1991년 12월 25일에 소련이 공식적으로 붕괴했으며, 고르바초프가 사임하고 정권에서 물러나면서 차기 러시아 대통령 보리스 옐친에게 권력을 이양했다. 이는 5개월간 이어진 연방 해체의 종착점이었으며, 그 사이에 소련에 가입했던 공화국들이 탈퇴하여 11개의 신생 독립국이 생겼다. 소련의 KGB는 러시아 연방의 SVR(연방정보부)이 되었다. SVR은 다시 FSB가 되었고, 마침내 오늘날의 GRU가 되었다.

스파이의 탈출

1985년, 런던 주재 소련 대사인 올레크 고르디옙스키는 모스크바로 돌아오라는 긴급 전보를 받았다. 1974년부터 MI6 요원으로 일한 고르디옙스키의 정체를 CIA 요원이자 소련의 이중 스파이인 올드리치 에임스가 폭로했던 것이다. 하지만 MI6는 이상한 낌새를 알아차리지 못했고, 고르디옙스키도 자신이 런던으로 돌아오리라 생각했다. 그래도 혹시 모르니 투명 잉크로 비밀 탈출 계획이 쓰인 셰익스피어의 소네트 책을 들고 갔다.

고르디옙스키가 모스크바에 도착하자, KGB는 그를 다섯 시간 동안 심문하고선 풀어주었다. 그가 탈출 계획을 발동해야 하는 순간이었는데, 그러려면 MI6에 비밀 신호를 보내야 했다. MI6가 신호를 확인하자, 고르디옙스키는 기차와 버스를 타고 핀란드 국경에 인접한 비보르크 마을로 갔다. 그리고 도로의 후미진 곳에서 몇 시간을 기다렸다. 새벽 2시가 되니 마침내 자동차 두 대가 와서 그를 태웠다. 곧이어 국경 검문소에서 KGB 요원들이 차량을 검문하는 긴장된 순간이 왔다. 그러나 트렁크 안에 고르디옙스키를 숨긴 차는 무사히 통과되었다. 운전자가 시벨리우스의 핀란디아를 틀자 그는 비로소 자신이 안전하다는 것을 깨달았다.

왼쪽 : 1987년, 올레크 고르디옙스키가 대통령 집무실에서 레이건 대통령을 만나고 있다.

아래 : 미하일 고르바초프와 로널드 레이건은 1987년에 중거리 핵전력 조약에 서명했는데, 이는 냉전의 종식을 끌어낸 일련의 협정 중 하나였다.

"러시아 연방 정부에 위장 취업하도록 파견된 FSB 요원들이 임무를 달성하는 데 성공했군요."

연설에서 전 연방보안국(FSB) 동료들에게 농담하는 블라디미르 푸틴

— 제9장 —

첩보 활동 도구

새로운 기술들은 첩보의 양과 질을 끌어올리기 위해 오랫동안 국가 안보 과제에 활용되어 왔다. 중요한 자료를 순식간에 촬영할 수 있는 카메라도 첩보 활동 도구에 해당되며, 인기 있는 초소형 미녹스 카메라부터 의류, 넥타이, 단춧구멍, 보석 안에 은폐한 카메라까지 종류가 다양하다. 항공 카메라는 처음에는 비둘기에 매단 카메라에 불과했으나, 이제는 다수의 센서를 장착하고 적진 너머의 정보를 수집하는 정교한 스텔스기로 발전했다.

　정보를 수집했으면 본진에 전달해야 한다. 마이크로도트 기술을 사용하면 빤히 보이는 곳에 메시지를 숨길 수 있는데, 한 장 분량의 정보를 마침표 하나에 담을 수 있다. 한편, 작은 여행 가방 크기의 무선 통신기로 비밀 통신이 가능해졌다. 만년필로 가장한 초소형 단발 총기도 있고, 라이터로 가장한 카메라도 있다. 어떤 나라는 탐지가 거의 불가능한 독을 개발했고, 어떤 때는 현지 야생 동물이 첩보에 이용되었다.

스테가노그래피

스테가노그래피는 다른 정보 속에 정보를 숨기는 행위로, 첩보 기술의 역사에서 유구한 전통을 자랑한다. 암호화는 메시지의 내용을 숨기는 기술인 반면, 스테가노그래피는 메시지가 있다는 사실 자체를 숨기는 기술이다. 예를 들면, 일반 편지의 행간에 투명 잉크로 쓴 편지가 있다.

오른쪽 : 그리스의 역사학자 헤로도토스의 기록이 우리에게 알려진 최초의 스테가노그래피 사용 사례다.

스테가노그래피가 처음으로 사용된 것은 고대 그리스에서였다. 그리스 역사학자 헤로도토스가 기원전 5세기에 쓴 글에 따르면, 지금의 터키에 있던 고대 그리스 도시 밀레토스의 통치자 히스티아에우스는 믿음직한 하인의 머리를 삭발하고 문신으로 메시지를 새겨 전달했다고 한다. 머리카락이 자라 메시지가 보이지 않을 때, 하인은 메시지를 전달하러 길을 나섰다. 한편, 스파르타 왕 데마라투스 1세는 아무것도 쓰이지 않은 밀랍 나무판으로 백성들에게 페르시아의 침공이 임박했음을 경고했다. 보통은 밀랍 위에 메시지가 쓰이지만, 이때는 밀랍으로 덮인 나무판에 쓰인 것이다.

오랜 세월 동안 사람들은 스테가노그래피 기법에 매료되었다. 1499년, 독일의 베네딕토회 수도원장 요하네스 트리테미우스는 『스테가노그래피아』라는 총 세 편으로 구성된 책을 썼다. 제1권과 제2권은 여러 암호술을 포함한 다양한 스테가노그래피 기법을 자세하게 다루었다. 그런데 제3권은 언뜻 보기에 심령술을 다루는 듯했으며, 멀리 떨어져 있는 영혼들과 소통하는 다양한 방법을 개략적으로 설명했다. 1676년, 독일의 학자 볼프강 에른스트 하이델은 『스테가노그래피아』 제3권에 암호문으로 쓰여 있는 비밀을 알아냈다고 주장했는데, 비밀을 누설하지 않겠다고 자신도 암호문으로 비밀의 정체에 관해 썼다. 1996년, 네덜란드의 한 저널에 토마스 에른스트 박사가 제3권을 연구한 논문이 실렸다. 2010년, AT&T 랩스사의 짐 리즈라는 수학자가 하이델의 글과 에른스트의 논문을 바탕으로, 트리테미우스가 심령술에 관해 쓴 제3권의 수수께끼를 마침내 풀었다고 주장했다. 제3권은 스테가노그래피에 관해 스테가노그래피 암호로 쓴 글이었던 것이다.

퀼트 속에 숨은 암호

비밀 메시지가 항상 글로 전달되진 않았다. 19세기 미국 남부에서는 퀼트에 박음질된 암호로 문맹인 노예들에게 지하 철도(도망 노예들을 위한 비밀 탈출로)상에 있는 은신처의 위치를 알렸다. 작가이자 역사학자인 재클린 토빈과 레이먼드 도바드에 따르면, 자유를 향한 여정에 오른 이들에게 비밀 메시지를 전달하기 위해 퀼트 무늬를 사용했다고 한다. '술꾼의 발자취' 무늬는 노예 사냥꾼과 사냥개를 따돌리기 위해 똑바로 곧장 걷지 말라는 경고였다. '비행하는 기러기'와 '곰 발바닥' 무늬는 봄철에 북쪽으로 날아가는 기러기나 동물(이 경우에는 곰)의 발자국을 따라가라는 지시였다.

위 : 화살표들이 가운데 정사각형을 가리키고 있는 이 지하 철도 퀼트는 안전한 은신처가 근처에 있음을 나타낸다.

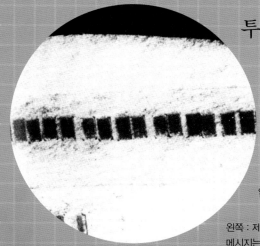

투명 잉크

미국 독립 전쟁 당시에 영국군과 미국군 모두 편지의 행간에 투명 잉크로 비밀 메시지를 썼다. 투명 잉크를 만들기 위해 황산염, 우유, 식초, 과일즙, 소변 등 다양한 재료가 사용되었다. 수신자가 비밀 메시지를 드러나게 하려면 편지를 촛불이나 난롯불 위에 들고 열기를 쏘어야 했다. 오늘날에는 자외선에 반응하는 잉크로 비밀 메시지를 쓸 수 있다. 이 잉크는 보통 불빛 아래서는 보이지 않지만, 자외선에 노출되면 밝게 빛난다.

왼쪽 : 제2차 세계 대전 당시에 독일 스파이에게서 가로챈 이 마이크로도트 메시지는 편지 봉투 안쪽에 테이프로 부착되어 있었다.

메시지 축소하기

암호화된 메시지를 보내려면 수신자가 암호를 이해해야 한다는 조건이 있다. 메시지를 들키지 않고 몰래 보내는 또 다른 방법은 메시지의 크기를 최대한 줄이는 것이다. 마이크로도트는 20세기에 스테가노그래피 분야에서 이루어진 가장 중요한 발전이었을 것이며, 오늘날까지 사용되고 있다. 마이크로도트는 19세기에 프랑스의 사진사 르네 다그롱이 비둘기로 메시지를 전달하기 위해 개발한 사진 축소술에 기반하고 있다. 1920년대에 독일은 특수 카메라와 현미경으로 신기술을 고안하여, 한 장 분량의 글을 0.001제곱밀리미터 크기로 독해가 가능하게 축소했다. 이 문장 끝에 찍힌 마침표보다 작은 면적에 몇 장 분량의 글을 담을 수 있는 것이다.

오른쪽 : 마크 IV 마이크로도트 카메라

포로의 모스 부호 메시지

무엇을 유의해서 보아야 할지 안다면 아주 빤히 드러나 보이는 스테가노그래피 메시지도 있다. 1965년, 미 해군 조종사 제러마이아 덴턴은 북베트남 상공에서 자신이 몰던 A-6 인트루더가 고장 나 탈출한 뒤 베트콩에게 붙잡혔다. 거의 8년 동안 전쟁 포로로 억류되어 있던 그는 선전용 기자회견에 여러 번 강제로 참여해야 했다. 한 인터뷰에서 카메라 조명이 밝게 쏟아지는 가운데 덴턴은 인터뷰에 응하면서 비밀 메시지를 전달할 수 있겠다고 생각했다. 그는 좋은 대접을 받고 있다는 말에 연신 고개를 끄덕이며 동의하면서 눈을 깜빡여 미국 당국이 이해할 수 있는 단어를 모스 부호로 전했다. T-O-R-T-U-R-E, 고문이었다.

카메라

1세기 전만 해도 카메라는 전문 기술이 있어야 다룰 수 있는 커다란 기계였다. 그런데 수십 년이 지나며 크기가 작아지고 사용이 간편해졌다. 초소형 카메라가 개발되며 카메라는 스파이 도구로서 그 진가를 발휘하게 되었다. 이 조그마한 정보 수집 장치는 주머니에 숨길 수도 있었고, 회중시계, 라이터, 심지어 총에 숨길 수도 있었다. 대놓고 사진을 찍기 위해 옷이나 보석 속에 숨기기도 했다.

원조 스파이 카메라

미녹스 카메라는 스파이 카메라의 원조 격으로 제임스 본드 영화에 등장할 정도로 인기가 있었다. 발트 독일인 발명가 발터 차프가 고안한 미녹스는 최초로 성공을 거둔 초소형 카메라였다. 차프는 1932년부터 아이디어 개발에 착수했고, 소형화가 가능한지 살펴보기 위해 나무 카메라들을 만들었다. 1936년에 시제품이 처음 완성되었고, 1938년에 미녹스 리가가 생산되었다. 미녹스 리가는 시가보다 작고 라이터보다 가벼웠다. 그리고 일광 현상 탱크를 사용해 필름을 손쉽게 현상할 수 있었다. 차프의 목표는 비전문가도 사용할 수 있을 만큼 조작이 쉬운 카메라를 만드는 것이었지만, 주머니나 주먹 속에 감추기 쉬웠던 미녹스 카메라는 금세 첩보 활동에 널리 이용되었다. 차프는 자신의 혁신적인 발명품으로 총 66개의 특허를 취득했으나, 1950년에 모든 특허권을 일시금으로 팔았다. 이는 현명하지 못한 사업상 결정이었는데, 미녹스 카메라가 100만 대 넘게 팔렸기 때문이다. 1950년대에는 초소형 카메라 제작 기술이 확산되어 특별히 첩보 활동을 염두에 둔 새로운 카메라들이 제작되었다. 1951년, 일본의 스즈키 광학 회사는 일반 라이터로 사용하기에도 손색이 없는 에코 8을 생산했다. 사진을 찍으려면 담배에

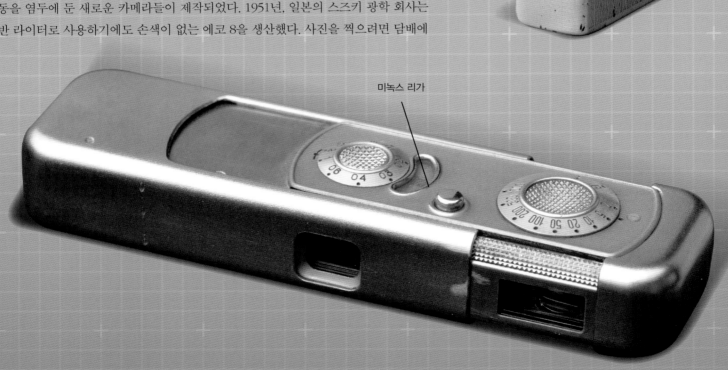

에코 8

미녹스 리가

불을 붙이듯 라이터를 들고 피사체가 있는 방향으로 비밀 렌즈를 향하게 한 뒤 촬영하면 되었다. 필름 하나에 20장의 사진을 찍을 수 있었다.

소련의 복제품

소련도 이내 초소형 카메라 제작에 뛰어들었다. 1974년에 도입된 키예프 30은 크기가 작고 근거리 초점을 맞출 수 있어 문서 촬영에 유용했다. 이 카메라는 키예프에 있는 아스널 팩토리사에서 생산되었는데, 이곳에서 소련은 서구의 카메라 설계를 다수 복제했다. 토치카 58도 KGB에서 사용되었는데, 시계태엽을 돌리면 작동하는 구조로 미녹스를 본뜬 초소형 카메라였다.

현대의 디지털 기술 덕분에 오늘날에는 부피가 큰 필름을 카메라에 넣을 필요가 없어져, 소형 카메라 기술이 새로운 경지에 도달했다. 영상 촬영과 녹음을 할 수 있는 초소형 스파이 카메라를 채 50달러도 되지 않는 가격에 살 수 있으며, 펜, 안경, 스피커, 화재경보기, 전구 등에 숨길 수 있다.

키예프 30

현대의 초소형
디지털카메라

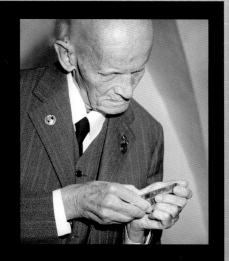

발터 차프

1904년에 리보니아(지금의 라트비아)에서 태어난 발터 차프는 엔지니어가 되기 위한 교육 과정을 밟았고, 여가 시간에 자신이 고안한 초소형 카메라를 개발했다. 1938년, 리가에서 그의 미녹스 리가 카메라가 생산되기 시작했지만, 제2차 세계 대전 때문에 생산이 중단되었다. 1941년, 소련의 참전 직전에 독일로 도망친 차프는 자신의 새로운 발명품도 챙겨갔다. 나머지 전쟁 기간에 차프는 AEG사와 함께 전자현미경을 개발 작업에 힘썼다. 1945년에 그는 미녹스 GmbH를 설립했고, 후에 담배 제조업체인 린&클루스와 제휴하여 이곳에 미녹스 카메라에 대한 자신의 특허권을 일시 지급금과 연금을 받고 팔았다. 차프는 1950년에 미녹스사를 떠났으나, 회사가 어려워지자 80대의 나이로 다시 돌아와 일했다. 2001년, 그는 라트비아 과학 아카데미에서 명예박사 학위를 받았다. 차프는 2003년에 97세의 나이로 숨을 거두었다.

SOE의 비밀 통신

1900년대부터 1920년대 사이에 개발된 무선 전보는 통신에 변혁을 불러일으켰고, 제2차 세계 대전이 발발하자 사령부와 전선 사이에 정보 및 지시 사항을 신속하게 교환하는 중요한 수단이 되었다. 또한, 전례 없는 규모의 첩보 수집이 가능해지기도 했다. 현장에서 사용될 장비는 작고, 휴대가 가능하고, 쉽게 폐기할 수 있어야 했다.

SOE 네트워크

제2차 세계 대전 당시에 연합군 정보기관 중에서는 SIS, 해군 정보부와 더불어 영국의 특수 작전부대(SOE)가 가장 적극적으로 유럽 내 적진에 요원들을 파견했다. SOE는 휴대와 은폐가 쉬우면서도 정보를 주고받는 데 필수적인 무선 장치와 부속품들을 다양하게 개발했다. 교신은 보통 모스 부호로 전송되었고, 암호를 작성하고 해독하기 위해 실크 암호나 일회용 암호표가 사용되었다. 일회용 암호표는 재사용되지만 않는다면 사실상 철통 보안의 시스템이었다. 반면에 전송 주파수는 계속 바뀌도 탐지될 수 있다는 허점이 있었고, 주파수가 탐지되면 반대편 정보 요원들은 무전 활동이 일어나고 있다는 것을 알아차렸을 뿐만 아니라, 무전을 도청하고, 송신기의 위치를 추적할 수도 있었다.

오른쪽 : 모스 부호 송신기

오른쪽 : SOE 요원들이 사용한 A 타입 Mk III 휴대용 라디오다. 무전 송수신기, 모스 부호 송신기, 헤드폰, 여분 상자로 구성되어 있었다.

대륙을 가로지르는 통신

SOE 요원들은 노르웨이에서 그리스까지 종횡무진 활동했기에 암호화된 무전을 주고받으려면 여러 외국어를 구사하는 능력이 필요했고 다양한 보안 장치도 필요했다. 모든 SOE 요원이 무전 전보 교육을 받은 것은 아니었으며, 일회용 암호표를 받은 사람도 거의 없었다. 그렇게 하기엔 위험 부담이 너무 컸기 때문이다. 그래서 전쟁 초에는 현지 언어를 구사하는 무전 통신사들이 투입되었다. SOE 요원이나 저항군으로 이루어진 여러 조직 사이에서 통신사들은 중요한 징검다리 역할을 했다. 조르주 베게도 그중 한 사람으로 1941년 여름에 프랑스 중부 지역에서 활동하다가 스페인을 통해 탈출했다. 그 후 베게는 BBC의 해외 방송에 비밀 메시지를 숨겨서 내보내는 '메시지 퍼스널'을 개발하는 데 도움을 제공했다. SOE의 제드버러 부대는 1944년에 프랑스의 노르망디 상륙 작전과 앤빌/드라군 상륙 작전이 개시될 즈음에 적진 후방의 저항 단체와 접촉하기 위해 조직되었다. 각 팀은 영국이나 미국

장교 한 명, 현지 저항 단체 대표 한 명, 무선 통신사 한 명으로 구성되었다. 그들이 주축이 되어 사보타주 공작을 펼쳤다.

스위트하트 수신기

SOE가 사용한 수신기 중 가장 작은 것은 노르웨이에서 피난 온 윌리 시몬센이 개발한 것이었다. 육군성은 이 수신기를 공식적으로 채택하지 않았지만, 상업 회사를 통해 위탁 생산해서 약 5,000대를 유럽 내 독일 점령지에 투하했다. 크리스털로 만들어진 이어폰은 높은 고도에서 손상되기 쉬웠기에 담배통에 밀봉되어 전달되었다.

왼쪽 : 스위트하트라는 별명이 붙은 타입 31/1 리시버는 몸에 휴대할 수 있는 수신기, 교체 가능한 두 개의 배터리로 구성된 충전기, 이어폰으로 이루어져 있었다.

휴대용 충전기

SOE가 사용한 대부분의 송수신기는 손전등 배터리나 보청기 배터리로 작동했다. 하지만 이러한 배터리는 수명이 제한되어 있었고 항상 구하기 쉬운 것도 아니었다. 그리하여 알코사 (社)의 증기 발생기가 전쟁 후반에는 표준 장비가 되었는데, 특히 제드버러 부대가 많이 사용했고, 라이터나 성냥 같은 간단한 불쏘시개만 있으면 신호를 송수신하는 데 충분한 전력을 얻을 수 있었다.

오른쪽 : 알코의 증기 발생기다. 알코는 기차의 증기 기관을 전문으로 만드는 미국 회사였다. 이 기계가 소형화된 정도는 기적에 가까웠다.

어쿠스틱 키티

인간은 말과 개를 길들인 이후로 쭉 전쟁에서 동물을 이용해 왔다. 적군을 염탐할 때에도 마찬가지였다. 1960년대 CIA 는 소련을 모든 면에서 앞서려고 혈안이 되어 있었다. 그런데 들키지 않고 표적 대상을 감시하는 일이 늘 숙제였다. 당 시에 기발한 아이디어가 많이 나왔지만, 그중 최고는 첩보 활동에 동물을 이용하는 프로젝트 즉 어쿠스틱 키티에서 절 정에 달했다.

귓구멍 속의 마이크

WOW!

척추를 따라 이어진 안테나 와이어

송신기와 전원 공급 장치

1961년에 시작된 이 프로젝트는 방에 도청 장치를 심는 대신에 고양이 같은 동물의 몸속에 수술로 도청 장치를 심자는 아이디어 에서 출발했다. 그다음 소련 대사관 등 보안에 민감한 장소들 근 처에 고양이를 배치하고, 고양이가 창가를 배회하거나 표적 대상 주변의 공원 벤치에 앉아 있는 동안 대화를 엿듣는 것이었다.

CIA의 오디오 엔지니어들이 이 프로젝트에 사용할 수 있을 만 큼 작은 전자 장치를 고안하는 데 5년이 넘게 걸렸다. 1966년, 여 러 고양이를 대상으로 수년간 실험을 한 끝에 드디어 흰색과 회 색이 섞인 얼룩 고양이로 어쿠스틱 키티를 만드는 데 성공했다. 고양이의 귓구멍 속에 심은 마이크는 피부 아래에 이식된 초소형 배터리 및 송신기와 연결되어 있었고, 안테나는 척추를 따라 꼬 리까지 이어졌다. 하지만 고양이는 여전히 고양이였기 때문에, 고 양이가 배고파서 한눈팔 수도 있다는 문제를 해결해야 했다. 그 리하여 고양이의 식욕을 (그리고 성욕까지) 억제하기 위해 뇌에도

전극 장치가 설치되었다.

각기 다른 주장을 하는 보고서들에 따르면, 한 보고서는 개와 달리 길들이기 힘들고 독립적인 종의 특성상 어쿠스틱 키티에게 임무를 믿고 맡길 수 없었다고 하고, 더 끔찍한 주장을 하는 다른 보고서는 어쿠스틱 키티가 워싱턴 D.C. 주재 소련 대사관 근처 에서 처음으로 현장 훈련을 하던 날 택시에 치여 몇 분 만에 죽었 다고 했다. 어쿠스틱 키티 프로젝트는 대실패였고, 개발 비용에 2,000만 달러 이상을 쏟은 후 1967년에 막을 내렸다.

독침 우산 암살 사건

최악의 악명을 떨친 암살 사건 중 하나는 1978년에 런던 거리에서 일어났다. 표적 대상은 불가리아의 유명한 작가인 게오르기 마르코프였다. 9월 7일, BBC로 출근하던 그는 워털루 다리에서 버스를 기다리다가 어떤 우산에 종아리를 찔렸다. 우산을 들고 있던 남자는 외국인 억양이 심한 영어로 사과했다. 그 후, 마르코프는 열이 나기 시작했고 3일 후에 병원에서 사망했다. 부검 결과 그는 리신에 중독된 것으로 밝혀졌는데, 리신은 마땅한 해독제가 없는 독이다. 이 암살자는 불가리아 비밀경찰이 강제로 동원한 이탈리아계 덴마크인으로 추정되며, 그는 아직도 체포되지 않았다.

위 : 보호복을 입은 경찰관들이 증거를 찾기 위해 솔즈베리 대성당 주변을 수색하고 있다.

아래 : 독침 우산은 런던에서 들고 다니기에 완벽한 위장 무기였다.

방아쇠

일반 우산으로 사용할 수도 있었다.

숨겨진 위험

무기와 기타 장비들을 감추기 위해 옷 속에 은폐하는 방법을 비롯해 여러 가지 기발한 방법이 고안되었다.

제2차 세계 대전 때 미국은 세질리 OSS 장갑 권총이라는 비밀 암살 무기를 개발했다. 표적 대상에게 총구를 대고 주먹을 쥐면 총알이 발사되는 단발총이었다. 1960년대에 KGB는 여성 암살자를 위해 치명적인 무기를 개발했는데, 바로 립스틱으로 위장한 단발 권총이었다.

넥타이핀에 부착할 수 있는 카메라와 신발 안에 넣는 추적 장치 또한 멋들어지게 차려입은 냉전 시대 스파이를 위해 개발된 장비였다.

왼쪽에서 오른쪽으로 : 립스틱 권총, 넥타이핀 카메라, 장갑 권총

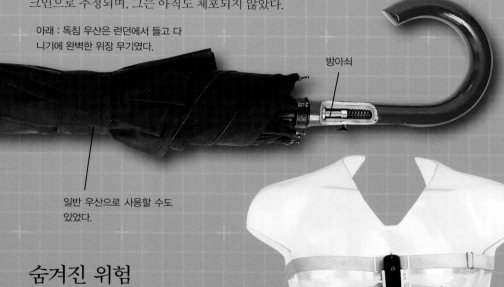

솔즈베리 독살 미수 사건

2018년, 잉글랜드 솔즈베리의 한 공원에서 전직 스파이와 그의 딸이 입에 거품을 물고 있는 상태로 발견되었다. 과거에 CIA의 이중 스파이로 활동한 세르게이 스크리팔은 현재 영국에 거주 중이다. 당시에 그의 딸 율리아는 막 모스크바에서 건너온 참이었다. 두 사람은 1980년대에 개발된 치명적인 신경작용제 노비촉에 중독되어 있었다. 소련 공작원들이 스크리팔 집의 현관문 손잡이에 노비촉을 뿌린 것이었다. 그리고 그들은 노비촉을 담았던 향수병을 버렸는데, 근처에 살던 한 남성이 발견해 여자 친구에게 주었고 결국 그녀는 죽었다. 한편, 세르게이와 율리아는 회복됐다.

이 사건은 GRU 공작원 세 명의 소행으로 드러났다. 러시아는 책임을 인정한 적이 없지만, 스크리팔에게 자유를 안겨준 2010년의 스파이 교환에 대한 푸틴 대통령의 발언이 진실을 말해주는 듯하다. "반역자들은 반드시 나쁜 최후를 맞이하게 된다."

제10장

소설 속의 스파이들

독자적인 장르로서의 첩보 소설은 19세기 말에 나타나기 시작했는데, 고전 모험 소설과 탐정 소설을 토양으로 삼은 두 장르의 하이브리드였다. 20세기 초가 되자 첩보 소설은 독자들 사이에서 아주 큰 인기를 끌었으며, 독자들은 주인공 스파이가 사악한 술책을 꾸미는 악랄한 외국 스파이에 맞서 싸우는, 폭력과 음모가 난무하는 이야기에 매료되었다.

대중적이었던 초창기 첩보 소설보다 나중의 첩보 소설은 좀 더 복잡미묘한 색채를 띠게 되었다. 러디어드 키플링과 조지프 콘래드 같은 작가들은 처음부터 첩보 요소가 가미된 소설을 썼다. 냉전 시대는 첩보 소설의 황금기였으며, 현실을 잠시 잊게 해주는 이언 플레밍의 제임스 본드 소설부터 그레이엄 그린과 존 르 카레의 복합적인 소설이 동시에 존재했다.

첩보 소설은 수백만 부가 팔렸지만, 나중에는 첩보 영화에 인기가 밀리고 말았다. 1935년에 앨프리드 히치콕이 존 버컨의 『39 계단』을 각색하여 만든 영화는 즉각적인 성공을 거두었고, 책을 원작으로 영화를 제작하는 선례를 남겼다. 영화화된 제임스 본드가 가장 대표적인 사례이며, 덕분에 이 신사 스파이는 그야말로 세계적인 유명 인사가 되었다.

첩보 문학의 시작

첩보 소설은 고조되는 국제적 긴장 속에 세계가 제1차 대전으로 치달아 가는 동안 독자적인 문학 장르로 떠올랐다. 유럽 열강 사이의 경쟁은 거세지는 맹목적 애국주의에 기름을 들이부었고, 이는 음모와 간첩 활동을 그리는 소설에 크게 반영되었다. 영국에서는 다양한 첩보 소설이 많은 독자에게 읽혔다.

『모래톱의 수수께끼』

20세기 초를 배경으로 한 어스킨 차일더스의 소설 『모래톱의 수수께끼』에는 독일 북해 연안의 프리지아 제도로 요트 휴가를 가는 두 명의 영국 남성 데이비스와 카루더스가 등장한다. 작가인 차일더스 본인이 요트 항해를 즐겨서 책에는 두 친구가 항해한 독일 해안 모래톱들의 실제 위치가 실렸다. 소설에서 데이비스는 카루더스에게 독일 해군의 움직임이 수상쩍은 것 같다고 이야기한다. 그 후 두 사람은 독일 악당들의 수상한 활동에 휘말리면서, 독일이 예인선과 바지선을 정박할 수 있는 항구를 건설해 영국을 침략할 계획임을 알게 된다. 데이비스와 카루더스는 가까스로 영국으로 탈출해 당국에 자신들이 알아낸 사실을 전한다. 『모래톱의 수수께끼』는 상업적으로 큰 성공을 거두었고, 출간 후 수십 년 동안 첩보 소설의 발전에 영향을 미쳤다.

1893년에 출간된 윌리엄 르쾨의 『1897년 잉글랜드 대전』은 영국-독일의 해군력 경쟁과 영국의 군사력 약화에 대한 두려움이 배경이 되었으며, 한 명의 스파이가 외세의 침략을 막아냈다는 내용의 베스트셀러 소설이었다. 이 책을 시작으로 르쾨와 그의 라이벌 작가인 E. 필립스 오펜하임은 비슷한 설정의 시리즈 도서를 써냈다. 문학적 가치는 크지 않았지만, 이 작품들이 누린 어마어마한 인기의 영향으로 영국 정부는 해군을 강화하고 MI5와 MI6의 전신이 되는 전담 정보기관을 창설하기에 이른다.

위 : 러디어드 키플링

영향력 있는 작품

영국계 아일랜드 작가 어스킨 차일더스의 『모래톱의 수수께끼』(1903)는 고만고만한 작품들 사이에서 단연 돋보인 출중한 서스펜스 소설로서 장차 첩보 소설의 본보기가 되었다. 또 다른 고전은 노

위 : 조지프 콘래드

벨상 수상 작가인 러디어드 키플링의 『킴』(1901)으로, 19세기 말 아프가니스탄을 두고 벌인 영국과 러시아의 알력 다툼을 배경으로 펼쳐지는 스파이의 모험기다. 또 다른 문학계 거물은 조지프 콘래드이며, 그는 첩보 소설의 요소를 많이 담은 두 편의 소설 『비밀 요원』(1907)과 『서구인의 눈으로』(1911)를 썼으나, 구조가 복잡하고 내용이 도덕적으로 모호하여, 오늘날 스릴러 소설을 즐기는 대다수 독자에게 다소 어렵게 느껴질 수 있다.

존 버컨은 『39 계단』(1915)을 시작으로 이후 출간된 모험 소설들에서 비밀 요원인 리처드 해니를 등장시키며, 뻣뻣한 성격의 이 주인공이 수많은 (주로 독일인) 악당과 맞붙는 모습을 그렸다. 제1차 세계 대전을 배경으로 삼은 첩보 소설들도 있는데, 그중 으뜸은 W. 서머싯 몸의 『어센든』(1928)으로, 이 단편 소설집은 전쟁 중 영국 정보기관에서 일했던 작가 자신의 경험을 바탕으로 쓰였다.

대공황 시대의 작가들

소련이 서구의 적으로 부상하고, 대공황과 기타 경제 문제들이 생기고, 파시즘이 등장한 1930년대를 배경으로 에릭 앰블러와 그레이엄 그린 등의 영국 신세대 작가들이 등장했다. 첩보 소설 작가 대부분이 우익의 관점을 채택하여 전형적인 애국자 유형의 주인공을 등장시킨 반면에 앰블러와 그린의 작품은 좌익에 동조하는 색채를 띠었다. 특히 앰블러가 그러했는데, 그의 작품 속 주인공들은 자본주의자거나 파시스트인 악당의 음모에 맞서 싸웠다. 제2차 세계 대전 이전에 쓰인 앰블러의 작품 중에서는 『디미트리오스의 가면』(1939)이 가장 유명했다.

앰블러의 주인공들은 소련, 심지어 NKVD가 실은 선량하다고 믿는 순진한 모습을 보여줄 때가 많았지만, 그린의 접근법은 좀 더 섬세했고, 죄의식, 충성심, 반역을 다각도로 고찰했다. 그린은 제2차 세계 대전 이후에 최고의 첩보 소설을 썼으나, 『스탬불 열차』(1932)와 『비밀 요원』(1939) 같은 초기작으로 이미 세간의 인정을 받았다.

"다른 누군가의 작고 남용된 이상에서 얼마나 많은 반역 행위가 배양되곤 하는가."

그레이엄 그린의 『비밀 요원』

첩보 소설 : 냉전과 그 너머의 전쟁

전후 유럽을 동구와 서구로 갈라놓은 철의 장막은 첩보 소설의 비옥한 토양이 되었다. 양측의 스파이들은 자기 진영의 물질적, 도덕적 우월성을 증명하기 위해 필사적이지만 은밀하게 서로 싸웠다.

본드의 출현

제임스 본드는 이언 플레밍의 『카지노 로얄』(1953)에서 처음 주인공으로 등장했다. 그리고 『위기일발』(1957), 『골드핑거』(1959)를 포함한 10편의 소설을 통해 세계에서 가장 유명한 가상의 스파이로 거듭났다. 플레밍은 제2차 세계 대전 당시에 정보기관에서 직접 일하긴 했지만, 그의 소설은 실질적으로 냉전 시대의 첩보 활동과 거의 관계가 없었는데, 본드가 바람둥이 암살자에 불과했기 때문이다. 하지만 007 시리즈는 섹스, 속물근성, 사디즘의 교묘한 조합에 영리한 플롯과 호화로운 배경이 어우러져 국제적인 호응을 얻었다.

1964년 플레밍이 사망할 무렵에 그의 본드 시리즈는 4,000만 부 이상이 팔렸는데, 그만큼 후속작에 대한 요구도 높아서 제프리 디버, 시배스천 폭스, 윌리엄 보이드 같은 문호들을 포함한 여러 작가의 노력으로 시리즈가 계속 이어졌다. 본드를 모방한 캐릭터도 많이 등장했는데, 안드레이 굴랴스키의 소설에 등장하는 본드의 라이벌이자 공산주의자인 아바쿰 자코프도 그중 하나로, 소설에서 자코프는 본드와 육탄전을 벌이고 마침내 승리한다(저작권 때문에 굴랴스키가 쓴 책에서 본드의 코드명은 007이 아니라 07이었다). 엄청난 성공을 거둔 007 영화 시리즈 덕분에 제임스 본드의 영향력은 오늘날까지도 유효하다.

도덕적으로 모호한 작품들의 등장

전직 영국 정보기관의 관리였던 존 르 카레는 이언 플레밍과는 아주 다른 소설 세계를 창조했으며, 『추운 나라에서 돌아온 스파이』(1963)로 첩보 소설 분야에서 자신의 위상을 높였다. 르 카레 소설의 대표 주인공인 조지 스마일리는 냉전의 너절한 현실을 보여준다. 주인공답지 않은 이 중년의 캐릭터는 물리적인 힘이 아닌 우월한 지능과 계략이 성공을 가져다주는 자기 직업의 도덕적 모호성에 괴로워한다. 르 카레가 냉전 시대에 쓴 다른 훌륭한 소설로는 『팅커 테일러 솔저 스파이』(1974), 『스마일리의 사람들』(1980), 반자전적 소설인 『완벽한 스파이』(1986)가 있다.

제2차 세계 대전 때 정보기관에서 일했던 그레이엄 그린은 전후 시대의 문호로 자리매김했다. 그는 좌편향적인 첩보 소설을 꾸준히 썼고, 르 카레와 마찬가지로 첩보 활동의 도덕적

『추운 나라에서 돌아온 스파이』

1963년에 출간된 존 르 카레의 세 번째 소설은 출간 즉시 평단의 찬사와 상업적 성공을 동시에 거머쥐며 이후 첩보 소설의 스타일을 완전히 바꾸어 놓았다. 작중 영국의 베테랑 스파이인 앨릭 리머스는 '추운 나라에서 돌아오라'라는 허락을 받기 전, 마지막 임무에 투입된다. 리머스는 영국을 위해 일하는 중요한 인물을 보호하기 위해 공산주의 국가인 동독으로 망명하는 척한다. 꽤 단순한 이중 속임수인 줄 알았던 임무가 치명적인 삼중 속임수로 변모하고, 리머스는 영국 정보기관의 졸개로 전락한다. 이 임무를 배후에서 조종한 조지 스마일리는 매너 있고 말씨가 부드러운 공작관으로 그려지나, 실은 철의 장막 맞은편에 있는 상대 진영의 공작관만큼이나 무자비한 인물로 드러난다. 훌륭한 필력, 정교한 플롯, 중심 메시지의 도덕적 복잡성이 이 스릴러 첩보 소설을 문학 작품으로 격상시켰다.

위 : 존 르 카레

위 : 미국 작가 톰 클랜시는 1984년에 출간한 『붉은 10월』로 몸을 사리지 않는 CIA 분석가 잭 라이언 캐릭터를 세상에 선보였다. 2013년에 클랜시가 사망하자 다른 작가들이 잭 라이언 시리즈를 이어 쓰고 있다.

모호성에 천착했다. 그의 작품으로는 『사건의 핵심』(1948), 음울하면서도 희극적인 『아바나의 사나이』(1959), 『휴먼 팩터』(1978) 등이 있다. 렌 데이튼은 시대를 향한 냉소적인 시각을 『Ipcress 파일』(1962)과 『베를린에서의 장례식』(1964)에서 드러냈고, 그가 주인공으로 삼은 익명의 노동자는 적뿐만 아니라 기득권층인 상급자와도 맞서 싸운다.

테크노스릴러

드골 대통령 암살 미수 사건을 중심으로 전개되는 프레더릭 포사이스의 『자칼의 날』(1971)은 냉전 시대 작품의 전형적인 스타일에서 벗어나, 정교하게 설계된 모험담에 흥미로운 기술적 사실이 가미된 스타일로의 변화를 불러왔다. 테크노스릴러 장르의 이 선구적인 작품을 시작으로 미국 작가 톰 클랜시가 해당 장르의 작품을 선보였다. 그의 첫 번째 책 『붉은 10월』(1984)에서 처음 소개되는 CIA 요원 잭 라이언은 이후 베스트셀러가 되는 수많은 후속작에 등장했다. 클랜시는 스파이 세계의 도덕적 모호성에는 별로 관심이 없었다. 잭 라이언은 선량했고, 무자비한 적과 싸우며 그들에게 합당한 벌을 주었다. 첩보 소설로 큰 성공을 거둔 또 다른 미국 작가는 로버트 러들럼으로, 그의 3부작 소설 중 제1편인 『본 아이덴티티』(1980)는 후에 맷 데이먼 주연의 영화로 만들어져 더 큰 성공을 거두었다.

1990년대에 소련 제국이 붕괴하며 냉전 스릴러물은 일시적으로 막을 내렸다. 이후 첩보 소설은 기업의 위법 행위, 마약 밀수, 인신매매 등의 다른 주제로 옮겨 갔고, 9·11 사건 후에는 테러와의 전쟁이 첩보 소설 작가들의 새로운 관심사가 되었다. 앨릭스 베렌슨은 『충실한 스파이』(2006)에서 CIA 요원인 존 웰스를 주인공으로 삼아 그가 알카에다에 잠입하는 내용을 그렸고, 올렌 스테인하우어도 『더 투어리스트』(2009)를 시작으로 써 내려간 시리즈물에서 시큰둥한 CIA 요원 밀로 위버를 주인공으로 등장시켰다.

푸틴이 이끄는 러시아가 부상하자 냉전 시대의 첩보 소설이 다시 돌아왔는데, 소련의 공산주의가 러시아의 도둑 정치로 대체되는 등 이념적 요소가 줄며 이전과 달라진 점이 있긴 하다. 세계 질서에 또 어떤 변화가 일어나든, 첩보 소설 속 스파이들은 이 흐름을 바짝 좇을 것이다.

영화 속 스파이들

스파이 이야기는 블록버스터 영화에 풍부한 소재를 제공해 주었다. 블록버스터 첩보물에서는 대개 말쑥한 스파이가 위험한 상황을 극복하고 미녀의 품에 안긴다. 영화 007 시리즈가 국제적인 성공을 거두며, 이언 플레밍의 원작 소설이 오히려 영화의 그늘에 가리게 되었다. 본드의 영향력은 1960년대에 방영된 두 편의 미국 프로그램 〈맨 프롬 U.N.C.L.E.〉과 〈아이 스파이〉가 보여주듯이 TV에까지 미쳤다. 서스펜스의 대가인 앨프리드 히치콕은 할리우드에서 첩보 영화의 본보기가 된 작품을 만들었다.

위 : 앨프리드 히치콕

왼쪽 : 〈북북서로 진로를 돌려라〉의 주인공들이 영화 속 박진감 넘치는 추격 장면의 배경이 되는 러시모어산에서 쉬고 있다. 왼쪽부터 제임스 메이슨, 에바 마리 세인트, 캐리 그랜트다.

선구적인 첩보 영화

1930년대에 영국에서 이름을 날린 앨프리드 히치콕 감독은 1935년에 존 버컨의 첩보 소설 『39 계단』을 각색해 영화로 만들었다. 1940년대에 할리우드로 건너간 히치콕은 정부의 비밀 요원으로 오인된 한 남자의 이야기를 담은 〈북북서로 진로를 돌려라〉(1959)로 현대 첩보 영화의 기준점을 세웠다. 〈북북서로 진로를 돌려라〉는 배짱이 두둑한 남자 주인공, 미녀, 카리스마 넘치는 악당, 수수께끼의 정부기관, 국가 기밀을 빼내려는 음모, 비밀, 속임수, 위험 등 첩보 영화에 필수적인 모든 요소를 갖추고 있다. 이 영화는 제임스 본드를 스크린으로 옮기는 데 발판이 되기도 했다. 사실 〈007 위기일발〉의 헬리콥터 추격 장면은 〈북북서로 진로를 돌려라〉의 농약 살포 비행기 추격 장면에서 영감을 받아 만들어진 것이다.

제임스 본드 영화

제임스 본드 영화는 가장 오래 이어지고 있는 시리즈물 중 하나이며, 1962년에 개봉한 〈007 살인번호〉부터 2020년에 개봉한 최신작 〈007 노 타임 투 다이〉까지, 전 세계를 무대로 펼쳐지는 25편의 첩보 액션 영화 시리즈다. 잘생긴 바람둥이 요원 제임스 본드 역할은 세계에서 제일가는 미남 배우들이 맡아 왔다. 본드 곁에는 언제나 새로운 미녀가 있는데, 어떤 때는 미녀가 적으로 등장하기도 한다. 줄거리는 항상 비슷하게 흘러간다. 사악하지만 매력적인 악당이 세상을 파괴하려 하고, 그를 저지하는 일은 오로지 007 요원의 손에 달렸다. 도난당한 핵무기, 조작된 전쟁, 과거에서 온 유령까지 제임스 본드가 처한 위험은 다양하다. 총신을 모티프로 한 장면에서 시작해 위트 넘치는 마지막 대사에 이르기까지 자동차 추격, 손에 땀을 쥐게 하는 사건, 매혹적인 여성들, 독특한 장비들이 영화를 가득 채운다. 그리고 우리의 제임스 본드는 반드시 임무를 해결한다. 언제나 완벽한 스타일로.

위 : 〈007 살인번호〉 촬영장에서 배우 숀 코너리가 원작자인 이언 플레밍과 제임스 본드 캐릭터에 대해 상의하고 있다.

팅커 테일러 솔저 스파이

존 르 카레의 1974년 소설 『팅커 테일러 솔저 스파이』는 영국 정보기관 수뇌부에 잠입한 KGB 요원의 정체를 밝혀내는 이야기를 담고 있다. 이 작품은 1979년에는 미니시리즈로, 2011년에는 영화로 제작되었다. 르 카레가 만든 다수의 신조어는 이제 일상적으로 쓰이게 되었다. 예컨대 '허니 트랩'은 성관계를 빌미로 한 협박 작전을, '두더지'는 기밀 정보에 접근하기 위해 조직 수뇌부로 승진해 올라가는 스파이를 칭한다.

용쟁호투

쿵푸 액션과 음모가 만난 영화 〈용쟁호투〉(1973)에서 이소룡이 연기한 소림사의 한 무술 승려는 범죄 조직 두목이 소유한 섬에서 열리는 무술 대회에 초청받아 간다. 이 섬은 낮에는 무술 대회가 열리지만, 밤에는 비밀 통로로 이어지는 지하 공간에서 마약이 제조되는 곳이었다. 영화사에 길이 남는 거울 미로에서의 격투 장면으로 영화는 절정에 이른다.

오늘날의 첩보물

초기에 대중적인 요소를 중심으로 제작되던 첩보 영화들은 액션, 코미디, 애니메이션 등 다른 장르로 뻗어 나갔다. 〈미션 임파서블〉과 〈본〉 시리즈에서 주인공들은 육체적으로 강인해졌지만 베일에 싸인 과거를 갖게 되었는데, 심지어 제이슨 본은 자신의 과거를 자기도 모른다. 21세기에 들어서는 내용이 무겁지만 독창적인 스릴러물이 TV 시리즈로 만들어지기 시작해서, 미국에서는 〈앨리어스〉, 〈홈랜드〉, 〈디 아메리칸즈〉, 〈24〉가, 독일에서는 〈도이칠란트 83〉이 방영되었다.

첩보 영화의 여성 주인공들

1990년대 애니메이션 시리즈를 원작으로 한 2005년 공상 과학 영화 〈이온 플럭스〉에서는 영화 제목과 이름이 같은 주인공 암살자가 동유럽을 연상케 하는 미래 세계에서 살아간다. 정보를 훔치거나 목표물을 파괴하기 위해 성벽으로 둘러싸인 도시 국가 브레그나에 잠입하는 이온 플럭스는 테러리스트 취급을 받곤 한다. 하지만 브레그나의 독재자이면서 그녀의 적이자 연인인 트레버 굿차일드와의 오묘한 관계는 두 사람을 일종의 이중 스파이로 만든다. 〈이온 플럭스〉는 생의학적 첩보 기술을 그린 최초의 작품 중 하나로, 예를 들면 영화에서는 삼키면 복용자에게 정보가 직접 전달되는 알약으로 비밀 메시지를 공유한다.

프랑스 감독 뤼크 베송의 작품 〈니키타〉(1990)에서는 감옥에서 사망한 것처럼 꾸며진 범죄자 니키타가 암살자 훈련을 받는 조건으로 다시 한번 살 기회를 얻는다. 영화는 제안을 받아들인 그녀에게 따르는 임무와 불행을 보여준다. 이러한 컨셉은 무척 성공적이어서 할리우드에서는 〈니나〉, 홍콩에서는 〈블랙 캣〉으로 리메이크되었으며, 두 편의 TV 시리즈로 만들어져 여덟 시즌 동안 방영되었다.

2017년 영화 〈아토믹 블론드〉는 강철처럼 강인한 여성 스파이를 묘사했다. 샤를리즈 테론이 연기한 MI6 요원 로레인 브로튼은 이중 스파이를 색출하는 임무를 띠고 베를린 장벽이 무너지기 며칠 전에 동독으로 간다. 007 시리즈와 마찬가지로 〈아토믹 블론드〉도 음모, 액션, 매혹적인 여성들로 가득하며, 주인공 여성과 그녀가 임무 중에 처리하는 남성들이 벌이는 싸움뿐만 아니라 타박상에서 골절에 이르는 부상까지 사실적으로 묘사된다.

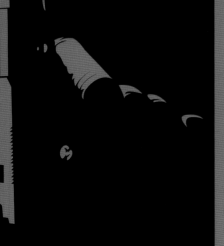

장르 변주

빔 벤더스의 〈이 세상 끝까지〉(1991)는 자동차로 세계 여행을 떠나는 영화로 알려져 있으나, 이 영화에는 위장 신분, 자금 추적, 놀라운 신기술(맹인이 볼 수 있는 사진을 찍는 카메라가 나온다) 등 전통적인 첩보 기술이 많이 등장한다. 영화 속 추격전은 유럽, 아시아, 호주의 오지까지 이어진다.

일상에 싫증이 난 사람들은 이중 스파이의 삶을 꿈꾸기도 한다. 코엔 형제의 〈번 애프터 리딩〉(2008)에는 동네 헬스장에서 일하는 두 명의 사고뭉치가 등장한다. 두 사람은 불만 많은 CIA 요원이 은퇴 후에 쓴 회고록을 발견하고선 기밀 정보를 우연히 손에 넣은 줄로 알고 러시아에 팔아넘길 계획을 짠다. 무모한 계획은 자꾸만 꼬여서, 권모술수에 능통한 자가 배후에서 조종했더라도 불가능했을 결말로 치닫게 되고, 이혼을 협박하는 아내, 미국 법원 집행관, 진짜 CIA 요원까지 말썽에 휘말린다.

〈오스틴 파워 : 제로〉(1997)는 즐겁고 자유분방한 1960년대를 배경으로 한 제임스 본드 패러디물이다. 많은 등장인물이 제임스 본드 시리즈에 나오는 캐릭터의 패러디다. 멋있는 오스틴 파워와 대조되는 멋없고 무능한 슈퍼 악당 닥터 이블은 본드의 숙적인 에른스트 블로펠드를 본떠 만든 캐릭터로 페르시아고양이를 기르고, 스탠드칼라가 달린 독특한 튜닉을 입는다. 본드 걸 푸시 갤로어는 알로타 파기나가 패러디했다. 오스틴 파워 시리즈는 총 3부작으로 제작되었고, 두 편의 후속작에서도 패러디는 계속된다. 〈나를 쫓아온 스파이〉는 〈007 나를 사랑한 스파이〉에서 따온 이름이고, 골드멤버라는 악당이 등장하는 〈골드멤버〉는 〈007 골드핑거〉를 따라 한 것이다.

영화보다 영화 같은

2012년 영화 〈아르고〉는 1979년 이란 혁명 직후에 CIA가 실제로 펼친 테헤란 주재 미국 영사관 직원 구출 작전을 바탕으로 한다. CIA가 인질 구출 방안을 모색하고 있을 때, 독특한 아이디어가 나왔다. 바로 차기 영화의 촬영지를 물색하려고 테헤란에 온 할리우드 영화 제작사로 위장하자는 것이었다. 영화 제작자들은 너무하다 싶을 만큼 자기 일만 신경 쓰느라 나라의 정치적 상황에 무지하다는 고정관념을 생각하면 꽤 그럴듯해서 CIA는 해당 아이디어를 채택했다. 그리고 실제 영화사의 도움을 받아 제작이 엎어진 영화를 이용해 각본과 콘셉트 도안을 준비하고, 「버라이어티」와 「더 할리우드 리포터」 등의 언론을 동원하여 위장극을 꾸몄다. 준비를 마치자 CIA는 인질 구출 작전을 위해 이란으로 향했다. 작전은 긴장 속에서 진행되었다. 선발된 요원들은 제작사 직원으로 위장하고 일반인들처럼 국제선 항공기로 출국했다. 각 요원은 변장한 상태로 위장 신분을 완벽하게 연기하고, 각본의 중요한 부분을 외우고, 한 치의 흔들림도 없이 공항 보안대를 통과해야 했다.

— 제11장 —

산업 스파이 활동

"절도는 혁신이 아닙니다."

미국 변호사 데이비드 앤더슨

했다. 그리하여 추가 조사가 이루어졌고, 맥라렌의 드라이버와 엔지니어들이 문자 메시지를 통해 도난당한 정보 중 일부를 공유하고 이 정보를 통해 이익을 챙겼다는 사실이 드러났다.

맥라렌에 대한 처벌

맥라렌은 1억 달러의 벌금을 물었고, 2007년도 시즌에 획득한 승점을 전부 박탈당했다. 게다가 페라리의 기술을 설계에 이용하지 않았는지 확인받기 위해 2008년도 차량을 전수 검사받는 데도 동의해야 했다. FIA는 스테프니가 페라리 설계에 불법적인 점이 있다고 지적한 부분에 대해서도 별도의 조사에 들어갔고, 일부 장치가 실제로 적법하지 않다는 결론을 내렸다. 하지만 FIA는 페라리를 처벌하지 않기로 했고, 결국 페라리는 컨스트럭터 챔피언십에서 우승했다. 코플란은 F1 활동을 2년간 금지당한 이후에 윌리엄스 F1 팀에 들어가 복귀했다. 스테프니는 양형 거래 이후 20개월의 징역형과 600유로의 벌금형을 선고받았다. 그는 다시는 F1에서 일하지 않았고, 2014년에 영국 M2 고속도로에 서 있다가 트럭에 치여 사망했다.

자율주행차를 둘러싼 속임수

자율주행차는 LiDAR(광원 탐지 및 측정) 기술에 의지해 주변 세상을 본다. 완벽한 자율주행차를 만들고자 하는 경쟁이 심해 LiDAR 기술은 지적 재산(IP) 도용의 주요 표적이 되었다.

위 : 무인 차량인 구글 웨이모는 지붕에 장착된 LiDAR로 길을 탐색한다.

첩보 소설에나 나올 법한 이 이야기는 구글의 자율주행차 프로젝트인 웨이모에서 일하던 엔지니어 앤서니 레반다우스키가 구글에 몸담은 지 거의 10년이 된 2016년에 프로젝트를 떠나면서 시작되었다. 구글은 레반다우스키가 퇴사하면서 LiDAR 관련 기밀 자료를 포함한 1만 4,000개의 파일을 훔쳤다고 주장했다.

훔친 LiDAR 자료와 함께 구글을 떠난 레반다우스키는 오토라는 회사를 창업했다. 2016년 8월에 우버가 오토를 6억 8,000만 달러에 인수했는데, 레반다우스키가 구글에서 퇴사한 지 채 8개월이 되지 않은 시점이었다. 게다가 우버는 그에게 자율주행 프로젝트를 담당하게 했다. 몇 달 후인 2017년 2월, 구글 웨이모는 레반다우스키가 LiDAR 관련 기밀 자료를 가져갔다며 우버와 오토를 고소했다. 구글이 2억 5,800만 달러어치의 우버 주식을 보유한 상태였기에 실리콘밸리 일각에서는 이를 이례적인 사건으로 여겼다. 어째서 구글은 자신들이 많은 투자를 한 기업을 고소한 것일까?

이어진 소송의 준비 및 조사 과정에서 레반다우스키가 순순히 협조하지 않아 우버는 그를 해고했다. 우버로서는 해결해야 할 시끄러운 스캔들 여러 개가 동시에 터지며 연일 뉴스에 오르내리는 매우 어려운 시기였다. 2018년 2월, 우버는 2억 4,500만 달러어치의 주식을 지불하는 것으로 구글 웨이모와 합의를 보았다. 두 회사는 문제를 원만하게 해결했다.

하지만 그것으로 끝이 아니었다. 레반다우스키 문제를 매듭짓지 못한 것이다. 레반다우스키가 협조를 거부했기 때문에 2019년 9월에 미국 법무장관실과 FBI가 그를 절도 혐의로 형사 고발했다. 그는 재판에 회부되어 구글에 1억 7,900만 달러를 지불하라는 판결을 받았다. 레반다우스키는 현재 파산 보호 신청을 했다.

스위스 은행 전투

2019년, 크레디트 스위스와 경쟁사인 UBS의 극심한 갈등이 폭로되며 품위 있는 스위스 은행의 위신이 흔들렸다. 크레디트 스위스는 한때 자신들의 직원이었던 이크발 칸이 UBS로 고객을 빼돌릴 것을 우려하여 사설탐정을 고용해 그와 그의 가족을 감시하고 미행하게 했다.

2015년에 크레디트 스위스의 CEO로 부임한 이후, 티잔 티엄은 기업을 성공적으로 개혁하여 회사의 주력 사업을 기존의 투자 은행업에서 자산 관리업으로 바꾸었다. 이크발 칸은 크레디트 스위스의 자산 관리 팀 책임자로, 차기 CEO로 꼽히고 있었다. 티엄과 칸은 좋은 친구 사이였고 관계에 문제가 없어 보였지만, 수면 밑에서는 경쟁심이 들끓고 있었다. 칸이 티엄의 자리에 눈독을 들이고 있었기 때문이다.

위 : 취리히 호수 북동쪽 연안에 자리 잡은 골드 코스트는 저녁 햇살이 아름답고 부동산 가격이 비싸기로 유명하다.

집안 싸움

두어 해 전, 칸은 취리히 호수를 품은 골드 코스트 지역에 자리 잡은 티엄의 옆집을 샀다. 칸은 원래 집에 입주하는 대신 집을 허물고 다시 지었고, 그리하여 몇 년간 이어진 공사로 티엄의 화를 돋웠다. 루체른 호수가 내려다보이는 호화 호텔에서 열린 티엄의 연례 칵테일 파티에서 티엄의 반려자와 칸은 칸이 티엄의 사유지를 침범해 심은 게 분명한 나무들을 두고 열띤 말싸움을 벌였다. 티엄이 다가올 때까지도 말싸움은 그칠 줄 몰랐다. 그 사건 이후로 칸의 초고속 승진이 주춤했다. 칸은 크레디트 스위스의 이사회에 가서 불만을 토로했다가 반감만 사서 더는 승진이 어렵게 되었다. 결국 그는 크레디트 스위스와 퇴사를 논의했다. 일반적인 경우라면 칸이 이직하기 위해서는 크레디트 스위스에서 급여는 계속 받으면서 일은 하지 않는 '가든 리브' 기간을 비교적 오래 가져야 했는데, 이는 직원이 경쟁 금지 조항(계약법에서 피고용인이 고용인과 경쟁 관계에 있는 동일 계열 회사에 취업하지 않겠다고 동의하는 조항_옮긴이)에 걸리거나, 중요한 정보를 알고 있어서 기밀 누설이 염려되는 경우에 실시된다. 티엄과의 논쟁

끝에 칸은 크레디트 스위스에서의 가든 리브 기간을 단축해 3개월로 협상할 수 있었다.

칸을 미행하다

두 달 후, 크레디트 스위스의 경쟁사인 UBS는 칸이 공동 사장으로 합류할 것임을 발표했다. 크레디트 스위스는 크게 동요했다. 크레디트 스위스 최고위층에 있던 사람이 UBS에 가서 크레디트 스위스에서 담당했던 것과 같은 부서를 이끌게 되는 것이었다. 칸은 크레디트 스위스 자산 관리 팀의 기존 고객들이 자신을 따라 UBS로 오도록 영향력을 행사할 수 있는 특별한 위치에 있었다. 크레디트 스위스 보안부는 사설탐정 회사를 고용해 칸을 미행하며 그가 만나는 고객의 신원을 확인하도록 했다.

자신이 미행당하고 있다는 것을 눈치챈 칸은 취리히 한복판에서 미행 팀에 맞서 소란을 피웠다. 다음에 무슨 일이 있었는지는 양측의 진술이 엇갈린다. 칸은 경찰서에 가서 사설탐정이 자신과 아내를 따라다녔다고 진술했다. 그리고 자신이 미행 차량을 촬영하기 시작하자, 탐정이 몸싸움을 걸어왔다고 주장했다.

신고가 접수되자 크레디트 스위스는 이 사찰에 대해 내부 조사를 벌였다. 조사 과정에서 사설탐정 회사 직원 한 명이 자신을 총으로 쐈는데, 자살로 추정되었다. 내부 조사 결과, 다른 임원 한 명도 미행당한 것으로 드러났다. 결국 보안부 책임자와 최고 운영 책임자인 피에르 올리비에 부에가 동시에 해고되었다. 티엄은 책임이 없는 것으로 밝혀졌으나 2020년 초에 사임했다.

탈세 내부 고발자

2006년에 미국에서 통과된 세금 경감 및 의료 보건법은 내부 고발자가 제공한 정보 덕분에 국세청이 세금을 회수하게 되면 세수의 최대 30%까지 포상금으로 제공하는 제도를 도입했다. 그 당시에 UBS에서 일하던 브래들리 버켄펠드는 스위스 은행 비밀 계좌를 가지고 있는 미국인들을 알고 있었다. 탈세하는 것으로 의심되는 사람들이었다. 2007년 버켄펠드는 미국 법무부에 자신이 가진 정보를 건넸다. 이 정보 덕분에 대규모 탈세 행위가 적발되었고, 미국 법무부는 UBS에 7억 8,000만 달러의 벌금을 부과했다. 심지어 버켄펠드도 체포되었는데, 캘리포니아 부동산 투자자인 이고르 올레니코프에게 미국 세금 2억 달러를 회피하는 방법을 조언했기 때문이다. 올레니코프는 탈세죄로 5,200만 달러의 벌금을 물었으며, 버켄펠드는 미국 정부 사취 공모죄로 3만 달러의 벌금형과 40개월의 징역형을 선고받았다. 하지만 버켄펠드는 석방되자마자 국세청으로부터 무려 1억 400만 달러의 수표를 받았는데, 그의 내부 고발 덕분에 회수한 4억 달러의 세금에 대한 대가였다.

경제 스파이 :
혁신 기술 훔치기

중국은 2050년까지 세계 과학 기술의 리더가 되겠다는 목표를 밝혔다. 세계의 공장이라는 중국의 현재 역할은 중국이 생산 역량뿐만 아니라 생산 노하우와 전문성까지 갖추게 해주는 가치가 있다. 중국이 지적 재산(IP)을 훔쳤다는 기록이 많긴 하지만, 중국으로서 IP 도용은 더 큰 야망을 위한 작은 발걸음일 뿐이다.

산업 시대 스파이 : 미국 대 영국

산업화 초기에 미국은 현재의 중국과 아주 비슷한 방식으로 여러 경제 스파이 활동을 펼쳤다. 미국 건국의 아버지 중 한 명인 알렉산더 해밀턴은 '비범한 가치를 지닌 비밀'을 알아낸 개인에게 포상금을 지급했다고 한다. 섬유 산업의 발상지인 영국에서 산업용 기계를 들여오는 밀수업자들에게 미국이 자금을 댔다는 소문도 있었다. 영국은 섬유 기계 및 기술을 외국으로 반출하는 것을 범죄로 규정했다. 하지만 그렇게 해도 미국 산업 스파이가 영국 공장을 돌아보는 일을 막지 못했다. 1810년부터 1812년까지 2년 동안 영국에 머문 미국인 사업가 프랜시스 캐벗 로웰은 많은 공장을 돌아보며, 카트라이트가 만든 역직기의 설계를 외웠다. 로웰은 미국으로 돌아오자마자 기존 역직기의 설계를 개선한 자기만의 역직기를 제조하여 산업가로서 엄청난 성공을 거두었고 미국 제조업을 발전시키는 데 이바지했다.

오른쪽 : 알렉산더 해밀턴

혁신 기술 훔치기

미국 등의 외국 기업에서 혁신을 훔치는 일만으로 중국은 세계의 리더가 되지 못할 것이다. 중국 스스로 혁신가가 되어야 한다. 이러한 목표를 생각한다면, 중국으로선 오늘날 무엇이 제조되고 있는지 최대한 많은 정보를 끌어모으는 게 이치에 맞다. 기존 아이디어를 확장해 중국의 산업 규모에 걸맞은 거대한 문제를 해결하는 데 주력해야 하기 때문이다.

대륙의 스케일

지난 10년 동안 중국은 그 어느 나라보다 많은 건물, 주택, 아파트를 건설했고, 조립식 건축 및 건설 자재 분야에서도 혁신을 이뤄냈다.

크라우드펀딩과 IP 도난

크라우드펀딩 사이트 덕분에 창작가들은 새로운 아이디어를 대중과 직접 공유하고, 제작에 필요한 자금을 모을 수 있다. 이러한 플랫폼 덕분에 아이디어 상품이 쏟아져 나올 수 있었지만, 대다수 제품이나 부품이 중국에서 만들어지기 때문에 얍삽한 제조업자들은 종종 크라우드펀딩이 완료되기도 전에 아이디어를 가로챈다.

크라우드펀딩을 받고자 하는 사람은 제품의 독특하고 참신한 특성을 잠재적 고객에게 팔기 위해 제품 설명과 상세 이미지를 공유하므로, 다른 사람에게 아이디어를 도용당할 수 있다. 특허 출원을 하면 아이디어를 법적으로 보호할 수 있지만, 특허를 받기까지 시간과 돈이 드는데, 본인이 비용을 부담해야 하는 다수의 창작가는 그럴 여유가 없다. 안드로이드용 프레시 버튼, 틱톡 루나틱 워치, 스틱박스 셀카봉처럼 크라우드펀딩을 받은 아이디어 상품들이 출시되자 진품보다 훨씬 저렴한 가격의 모조품이 등장했고, 심지어 크라우드펀딩이 끝나기도 전에 출시된 모조품도 있다.

위 : 이제 중국은 전기차 제조 부문에서 세계를 선도하며, 첸투 K50 같은 고급 전기 스포츠카도 생산한다.

2020년에 대유행한 COVID-19를 격퇴하기 위해 불과 열흘 만에 우한에 휘선산 병원을 지어낸 놀라운 위업은 중국 산업의 조직력을 보여준다. 24시간 공사를 진행하고 7,000여 명의 인력을 투입하여 달성한 위업이었다. 이는 중국이 다른 나라의 IP 기술을 빌려오는 데서 그치지 않고, 어느 나라도 대적할 수 없는 방식으로 기술의 규모를 키웠음을 보여주는 사례다.

지금까지 중국은 빌려온 IP 기술에서 이익을 취했다. 이를 자연스러운 단계로 보는 발전 모델도 있다. 이 모델에 따르면, 산업 초기 단계에서는 모든 이가 다른 이의 기술을 빌린다. 그러다가 산업이 발전하면 이들은 기술을 자유롭게 교환하는 것보다 보호하는 것을 중시하게 된다. 중국도 언젠가 산업 스파이의 표적이 되는 일을 피할 수 없다. 예컨대 중국은 어느 나라보다도 전기차를 많이 생산하고 있을 뿐 아니라, 배터리 기술에서도 세계 선두를 달리고 있다. 중국이 IP를 훔치는 것보다 보호하는 데 더 신경 쓰게 될 시기가 머지않아 올 것이다.

왼쪽 : 휘선산 병원은 COVID-19에 대응하기 위해 열흘 만에 지어졌다.

양날의 칼 : 지적 재산과 혁신

기밀 공유, 제조, 지적 재산과 관련하여 미국과 중국 사이에는 길고 복잡한 역사가 있다. 워싱턴에 어떤 행정부가 들어서느냐에 따라 중국은 미국의 가장 중요한 사업 파트너가 되기도 하고, 최대 위협이 되기도 하며, 미래의 땅이 되기도 하고, 이 모두를 합한 것이 되기도 한다.

중국은 미국의 주요한 교역 상대국이어서 미국 기업들로서는 양국의 복잡한 관계 속에서 줄타기하는 일이 어려울 수도 있다. 오늘날 세계의 공장이 된 중국은 미국 기업들과 긴밀히 협력하여 광범위한 제품을 생산한다. 중국과의 협력은 수익성 있는 사업 방안일 수 있으나, 경쟁사에서 합법이든 불법이든 온갖 방법을 동원해 상업적으로 가치 있는 정보를 빼낼 위험도 생긴다. 중국 관련 경제 스파이 사건에 대한 신고가 증가했지만, 기밀 정보를 포함하고 있는 경우가 많아 대중들은 극히 일부 사례만 접하게 된다.

Restricted ✕

기밀을 빼돌리는 피싱 기술

현대의 경제 스파이는 특정 장소에 물리적으로 침입할 필요가 없다. 오늘날에는 피싱처럼 사기성 이메일을 보내 멀웨어를 심는 최신 해킹 기술이 있어서, 기업의 중요한 정보에 접근하는 일이 어느 때보다도 쉬워졌기 때문이다. 사람들은 안전한 자기 나라에서 컴퓨터 앞에 앉아 지구 반대편으로 갈 수 있다. 특히 직원이 전 세계에 분포해 있는 회사라면 자료 접근성을 확보하는 게 마땅하긴 하지만, 네트워크 보안이 조금만 허술해도 기업 기밀을 도용당할 수 있다.

OK

🔒 Access ⊘

USER:

PASSWORD:

⚠ Copying

57.6 MB of 203.5 MB

New mail

Restricted

천인 계획

중국의 국가사업인 천인 계획은 혁신적인 신기술에 직접 접근할 수 있는 저명한 학술기관이나 기타 연구직에 중국인들을 배치하여 해당 기술을 중국에 들여올 목적으로 만들어졌다. 이 사업은 외국인 교수 같은 외부 인재도 포섭한다. 하버드 대학교 화학과 학과장이었던 찰스 리버 교수도 그중 한 명으로, 그는 미국 국방성과 국립 보건원에서 1,500만 달러가 넘는 연구 자금을 받았다. 그런데 이와 동시에 3년간 천인 계획 사업 계약을 맺어 2012년부터 2017년까지 월급과 생활비 명목으로 5만 달러를 받은 것으로 알려졌으며, 우한 연구소 설립을 도와준 대가로 150만 달러를 받고선 이러한 정보를 공개하지 않았다. 2020년 1월, 미국 정부는 리버를 체포하고 기소했다.

위 : 찰스 리버

Caution ⚠️

국가 사이버 첩보단

2014년, 미국은 미국 국경 밖에서 활동하는 중국인 해커 다섯 명을 중국 정부의 지원을 받아 경제 스파이 활동을 한 혐의로 기소했다. 이들은 중국 61398 특수 부대 소속이었다. 해커들은 2006년부터 2014년까지 최소 여섯 개 기업을 해킹하여 영업 비밀과 기타 전략 정보를 훔쳤다. 핵과 태양 에너지 관련 기업들이 주요 타깃이었다. 수많은 경영진이 해킹당해 회사 컴퓨터에 멀웨어가 깔렸고 정보가 빠져나갔다.

Yes   No

Restricted

국가 기밀을 파는 CIA 스파이

정보기관 요원들이 도리어 첩보 활동의 주요 타깃이 되는 경우가 많다. 케빈 맬러리도 그중 한 명이었다. 전직 CIA 간부였던 그가 몇 년간 민간 부문에서 불안정하게 일한 후 빚더미에 올랐던 2017년, 그는 헤드헌터를 가장한 중국 스파이에게서 링크드인 메시지를 받았다. FBI에 체포되기까지 2개월 사이에 맬러리는 2만 5,000달러를 받고 미국의 기밀을 넘겼는데, 그중에는 미국 정보원 열두 명의 목숨을 앗아간 기밀도 포함되어 있었다. 그는 징역 20년을 선고받았다.

도료 도용 사건

듀폰사는 도색 및 기타 제조 공정에서 사용되는 흰색 도료를 가장 잘 만드는 것으로 유명하다. 이들은 도료의 원료인 이산화 타이타늄을 추출하는 정교한 화학 공정으로 시장을 선도하고 있다. 1990년대 초, 중국의 한 제조업체는 이 공법을 사용하고 싶었으나 7,500만 달러의 라이선스 비용을 내고 싶지 않았다. 그래서 대신에 전기 기술자 월터 류의 도움을 받아 회사를 설립하고 듀폰의 연구원들을 고용하여 훨씬 적은 비용으로 화학 공정을 복제했다. 2011년에 류는 적발되어 체포되었고, 그와 함께 피소되었던 사람은 스스로 목숨을 끊었다. 2014년에 그는 경제 스파이 혐의로 유죄 판결을 받았고, 2,800만 달러의 벌금과 15년의 징역형을 선고받았다.

— 제12장 —

테러리즘

테러는 갈등 당사자 간의 힘이 비대칭일 때 무고한 사람들을 무작위로 살해함으로써 정치적 반응을 강제로 끌어내는 방법이다. 갈등 당사자 한쪽은 테러를 '해방을 위한 수단' 혹은 '빼앗긴 해방에 대한 저항'으로 여기기도 한다. 테러는 약자가 강자에 저항할 수 있는 최후의 수단으로서 정당화된다.

1930년대부터 1940년대까지 이스라엘이 건국되기 전에 유대인 테러 단체들은 고의로 아랍인들을 노렸다. 1960년대부터 1990년대까지 이어진 북아일랜드 분쟁 당시에는 가톨릭 공화파와 개신교 왕당파 모두 테러를 일삼았다. 2001년 9월 11일, 호되게 테러당한 미국은 이후 테러와의 전쟁이라는 길을 가게 되었다. CIA는 9·11 테러 관련자들에 대한 국제적 색출 작업에 나섰는데, 이는 모사드가 1972년 뮌헨 올림픽 때 팔레스타인해방기구의 테러 공격에 대한 응징으로 펼쳤던 암살 작전과 닮은 구석이 있었다. 테러 용의자들이 투옥되어 심문을 받는 아부 그라이브 교도소와 관타나모만 수용소를 둘러싸고도 윤리적 우려가 일었다.

테러를 수행하는 일이든, 테러에 대응하는 일이든, 테러를 저지하는 일이든, 테러에 관한 한 윤리란 거의 존재하지 않는 듯하다. 당사자들은 종종 폭력의 순환에 갇히게 되며, 처음에 갈등을 촉발했던 정치적 쟁점에서 크게 벗어나기도 한다.

이스라엘 정보국

탈무드는 말한다. "누군가가 당신을 죽이러 오면 일어나서 당신이 그를 먼저 죽여라." 이스라엘의 최고 정보기관인 모사드는 이 지침을 문자 그대로 따른다. 1949년에 결성된 이래로 모사드는 세계 전역에서 대담한 비밀공작을 펼쳤고, 주요 인사의 암살이나 납치를 전문으로 하며 무시무시한 명성을 쌓았다.

아이히만 검거

아돌프 아이히만은 홀로코스트를 조직한 주요 인물 중 하나였다. 그는 유대인들을 강제 수용소로 이송하는 업무를 담당했다. 전쟁이 끝나자 아이히만은 유럽에서의 수색을 피해 1950년에 아르헨티나로 도망쳤다.

아이히만 추적에 큰 진전이 있었던 해는 1953년으로, 저명한 나치 사냥꾼인 사이먼 비젠탈이 그가 부에노스아이레스에 있다는 정보를 입수한 것이다. 비젠탈은 이 정보를 빈 주재 이스라엘 영사관에 전했다. 1960년, 모사드는 마침내 아이히만을 찾아냈다. 하지만 아르헨티나에서 아이히만을 추방할 가능성이 적었기 때문에, 당시 모사드의 수장이었던 이세르 하렐은 아이히만을 납치해 이스라엘로 데려와 재판을 받도록 하는 작전을 승인했다.

모사드 요원들은 몇 주간 그를 감시한 후에 납치했다. 그는 일주일 넘게 모사드 은신처에 감금되어 있으면서 신원 확인을 위해 심문을 받았다. 모사드 요원들은 요제프 멩겔레의 행방에 관한 정보도 캐내려고 했는데, 아우슈비츠의 악명 높은 의사였던 그도 부에노스아이레스에 사는 것으로 추정되었기 때문이다. 하지만 멩겔레는 찾지 못하고 아이히만만 이스라엘에 데려갔다. 56일 동안 진행된 그의 재판은 TV로 중계된 최초의 재판 중 하나였다. 아이히만은 1962년 5월 31일에 반인륜적 범죄를 저지른 대가로 처형되었다.

위 : 아돌프 아이히만

왼쪽 : 1952년부터 1963년까지 모사드를 이끌던 이세르 하렐은 집요하고 무자비하다는 조직의 명성을 공고히 했다.

1930~1940년대, 영국 위임통치령 팔레스타인에 살던 유대인 정착민과 아랍인, 영국군 사이에 분쟁이 생겼다. 시온주의 테러 단체는 아랍 민족을 타깃으로 삼아, 아랍 정착지를 파괴하고 장차 유대 국가가 될 땅에서 아랍인들을 몰아내려고 했다.

유대 국가 수호하기

1948년, 이스라엘이 건국되자 양측의 역할이 뒤바뀌었고, 아랍 테러 단체의 공격을 방어하는 것이 주요 목적인 국가기관이 마련되었다. 중앙 정보기관인 모사드는 1949년에 창설되었다. 창설 이래로 모사드는 CIA에 이어 세계에서 두 번째로 큰 정보기관으로 성장했다. 그리고 독자적으로 작전을 펼칠 수 있는 상당한 자유를 누리며 무자비하다는 평판을 쌓아 왔다.

아랍 세계 전역에 이스라엘의 적이 포진해 있고, 이스라엘 사람들과 유대인들은 수많은 테러 공격의 타깃이 되어 왔다. 이러한 공격에 모사드는 암살로 대응하며(현재까지 최소 2,700건의 암살이 있었다), 이스라엘을 상대로 테러 활동을 벌이는 자는 누구든 응징할 것을 보여주고 있다.

"우호국의 영토에서 비밀공작을 수행해야 하는 나
의 마음은 절대 편치 않다."

이세르 하렐

오른쪽 : 뮌헨 올림픽 선수촌의 이스
라엘 선수단 숙소 난간에 서 있는 검
은 9월단 납치범

신의 분노 작전

1972년 뮌헨 올림픽 기간에 이스라엘 국가 대표 선수 11명이 팔레스타인 테러 단체 검은 9월단에게 살해당했다. 9월 5일 동틀 무렵, 올림픽 선수촌에 잠입한 검은 9월단 일당은 훔친 키를 가지고 이스라엘 국가 대표 팀 아파트에 침입했다. 선수들은 아직 자고 있었다. 깨어난 선수들은 침입자들에게 저항했고, 여러 명이 도망치는 데 성공했으나 두 명이 살해당하고 아홉 명이 인질로 붙잡혔다. 인질 석방을 위한 협상이 열렸지만 결렬되고 비밀 구출 작전까지 실패로 돌아가면서, 아홉 명의 인질 전원이 독일 퓌르슈텐펠트브루크의 NATO 공군기지 활주로에 있던 헬리콥터 안에서 살해당했다.

향후 테러 공격을 억제할 목적으로 이스라엘 총리 골다 메이어는 검은 9월단과 팔레스타인해방기구(PLO) 단원들을 암살하는 계획을 승인했다. 모사드는 신의 분노 작전이라고 이름 붙인 이 계획을 통해 뮌헨 대학살에 관여한 모든 이를 추적해 죽이기로 했다. 이스라엘은 응징의 일환으로 시리아와 레바논에 있는 PLO 기지를 폭격했고, PLO 지도자들에게 편지 폭탄 공세를 벌였다.

모사드가 암살 작전을 수행한 것으로 알려진 곳만 해도 프랑스, 이탈리아, 키프로스, 그리스, 스위스, 영국, 네덜란드 등이 있다. 모사드는 암살 타깃의 집, 호텔방, 차 안에 폭탄을 터뜨렸다. 거리에서 대놓고 총에 맞은 이들도 많았다. 그러나 작전이 언제나 순조롭게 진행되지는 않았다. 예를 들어, 노르웨이 릴레함메르에서는 모사드 요원들이 무고한 사람을 오인해 살해했다(117쪽 참조). 신의 분노 작전은 아랍 세계를 공포로 몰아넣었다. 모사드가 세계 어디서든 이스라엘의 적들을 공격할 수 있다는 사실을 보여준 것이다.

테러 진술

1970년대는 세계 전역에서 테러 단체가 공세를 펼치던 시기였다. 독일의 적군파(RAF)와 이탈리아의 붉은 여단 같은 많은 단체가 (그 이름에서 알 수 있듯이) 마르크스주의 혁명을 위해 싸웠다. 다른 단체들은 민족주의 이념에 기반한 분리독립 운동 단체들로, 영국의 북아일랜드 지배를 종식시키기 위해 싸운 아일랜드 공화국군 임시파, 바스크 분리주의 단체 ETA, 퀘벡의 분리독립을 주장하는 프랑스계 캐나다인 단체 등이 있었다. 그중 팔레스타인해방기구(PLO)는 세계적으로 가장 주목받은 단체였다. 이 모든 단체가 폭파, 표적 대상 암살, 납치, 항공기 납치 등의 테러 공격을 정치적 목표를 달성하기 위한 수단으로 삼았다.

오른쪽 : 마알로트에서 이스라엘 군인들이 다친 학생들을 대피시키고 있다.

시카리 : 테러리스트의 원조?

'단검을 휘두르는 사람'이라는 뜻의 시카리는 기원전 70년경에 활동한 급진 유대교의 한 종파로서 로마의 유대 지배를 끝내는 것이 목적이었다. 그들은 보통 망토 밑에 단검을 숨기고선 혼잡한 시장에서 타깃을 공격했다. 전하는 이야기에 따르면 그들은 암살 후에 도망가지 않고 굳게 버티고 서서 희생자가 죽는 모습을 지켜보았다고 한다.

1964년에 창설된 PLO는 이스라엘 및 이스라엘 사람들을 대상으로 테러 공격을 펼쳤다. 신흥 테러 단체 중 가장 부유했던 PLO는 소유한 자산이 80억 달러에서 100억 달러로 추산되었다. 1970년대에 PLO는 세계 전역의 신문 1면을 장식한 유명한 테러 사건을 많이 저질렀다. 그중에는 1972년의 뮌헨 대학살 사건(202~203쪽 참조)도 있었다. 1974년의 마알로트 대학살 사건 때는 PLO 테러리스트 세 명이 이스라엘 북부의 한 초등학교에 잠입해 100명이 넘는 사람을 인질로 잡았다. 그중 25명의 인질이 살해당했는데, 대다수가 초등학생이었다. 1985년에는 무장한 PLO 테러리스트 네 명이 유람선 아킬레 라우로호를 납치하여 노령의 유대인 승객 한 명을 살해했다.

"서독과 서베를린에 만연한 상황이 낙관적이지 않기에 적군파의 도시 게릴라가 구상되었다."

적군파의 공동 창시자 울리케 마인호프

혁명을 선동하다

선진국 곳곳에서 규모는 작지만 폭력적인 테러 단체들이 공산주의 혁명을 일으키려는 목적으로 생겨났다. 독일에서는 바더 마인호프 갱이라고도 불린 적군파가 암살, 납치, 폭탄 테러를 벌여, 조직이 존재했던 30년간 총 34명을 죽였다. 이탈리아의 붉은 여단은 혁명을 일으키려는 목적으로 사보타주 작전, 납치, 은행 강도 행각을 벌였고, 한편 일본 적군은 세계 혁명을 일으키기 위해 1971년에 일본을 상대로 전쟁을 선포했다. 이들 단체는 PLO의 규모에 미치지 못했지만, 자국민 사이에 공포를 퍼뜨렸고, 이탈리아에서는 이 폭력의 시기를 '납탄 시대'라고 불렀다.

위 : 적군파의 표지

오른쪽 : 1978년, 붉은 여단은 전 이탈리아 총리 알도 모로를 납치했다. 그는 거의 두 달간 구금되어 있다가 살해당했다.

아래 : 붉은 여단의 표지

위 : 구조된 에어프랑스 승객들이 이스라엘 벤구리온 공항에 도착해 허큘리스 수송기에서 나오며 기다리고 있던 사람들에게 손을 흔들고 있다.

엔테베 인질 구출

1976년 6월 27일, PLO 테러리스트 네 명이 텔아비브에서 파리로 향하는 에어프랑스 비행기를 납치했다. 비행기는 이 테러리스트들을 두 팔 벌려 환영하는 우간다의 독재자 이디 아민이 있는 우간다 엔테베로 갔다. 비행기가 착륙하자, 테러리스트들은 이스라엘인이 아닌 승객들은 풀어주었다. 그리고 이스라엘인 승객들과 에어프랑스 승무원들은 이스라엘이 팔레스타인 무장세력 53명을 석방하고 500만 달러를 지급하는 조건으로 풀어주겠다고 했다.

우간다의 군인까지 테러리스트와 합세해 맞서는 상황이었기에 모사드는 정교한 구출 작전을 세워야 했다. 수송기 네 대가 엔테베 공항으로 잠입했다. 첫 번째 수송기에는 이디 아민이 타는 대통령 전용차와 흡사한 벤츠 한 대와 경호 차량으로 가장한 랜드로버 몇 대가 있었다. 검문소에서 벤츠를 멈춰 세웠지만, 랜드로버에 타 있던 요원들이 보초들에게 총을 쏘아 결국 검문소를 통과했다. 이스라엘 군인들은 공항 터미널로 들어가 테러리스트들을 죽이고, 인질로 잡힌 사람들을 항공기에 태우기 시작했다. 그 과정에서 인질 102명이 구출되었고, 3명이 사망했다.

더 트러블스 : 북아일랜드의 정보 전쟁

현지에서는 '더 트러블스'라고 부르는 북아일랜드 분쟁은 거의 30년간 이어졌다. 당시의 많은 이에게 영원히 계속될 것처럼 보였던 이 분쟁이 결국 평화로 종결된 데는 훌륭한 정보 활동의 공이 상당했다.

북아일랜드 분쟁은 1968년에 개신교 왕당파가 왕립 얼스터 경찰대 (RUC)와 공모하여 가톨릭 공화파의 시민권 시위행진을 공격하면서 시작되었다. 분쟁은 점차 폭력성이 짙어졌고 정치적 양상을 띠게 되었다. 준군사 조직인 아일랜드 공화국군(IRA)이 민족주의자들의 대장 역할을 하며 영국령인 북아일랜드를 아일랜드 공화국으로 편입해 통일된 단일 민족 국가를 만들어야 한다고 주장했다. 연합주의자들은 이에 격렬히 반대하며 북아일랜드가 영국 연합 왕국에 남아 있어야 한다고 주장했다.

정보 주도 전쟁

양측의 충돌이 너무 격렬해지자 영국 정부는 치안을 회복하기 위해 북아일랜드에 보안대를 파견했다. 일시적으로 충돌이 줄었으나 다시금 확대되었고, 이제 영국 보안대와 IRA 사이의 갈등으로 변질되었다. (개신교 왕당파 민병대는 가톨릭 공화파를 무작위로 살해하는 데 만족했다.) 1970년대 내내 양 진영은 팽팽히 대립했다. 이러한 교착 상황은 영국 보안대가 단순한 군사 전략에서 벗어나 정보 전쟁 전략을 채택하면서 변화의 국면을 맞았다.

이 새로운 전략에 MI5, RUC, 공안부, 군사 정보부 등 여러 기관이 동원되었고 현장 작전에는 영국의 특수부대가 투입되었다. 그들의 공동 목표는 체포 혹은 제거해야 할 테러리스트들을 색출하고, 테러 단체들의 계획, 태세, 체계에 관한 정확한 정보를 제공하며, 선전 및 심리전을 통해 정치적 사안에 영향을 미치는 것이었다.

해외에서는 MI6가 IRA와 외국 테러 단체의 연계성을 추적하고, 철의 장막 뒤편에서 접촉이 일어나는지 감시하며, IRA의 자금과 무기의 출처를 캐는 등 전력을 다했다.

1980년대 초가 되자 정보전 전략이 결실을 맺기 시작했다. 무작위 차량 검문 등 일상적인 감시 활동에서 얻은 방대한 정보를 컴퓨터로 분석하여 좋은 성과를 얻었고, 무기 수송을 주기적으로 저지할 수 있었다.

오른쪽 : 양 진영은 분쟁 기간 동안 수천 개의 벽화를 그렸는데, 각 진영의 정체성에 중요한 역사적 사건을 기리는 그림이 많았다.

브라이턴 폭탄 테러

IRA는 영국 본토까지 분쟁을 확대하기 위한 작전의 일환으로 여러 고위 인사를 표적으로 삼았다. 그중 가장 대담했던 작전은 1984년에 잉글랜드의 브라이턴에서 열린 보수당 전당대회에서 영국 총리 마거릿 대처를 암살하려던 작전이었다. 전당대회 3주 전, IRA 소속 패트릭 마지가 보수당 중진들이 묵고 있는 브라이턴 그랜드 호텔에 폭탄을 설치했다. 폭탄은 발견되지 않고 있다가 10월 12일 새벽에 터졌다. 대처는 가까스로 탈출했지만 5명이 숨지고 34명이 다쳤다. 사건 이후, IRA는 자신들의 선전 활동이 성공했다고 주장했으나, 테러에 신중하게 대응한 대처의 영국 내 국정 지지도가 상승하는 결과를 낳았다.

왼쪽 : 폭발 이후 아침, 브라이턴에 있는 그랜드 호텔의 모습

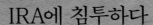

> "오늘은 운이 따르지 않았지만, 우리에게는 딱 한 번만 운이 따르면 된다는 것을 명심하라."

브라이턴 폭탄 테러 이후 발표한 IRA의 성명

IRA에 침투하다

MI5가 영국 본토에서 IRA 작전부대를 훌륭히 색출해 내고 있었고, 다른 공안기관들과 협력하여 유럽 내에서 폭탄 공격을 일삼는 테러리스트들을 잡아들였다. 색출 작전에서는 공안기관이 테러 단체에 침투하는 일이 가장 중요했다. IRA 내부에 정보원들이 포진한 덕분에 IRA가 계획한 많은 작전이 공안기관에 누설되었고 그로써 저지될 수 있었다. 영국의 첩보력이 한 수 위였기에 1980년대 후반까지 IRA의 군사 작전은 거듭 좌절되었다. 예컨대 1987년에는 IRA 작전부대가 북아일랜드 로우갈에 있는 한 마을의 경찰서를 공격하려다가 도리어 영국 특수부대의 매복 공격에 당했고, 여덟 명의 IRA 요원이 전원 사망했다.

1990년대까지 분쟁이 계속되었으나, 민족주의자 마틴 맥기니스와 제리 애덤스를 필두로 한 지도부가 들어서며 북아일랜드도 전략을 바꾸었다. 군사 행동을 포기하고 오로지 정치적 절차로만 목표를 달성하기로 한 것이다. 그리하여 1994년에 최초의 휴전이 성사되었고, 이렇게 평화를 향해 내디딘 어설픈 첫걸음은 1998년에 벨파스트 협정이라는 결실을 맺음으로써, 북아일랜드의 자치정부가 회복되고 개신교 연합주의자와 가톨릭 민족주의자 사이의 권력 분립이 보장되었다.

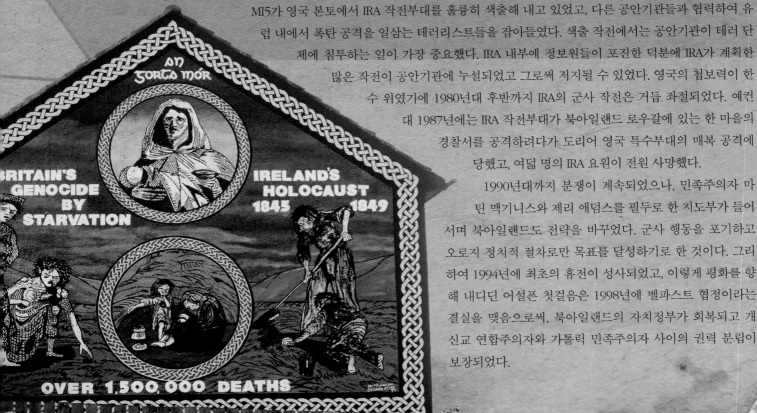

AN GORTA MÓR

BRITAIN'S GENOCIDE BY STARVATION

IRELAND'S HOLOCAUST 1845 1849

OVER 1,500,000 DEATHS

9·11 테러 : 정보 평가 실패가 부른 참사

2001년 9월 11일 아침. 테러 조직 알카에다 소속 요원 19명이 단체 공격을 펼쳤다. 테러리스트들은 무기로 사용할 여객기 네 대를 납치했다. 두 대는 뉴욕에 있는 세계 무역 센터의 쌍둥이 빌딩으로 날아갔고, 몇 시간 만에 두 건물을 모두 무너뜨렸다. 세 번째 여객기는 국방성 청사 펜타곤의 서편 건물과 충돌하여, 건물을 부분적으로 파괴했다. 워싱턴 D.C.로 향하던 네 번째 여객기는 승객들이 테러리스트들과 싸워 펜실베이니아의 한 들판에 추락했다. 9·11 테러로 총 2,977명의 사망자와 2만 5,000명이 넘는 부상자가 나왔고, 이렇게 '테러와의 전쟁'이 시작되었다.

9·11 테러 전까지는 미국 영토에서 테러 공격이 시도된 적이 거의 없었다. 1993년에도 알카에다 요원들이 세계 무역 센터를 공격한 적이 있었는데, 그때는 지하 주차장에 설치된 폭탄으로 여섯 명이 사망하는 데서 그쳤다. 1999년에는 로스앤젤레스 국제공항 테러 음모가 있었으나, 음모자인 아흐메드 레삼이 포트앤젤레스에 도착하자마자 체포되면서 좌절되었다. 이렇게 비교적 사소하게 끝난 사건들 때문에 사람들은 미국 영토에서 시도되는 테러 공격은 성공할 수 없다고 믿게 됐다. 그런데 2001년에 일어난 사건으로 모든 게 180도 변한 것이다. 테러리스트들이 무능할 것이라 넘겨짚지 않았더라면, 정보기관들이 만일의 사태를 가정하고 정보를 공유했더라면, 이 네 차례의 공격은 성공하지 못했을 것이다.

정보 공유 실패

2000년, 예멘에서 콜함(艦)이 폭격당하자, FBI와 해군 범죄수사청(NCIS)이 공조하여 주동 세력이었던 알카에다 요원들을 색출했다. 콜함의 폭격 장면을 영상으로 촬영한 파드 알 쿠소도 색출된 요원 중 한 명이었다. 파드는 자수하고, 알카에다의 수장 오사마 빈라덴의 신임받는 중역이었던 칼라드 빈 아타시의 동향에 관해 털어놓았다. 그 후 FBI와 NCIS가 칼라드에 관해 CIA에 의뢰하자, CIA는 아는 바가 없다고 답했다. 그런데 사실 CIA의 알렉 스테이션이라는 부서에서 이미 한동안 여러 알카에다 조직원들을 감시하고 있었다. 칼라드가 미국으로 파견한 알카에다 조직원들을 수년간 추적하면서도 그 사실을 FBI 및 기타 정보기관이나 사법기관에 알리지 않은 것이다. 사실 알렉 스테이션으로 차출되었던 FBI 요원들이 2000년도에 알카에다 조직원들의 미국 입국 사실을 FBI에 알리려고 했으나, CIA 윗선에서 그렇게 하지 못하도록 했다. 알렉 스테이션에 배정된 요원들은 부서

위 : 쌍둥이 빌딩이 무너진 직후 뉴욕시의 거리에 있는 소방관들. 빌딩 붕괴 당시에 총 343명의 소방관이 목숨을 잃었다.

아래 : 9·11 테러는 전 세계에서 TV로 생중계되었다. 쌍둥이 빌딩은 두 시간 가까이 불에 탄 뒤 무너졌다.

외부 사람들에게 내부 정보를 공유하는 일이 일절 금지되었다. 9·11 테러 사후 조사 결과, CIA가 알카에다의 동향을 보여주는 여러 자료를 FBI나 INS 또는 국무부에 알리지 않은 사실이 드러났다. 만약 CIA에서 제대로 정보를 공유했더라면, 2001년 9월 11일의 사건은 결코 일어나지 않았을지 모른다.

알카에다의 성공 비결

오사마 빈라덴이 이끄는 알카에다는 미국을 비롯한 서방 세력 전체를 도발할 목적으로 공격을 자행했으나, 스스로 예상한 것보다도 더 크게 성공했다. 알카에다에 들어온 사람들은 훈련 경험이 없는 경우가 많았지만 대의를 위해 기꺼이 죽고자 했으며, 이 덕분에 네 대의 항공기를 동원한 9·11 테러 공격에서도 큰 성과를 올렸다. 9·11 테러 이후, 미국 정부는 직접적인 증거가 없더라도 온갖 테러 음모 및 공격의 배후로 알카에다를 지목하기 시작했으며, 알카에다를 더욱 위험한 존재로 비치게 했다. 그 후 미국이 이라크를 침공하고 표적이었던 사담 후세인을 처치하고 나자, 이미 친수니파·반시아파 성격이 강했던 알카에다에 이라크 출신 수니파들이 대거 합세했다. 사실 알카에다는 주로 이 같은 종파주의에 근거해 표적을 선정하며, 알카에다의 공격으로 죽은 시아파가 미국인보다 더 많다. 9·11 테러 이후 중동 전역에 고조된 반미 감정과 미국의 이라크 침공이 반증하듯 알카에다는 스스로의 기대치를 뛰어넘는 파장을 불러일으켰다. 알카에다의 목적은 중동의 기존 상태를 뒤흔드는 것이었으나, 사실상 파괴하는 결과를 낳았다.

오른쪽 : 2011년, 오사마 빈라덴이 미군에게 죽임을 당했다. 그 이후로 10년 동안, 많은 이슬람 국가에서 알카에다에 대한 지지가 높아졌다.

확증 편향과 9·11

어떤 뉴스를 접할 때, 자신의 견해와 다른 정보는 무시하기가 쉽다. 확증 편향이라고 불리는 이러한 경향이 아마도 9·11 이전의 정보 활동을 다소 방해했을 것이다. 9·11 이전까지 미국을 겨냥한 테러 공격이 대수롭지 않았기에, 거대한 테러 음모가 도사리고 있다는 증거를 사람들이 믿지 않은 것이다. 2003년의 이라크 침공도 확증 편향이 일조했다. 이라크와 알카에다의 연관성을 보여주는 증거는 없었지만, 많은 미국인이 이라크 지도자 사담 후세인을 9·11 테러의 배후 주모자 중 한 명으로 의심했고, 이라크를 침공하고 싶었던 정부 인사들도 편향된 여론을 바로잡지 않았다.

미국의 테러와의 전쟁

9·11 테러가 촉매제가 되어 시작된 미국의 광범위한 군사 개입은 테러리스트 색출 임무로 정당화되었다. 하지만 미군이 채택한 방법으로 전보다 더 급진적인 조직들이 생겨났고, 아프가니스탄, 이라크, 시리아 등의 국가들은 더 오랫동안 폭력과 전쟁의 시기를 견뎌야 했다.

9·11 테러 이후 미국은 아프가니스탄의 탈레반 정권을 공격했다. 파슈토어(아프가니스탄의 공용어_옮긴이)로 학생이라는 뜻의 탈레반은 이슬람 조직인 무자헤딘에서 출발했다. 1980년대만 해도 무자헤딘은 미국과 동맹을 맺고 아프가니스탄을 점령한 소련과 싸웠다. 1990년대 후반이 되자 아프가니스탄 대부분 지역을 탈레반이 장악했다. 수니파 원리주의를 따르는 탈레반은 이슬람 율법 샤리아를 엄격히 적용하면서도 여성을 인신매매하고, 구호대원, 민간인, 비이슬람교도에 대한 공격을 자행했다.

9·11 테러 직전, 아프가니스탄에서 알카에다와 탈레반을 거리낌 없이 반대해 왔던 아흐마드 샤 마수드가 암살당했는데, 그가 두 단체 중 한 곳에서, 혹은 두 곳 모두에서 곧 대규모 공격을 벌일 것이라

고 경고한 UN 연설 때문에 보복당했을 가능성이 컸다. 마수드의 경고가 실현되자 미국은 다른 나라들과 연합하여 직접적 조처에 나섰고, 10월 7일에 아프가니스탄에 있는 탈레반과 알카에다 기지 여러 곳을 폭격했다. 곧이어 연합군은 아프가니스탄 구국 이슬람 통일전선과 합작했는데, 이 단체는 추방당한 마수드와 동맹인 압둘 라시드 도스툼이 이끄는 아프가니스탄의 군사 조직이었다. 곧 연합군은 최소한의 사상자로 주요 도시에서 탈레반 세력을 궤멸시켰다.

아래 : 미국 대통령 조지 W. 부시(가운데)가 자국 내 대규모 시위에도 불구하고 토니 블레어 영국 총리(맨 왼쪽), 호세 마리아 아스나르 스페인 총리(왼쪽), 조제 마누엘 두랑 바호주 포르투갈 총리(맨 오른쪽) 등 여러 지도자에게서 이라크 침공에 대한 지지를 얻고 있다.

위 : 미국 국방성 장관 도널드 럼즈펠드는 9 · 11 테러 이후 미국의 군사 행동 확대에 찬성했다.

아프가니스탄에서 이라크로

탈레반과 알카에다의 고위 조직원들을 표적 살해하고 나자, 미국의 다음 표적은 이라크가 되었다. 부시 행정부는 사담 후세인의 바트당 정권이 테러 조직들을 지원하고 있으며, 핵무기까지 개발하고 있다고 주장했다. 빈약한 주장이었지만, 이는 2003년에 이라크를 침공하고 사담 후세인을 타도할 구실이 되었다.

이라크와 아프가니스탄 침공 후에도 CIA는 9 · 11 테러에 연루된 사람들을 계속 추적했다. 체포된 용의자들은 바그다드 근교의 아부 그라이브 교도소나 쿠바의 관타나모만 수용소에 수감되었다. 수감자들은 심문 중에 끊임없이 고문당하며 잔혹한 대우를 받았는데, 나체로 서 있거나 굴욕적인 자세를 취해야 했고, 전기 충격 등으로 위협받았으며, 개를 데리고 온 군인에게 괴롭힘당했고, 단식 투쟁을 시도하면 식고문을 받았다.

탈레반의 귀환

침공이 끝나자 탈레반은 다시 조금씩 뭉치기 시작했다. 2006년이 되자 세를 충분히 회복한 탈레반은 아프가니스탄에서의 분쟁이 길어짐에 따라 공격 활동을 점차 늘려갔다. 하지만 2020년에 탈레반과 미국 정부는 평화협정을 맺었고, 아프가니스탄 영토에서 미군은 철수하고 탈레반은 테러 활동을 벌이지 않기로 약속했다.

이라크에서 사담 후세인의 전체주의 정당인 바트당이 사라지자 다른 이슬람 원리주의 테러 조직들이 등장해 활개를 쳤고, 이웃한 시리아는 내전으로 치달았다. 이때 생겨난 단체 중 하나가 이슬람 국가(IS)인데, 이 시아파 조직에 비하면 알카에다는 양반처럼 보일 지경이었다. ISIS, ISIL, 혹은 간단하게 다에시(거칠게 번역하면 아랍어로 '고집불통')라고 불리는 IS는 지도부 사이의 알력 다툼으로 알카에다에서 떨어져 나왔다.

9 · 11 테러는 파급력이 컸다. 그 후 10년 동안 중동에서 수십만 명의 사람이 목숨을 잃었고, 소위 테러와의 전쟁을 치르느라 지출되거나 잃은 돈이 수천억 달러에 이르며, 여러 국가의 정세가 불안정해졌고, 테러 및 폭력 사태가 더욱 증가했다.

무익한 고문

CIA와 미군은 아부 그라이브 교도소와 관타나모만 수용소(이 외에 추가 장소가 있을 수 있다)에 억류된 포로들에게 '강화된 신문', 즉 고문을 시행했다. 대체로 이들은 포로들에게서 듣고 싶은 말만 들었다. 고통과 스트레스를 받으면 세부 사항을 떠올리는 뇌의 능력이 저하되고, 유도 신문을 받는 사람은 일어나지도 않은 일을 '기억'할 수 있다. 게다가 고문이 신체에 가하는 부담에 스트레스까지 더해지면, 뇌에 손상이 일어나 기억력 상실, PTSD 등을 초래할 수 있다. 윤리성 문제를 차치하고서라도 고문은 해답을 찾는 좋은 방법이 아니다.

위 : 2004년, 아부 그라이브 교도소에서 미군이 죄수들을 고문하는 모습이 담긴 사진이 유출되었다.

다에시의 흥망성쇠

아부 무사브 알자르카위가 2004년에 창설한 이슬람 국가(IS)는 2011년경에 불안정한 현지 정세를 틈타 부상하기 전까지 별로 주목받지 못했다. 2014년, IS는 아부 바크르 알바그다디의 지휘하에 이라크의 모술과 티크리트를 장악했고, 이라크의 디얄라에서 시리아의 알레포까지 이르는 칼리파국을 선포했다. IS는 이라크와 시리아 전역으로 세를 확장했고, 2015년에는 여덟 개 국가에 근거지를 두었다. IS는 시리아에서 플로리다까지, 세계 곳곳에서 일어나는 테러 사태에 영향을 미쳤다. 하지만 IS를 향한 거듭된 공격에, 2017년 말엽이 되자 칼리파국은 수도인 시리아 락까와 모술을 비롯한 대부분 영토를 상실했다. 대부분의 IS 지하디스트는 2019년에 항복했고, 알바그다디는 폭발물 조끼로 자살했다.

제13장

오늘날의 스파이 활동

현대 기술 덕분에 그 어느 때보다도 다양한 방법으로 첩보 및 공작 활동이 가능해졌다. 게다가 인터넷으로 새로운 공격의 장이 열리며, 사이버 전쟁을 벌이는 데 필요한 새로운 도구와 플랫폼이 탄생했다. 드론과 인공위성의 등장으로 첩보 활동의 영역은 하늘까지 확대되었고, 지상에서는 악성 프로그램이 전력망처럼 중요한 사회 기반 시설을 공격하고 있다. 데이터 자체가 무기가 되었고, 허위 사실을 유포하는 프로파간다는 시민들의 신념을 공격하며 외국의 적에게 이익이 돌아가게 한다.

안전한 자기 나라에서 '팬시 베어'나 '어글리 고릴라' 같은 가명 뒤에 숨어 활동하는 해커들은 정체가 들통나더라도 기소가 거의 불가능하다. 비밀공작을 펼치지 않는 국가는 없고, 내부 고발자들은 자신의 경력을 걸고 대중이 알아야 한다고 생각하는 정보를 알린다. 사이버 전쟁은 수천 명의 사람을 직접 죽이지는 않지만, 악성 프로그램 하나가 수십억 달러의 경제적 손실을 초래할 수 있고, 한 국가의 핵농축 프로젝트를 끝장낼 수도 있다.

백설 공주 작전

공상 과학 소설 작가 L. 론 허버드가 1954년에 창설한 사이언톨로지교는 권력과 영향력을 얻기 위해 기묘한 길을 걸어왔다. 그 과정에서 허버드는 복잡한 국내 첩보 작전을 개시했고, 사이언톨로지교도들은 여러 정부기관에 침투해 문서들을 훔치고, 회의실을 도청하고, FBI 요원들에게 거짓말을 하며 교회의 이익을 챙겼다.

사이언톨로지교는 1957년에 종교 단체로서 면세 지위를 얻었으나, 국세청에서 허버드와 그의 가족이 교회 수익으로 직접적인 이익을 취하고 있다고 주장하면서 1967년에 면세 지위가 박탈되었다. 이 사건으로 백설 공주 작전이 시행되었는데, 이 정교한 음모를 계획한 곳은 당시에는 '수호 부서'라고 불린 교단의 특수 업무 부서였다. L. 론 허버드는 1973년에 수호령 732호를 제정하여, 국세청, 마약 단속국, 해안경비대, 법무부 등의 정부기관에 침투해 사이언톨로지교에 관한 '잘못된' 문서들을 바로잡거나 제거하라는 목표를 제시했다.

도청

두 명의 사이언톨로지교도 제럴드 울프와 마이클 메이스너가 백설 공주 작전에서 핵심적인 역할을 했다. 1974년, 국세청 서기로 취업한 울프는 교단의 명령에 따라 정보를 수집하여 사이언톨로지교 윗선에 전달했다. 울프가 메이스너에게도 가짜 신분증을 만들어 준 덕

위 : 1950년의 L 론 허버드

분에, 두 사람은 국세청을 마음대로 드나들며 자료를 수집할 수 있었다. 가짜 신분증이 쓸모가 있었던 것이다.

울프는 국세청에서 사이언톨로지 관련 회의가 열린다는 사실을 알게 되었다. 그에게 회의가 잡힌 회의실을 도청하라는 지시가 떨어졌다. 울프와 메이스너는 회의실에 도청 장치를 설치하고 주차장에서 회의 내용을 녹음했다.

무단 침입

한편 사이언톨로지교는 정보자유법 소송도 벌이고 있었다. 정부 측 검사가 누군지 알게 되자 울프와 메이스너는 담당 검사의 전략을 알아내려고 그의 사무실에 침입했다. 두 사람은 법무 팀이 수집한 자료까지 복사해 가려고 나중에 재차 침입했다.

그들의 다음 타깃은 사이언톨로지교 관련 소송을 맡고 있던 연방 검사 네이선 도넬의 사무실이었다. 법무부에서 일하던 사이언톨로지교도 한 명이 도넬의 사무실 열쇠를 훔친 뒤 복사해 주었다. 도넬의 사무실을 염탐한 울프와 메이스너는 사무실 근처에 있는 도서관을 이용하는 척 계획을 꾸몄다. 첫 시도 때, 그들은 마감 시간 무렵에 찾아와 도서관에 잠시 들른 후 도넬의 사무실에 잠입하여 노리던 자료를 복사해 갔다. 울프와 메이스너는 퇴근 시간이 지난 도넬의 사

1977년 7월 8일, 메이스너의 협조로 FBI는 로스앤젤레스와 워싱턴 D.C.에 있는 사이언톨로지 교회를 급습할 수 있었다. 로스앤젤레스에서 시행한 급습 작전은 21시간 동안 이어졌고, 16톤짜리 트럭이 서류로 가득 찼다. 1978년 8월, L. 론 허버드의 아내 메리 수를 비롯한 11명의 교회 신도가 28개 혐의로 기소되었다. 그들은 결국 양형 거래에 합의했고, 연방법원에서 유죄를 선고받았다. 1979년, '미국 정부 대 메리 수 허버드' 재판에서 메리 수는 5년의 징역형을, 다른 신도 세 명은 1만 달러의 벌금형을 선고받았다. 불기소 공모자로 지명된 L. 론 허버드는 잠적했다.

1993년, 사이언톨로지교는 면세 지위를 회복하는 데 성공했다. 이는 조용히 일어난 사건이었고, 언론 매체에서 이러한 합의가 어떻게 이루어진 것인지 국세청에 문의했으나 공개된 정보가 거의 없었다. 결과만 보자면 사이언톨로지교는 역사상 유례가 없을 만큼 복잡하고 치밀했던 국내 첩보 작전에 성공한 것이다.

무실에 두 번 더 들렀다. 그렇게 두 번째 들렀을 때, 그들과 마주친 야간 사서가 경비원에게 이 야밤의 방문객들에 대해 말했고, 경비원은 그들이 또 온다면 FBI에 신고하라고 했다. 얼마 지나지 않아 울프와 메이스너는 위조된 편지를 들고 또 나타났다. 야간 사서가 FBI에 신고하자 요원 두 명이 와서 두 사람을 신문했다. 하지만 요원들은 두 사람의 신분증을 확인하고선 세부 인적 사항만 적고 그들을 풀어주었다.

들통난 정체

메이스너가 수호 부서에 연락해서 무슨 일이 있었는지 보고하자, 교단은 그에게 즉시 로스앤젤레스로 돌아가라고 지시했다. 몇 주 후, 울프는 체포되었고 FBI에서 대배심 조사를 시작했다. 한편, 교단은 메이스너를 가택 연금시켰다. 가택 연금이 계속되자 메이스너는 더더욱 당국에 투항해 자수하고 싶어 했다. 그래서 라스베이거스로 도망치기까지 했지만, 결국 설득당해 로스앤젤레스로 돌아와 가택 연금을 계속했다. 메이스너는 자신에게 붙은 경호원들의 경계를 늦추기 위해 볼링장에 가게 해달라고 부탁했고, 그곳에서 수신자 부담 전화로 FBI에 전화해 자수하며 수사에 협조하겠다고 했다.

모르몬교의 유출된 진실

2017년, 한때 모르몬교도였던 라이언 맥나이트는 예수 그리스도 후기 성도 교회(모르몬교의 정식 명칭_옮긴이)의 투명성과 책임성을 높이기 위해 '모르몬 리크스'라고도 불리는 '진실성과 투명성 재단'을 창설했다. 모르몬 리크스의 가장 큰 성과는 영화 제작자이자 선댄스 영화제 공동 창립자인 스털링 반 와게넨에 대한 폭로였다. 2019년에 반 와게넨은 아이 두 명을 성추행한 혐의로 최소 6년의 징역형을 선고받았다. 후기 성도 교회는 1990년대에 발생한 이 성추행에 대해 이미 알고 내부적으로 반 와게넨을 처벌했으나, 피해자의 부모들이 고발을 원치 않아 사실상 범죄가 은폐되었다. 모르몬 리크스에서 반 와게넨이 성추행을 인정하는 내용의 녹음 파일을 공개하면서 진상이 밝혀졌고, 이로써 범죄 수사가 시작될 수 있었다.

왼쪽 : 다른 모르몬 교회와 마찬가지로 유타주 솔트레이크시티에 있는 솔트레이크 예배당도 일반인의 출입이 금지된다.

인공위성 감시

1957년에 최초의 인공위성인 소련의 스푸트니크 1호가 우주에 발사된 후, 이내 감시 장비를 탑재한 위성들이 뒤따라 발사되었다. 그때부터 냉전의 양 진영은 우주에서 상대 진영의 정보를 수집하는 극비 프로그램을 시작했다. 오늘날 가장 많은 첩보 위성을 보유하고 있는 국가는 미국이며, 중국, 러시아, 일본, 이스라엘이 그 뒤를 잇고 있다.

비밀 인공위성

미국은 1959년에 처음으로 정찰 위성들을 우주로 발사했다. 이 발사는 장기간에 걸친 코로나 프로그램의 일환이었으며, 1992년에 기밀이 해제되기까지 비밀로 남아 있었다. 필름 카메라가 장착된 이 최초의 첩보 위성들은 소련, 중국을 비롯한 냉전의 전략적 요충지에서 시각 정보를 수집했다. 위성에서 분리된 필름 통은 낙하산에 실려 내려오다가 공중에서 비행기가 회수했으나, 상당수가 농지에 떨어졌다.

소련이 1961년에 처음으로 쏘아 올린 정찰 위성이 제니트 시리즈의 시작이었다. 정찰용 사진 촬영이라는 진짜 목적을 은폐하기 위해 소련의 정찰 위성은 보스토크 유인 위성선과 유사해 보이도록 설계됐다. 진짜 의도를 은폐하는 소련 특유의 마스키로브카 기법을 적용한 사례였다. 처음에는 첩보 위성의 존재를, 나중에는 그 능력을 비밀로 하는 게 유리했기 때문이다.

현재 미국의 정찰 위성은 국가정찰국(NRO)에서 관리하는데, 이곳은 1961년에 코로나에서 보낸 정보의 분석을 지원하기 위해 설립된 정보기관이다. 코로나 프로젝트와 마찬가지로 NRO도 1992년까지 그 존재가 기밀에 부쳐졌다.

오른쪽 위 : 1984년에 흑해의 조선소에서 소련의 항공모함이 건조되고 있는 모습을 KH-11 정찰 위성에서 촬영한 사진이다. 이 사진은 1년 후에 유출되었다.

오른쪽 아래 : 트럼프 대통령이 유출한 이맘 호메이니 우주센터의 사진이다.

아래 : 1960년, 미국 공군의 플라잉 박스카가 코로나 첩보 위성에서 떨어진 필름 통을 회수하고 있다.

KH-1 코로나
(1959~1960)

KH-2 코로나
(1960~1961)

KH-4A 코로나
(1963~1969)

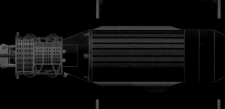

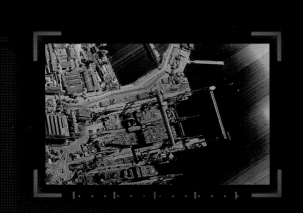

향상된 해상도

최신 기술의 집약체인 KH-11 인공위성에 대해 대중에게 공개된 세부 정보는 별로 없으나, 여기에 정찰 기능을 탑재한 위성의 코드명이 '미스티'라고는 알려져 있다. 전문가들은 KH-11의 이미지 해상도가 10센티미터 이하일 것으로 추정하는데, 이는 지구 표면에 있는 10센티미터 이상의 물체는 무엇이든 식별할 수 있다는 뜻이다. 비교를 위해, 가령 허블 망원경이 우주 대신 지구를 관측한다면, 그 해상도는 30센티미터에 불과하다. 2019년, 트럼프 대통령은 자신의 SNS에 KH-11에서 찍은 것으로 추정되는 이맘 호메이니 우주센터의 사진을 유출했다. 트럼프가 사진을 유출하기 전에는 KH-11 정찰 위성에서 찍은 것으로 추정되는 사진이 유출된 적은 한 번뿐이었으며, 이로써 세계는 베일에 싸여 있던 미국 정찰 위성의 능력을 알게 되었다.

정찰 위성은 지구만 감시하는 것이 아니라 다른 정찰 위성도 감시한다. 2020년 초, 러시아 위성은 미국 정찰 위성이 항상 시야에 들어오게 하려고 궤도를 조정했다. 러시아 위성은 미국 위성이 무엇을 볼 수 있는지를 감시하고, 지구로 데이터를 보낼 때 나오는 전자 신호를 도청할 가능성이 있다.

아마추어 취미가들도 위성을 우주로 실어 나른 로켓이나 궤도 관측을 토대로 정찰 위성을 추적한다. 일각에서 이러한 정보를 활용해, 트럼프 대통령이 이맘 호메이니 우주센터의 기밀 사진을 올렸을 때 해당 사진은 2011년부터 궤도를 돌던 KH-11 위성 USA-224에서 찍은 것이라고 추측하기도 했다.

검보정 타깃

미국 서부의 사막을 가로지르다 보면 이상한 물체를 보게 될 것이다. 현대 미술품에서 튀어나온 듯한 선들이 그려진 판석이나, 바둑판 형태로 깔린 십자가 모양의 판석이 주인공이다. 이 물체들은 검보정 타깃이며, 초기의 정찰 위성을 효과적으로 운용하는 데 매우 중요한 역할을 했다. 코로나 위성의 검보정 타깃은 몰타 십자가처럼 생긴 콘크리트 판석인데, 대개 애리조나주 캐사그랜디 근교에 바둑판 형태로 깔려 있다. 모하비 사막에 있는 에드워즈 공군기지에는 하얀색 선들이 그려진 판석이 나열되어 있다. 검보정 타깃 덕분에 기술자들은 첩보 위성의 이미지 해상도를 파악할 수 있었다. 검보정 타깃은 더는 사용되지 않지만, 어디를 보아야 하는지만 안다면 빤히 드러난 곳에 숨겨진 첩보 역사의 유물이다.

위 : 1967년에 설치된 코로나 위성의 검보정 타깃

무기화된 데이터

우리가 사는 빅데이터 시대에는 기술을 사용할 때마다 더 많은 데이터가 만들어진다. 데이터 저장이 굉장히 저렴해져서 당장 사용하지 않더라도 개개인에 관한 방대한 데이터를 축적해 둘 수 있다. 우리가 웹사이트를 방문하거나, 휴대 전화 앱을 사용하거나, 온라인으로 물건을 구매하거나, 상점에 들어가거나, 신용 카드를 사용할 때마다 데이터가 수집된다. 수집된 데이터는 우리의 신용 점수를 책정하고 소셜 미디어 플랫폼에 표적 광고를 게시하는 데 사용된다. 에드워드 스노든 (224쪽 참조) 등 여러 사람의 폭로 덕분에 이제 우리는 정부도 정교한 침입 시스템을 이용해 국민의 데이터를 은밀하게 수집한다는 사실을 알게 되었다.

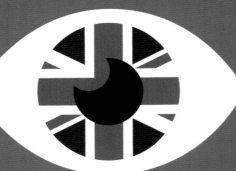

빅 브라더가 지켜보고 있다

정부는 데이터 수집 시스템을 기밀로 분류하여 적대 세력에게 자신들의 역량을 간파당하지 않으려고 한다. 스노든의 내부 고발로 정보원들의 신변이 위태로워졌고 사망으로 이어진 경우도 많다. 정부의 감시 데이터 수집은 민간 부문의 데이터 수집과는 목표가 다르다. 정부는 국민의 데이터를 수집하는 일을 국가 안보를 유지하기 위한 수단으로 여긴다.

파이브 아이즈는 영어권 국가인 미국, 영국, 캐나다, 호주, 뉴질랜드 사이에 체결된 정보 동맹체로 제2차 세계 대전 중이던 1941년에 정보를 공유하고 전후 세계를 어떻게 꾸려나갈지 논의하기 위해 설립되었다. 전쟁이 끝나자 5개국은 서로 협력하여 소련, 동유럽, 중국에 대한 첩보 데이터를 수집하고 공유하기로 했다.

1971년, 파이브 아이즈의 정보 수집을 지원하기 위해 ECHELON이라는 코드명의 비밀 글로벌 감시망이 조직되었다. ECHELON은 1990년대까지 기밀로 부쳐졌다. 9·11 테러 이후, ECHELON의 감시 기능이 확대되었는데, 내부 고발자 에드워드 스노든이 폭로한 것도 이러한 감시 프로그램이었다. 이 감시 프로그램으로 파이브 아이즈 참여국들은 동맹국이 수집한 정보를 이용해 자국민을 직접 사찰하지 않고도 데이터를 취득할 수 있었다.

기업에 도움을 요청하다

스노든이 유출한 정부의 또 다른 감시 프로그램 중 하나는 2007년에 미국 보호법에 따라 시작된 PRISM 프로그램이다. 해당 프로그램에 마이크로소프트, 야후, 구글, 페이스북, 유튜브, AOL, 스카이프, 애플 등 기술 및 통신 분야 대기업이 상당수 참여했다. 이로써 전선이나 데이터 센터를 통해 전송된 모든 데이터를 감시할 수 있었다. 2007년에 제정된 미국 보호법과 2008년에 수정된 해외정보감시법(FISA)에 따라 민간 기업이 미국 정부기관과 협력하여 정보를 수집할 경우에 법적 책임에서 자유로웠다. 미국 국가안보국(NSA)은 방대한 데이터를 수집했으며, 민주적인 감시 장치도 전혀 없다시피 했다.

흔들리는 선거

정부가 우리들의 데이터를 수집하느라 여념이 없을 때, 정부의 일원으로 선출되고자 하는 사람들도 투표에서 이기기 위해 데이터를 수집한다. 2013년에 설립된 영국의 정치 컨설팅 회사 케임브리지 애널리티카는 페이스북 연동 앱 '디스 이스 유어 디지털 라이프'로 데이터를 부적절하게 수집하고 사용하여 스캔들에 휘말렸다. 이들은 수집된 데이터로 개인의 성향을 파악하고 맞춤형 페이스북 광고를 내보내 선거 결과에 영향을 미치고자 했다.

위 : 브렉시트 찬성 측도 반대 측도 모두 시위했다.

　케임브리지 애널리티카는 세계 전역의 특정 선거 캠프에서 돈을 받아 해당 선거구의 핵심 유권자들을 식별하고, 유권자들이 특정 방식으로 투표하도록 영향을 미쳤다. 상대편에 투표할 유권자라면 무관심을 유도해 투표율을 떨어뜨리는 게 목표인 경우가 많았다. 반면에 잠재적 우리 편으로 판단된다면 무관심한 유권자들을 선동하고, 블랙 라이브스 매터('흑인의 목숨도 소중하다'라는 뜻_옮긴이) 운동이나 이민처럼 굉장히 감정적인 사안들을 끊임없이 부정적으로 비췄다. 케임브리지 애널리티카는 이러한 수법을 사용해 2016년도 영국의 브렉시트 국민투표 때는 UN 탈퇴를 찬성하는 진영을 대표했고, 같은 해 말 미국 대통령 선거 때는 도널드 트럼프의 선거 운동을 성공적으로 이끌었다.

　2018년, 영국의 채널 4 뉴스의 취재로 이들의 수법이 폭로된 이후, 케임브리지 애널리티카는 문을 닫았다. 케임브리지 애널리티카가 어떻게 페이스북에서 개인 정보를 긁어모았는지가 상세히 드러나자 페이스북의 시가 총액이 급락했다. 영국에서도 미국에서도 이러한 활동이 극심하게 대립하는 두 진영의 투표 결과를 얼마큼 흔들 수 있는지에 대해 여전히 뜨거운 논란이 일고 있다.

위 : 케임브리지 애널리티카의 내부 고발자 크리스토퍼 와일리

"제3차 세계 대전은 군인과 민간의 구별이 따로 없는 게릴라 정보전이다."

철학자 마셜 매클루언

마스키로브카

마스키로브카는 진실을 믿기 힘든 수준으로 비트는 군사 정보 작전을 통칭하는 러시아어다. 러시아는 국내 군사 작전에 마스키로브카 전술을 처음 사용했으나, 지금은 세계 전역의 민주주의 시스템을 공격하기 위해서도 사용한다. 현재의 마스키로브카 전술이 과거와 가장 다른 점은 모두가 연결된 소셜 미디어 세계를 이용한다는 것이다. 오늘날 러시아는 최소한의 비용과 그럴듯한 각종 구실로 외국 시민들을 직접 겨냥할 수 있다.

정보 작전

정보 작전에는 미디어를 이용해 사람들의 믿음을 조작하여 그들에게서 다른 행동을 끌어내는 일이 포함된다.

적극적 조치란 특정 상황에 관한 사람들의 믿음을 통제하는 것이다.

반사적 통제란 사람들이 선호하는 시나리오를 뒷받침하는 정보를 제공하여, 자기가 원하는 바를 표적 대상에게서 자발적으로 끌어내는 것이다.

거짓 정보란 부분적으로 진실에 근거하고 있지만 현실을 극적으로 왜곡해 진실이 아니게 된 정보이며, 사람들을 속여 적에게 이익이 되는 행동을 취하도록 한다.

정보 작전에서는 인터넷에서 얻을 수 있는 방대한 정보를 무기로 삼아, 거짓 정보나 오해를 불러일으키는 정보를 심어 사람들이 자국이 아닌 타국에 이로운 결정을 내리도록 한다. 이는 교묘한 수법이라 막기가 어렵다.

소련 시절에는 정보 작전 기술을 군사적 용도로만 사용했으나, 1990년대 이후의 러시아는 그 밖의 용도로도 사용하고 있다. 러시아 대통령 블라디미르 푸틴은 마스키로브카의 대가다. KGB에 16년간 몸담은 그는 1995년에 KGB의 후신인 러시아 연방보안국(FSB)의 수장이 되었다. 2000년에 처음 대통령이 된 후로는 자신의 정보 작전 실력을 유감없이 발휘하고 있다.

기만 정보란 기만이라는 구체적 목표를 지닌 거짓 정보로, 종종 국가가 퍼뜨린다.

오보란 부정확한 정보라는 점에서 기만 정보와 비슷하지만, 정보의 공급 주체가 국가가 아니며, '재미'로 포장될 수 있다.

프로파간다란 특정한 세계관을 퍼뜨리는 관영 미디어다. 예를 들면, 러시아 정부가 거의 모든 내용을 검열하는 RT.com이 있다.

봇넷(악성코드 봇에 감염되어 해커가 마음대로 제어할 수 있는 좀비 PC들로 구성된 네트워크_옮긴이)은 전략적인 거짓 정보를 뒷받침하는 정보를 증식시키고 퍼뜨린다.

딥페이크란 머신 러닝의 일종인 딥 러닝 기술로 합성되거나 조작된 미디어로, 하나 이상의 거짓 정보를 뒷받침할 증거를 만들기 위해 위조된 오디오나 기타 언론 정보를 가리킨다.

언론 기사는 마스키로브카를 보조한다. 많은 언론인이 감정을 자극하고 클릭 수를 높이기 위해 선정적으로 기사를 쓴다. 소셜 미디어의 알고리즘은 기사의 사실 여부와 상관없이 인기 있는 것만 띄운다.

거짓 정보 : 누가 2016년 미국 대선에 개입했는가?

2016년 미국 대선에 러시아가 개입했다는 확실한 증거가 수사를 통해 드러났다. 하지만 완전히 다른 주장을 펼치는 거짓 정보는 대선에 개입한 국가를 우크라이나로 지목했다. 그런데 사람들은 자기가 신뢰하는 소식통으로부터 이러한 거짓 정보를 접하면, 거짓 정보를 그대로 믿고 반박 증거에 맞닥뜨리더라도 기존의 믿음을 고수하는 경향이 심하다. 이 경우에 신뢰할 만한 소식통 역할을 한 인물들은 저명한 공화당 정치인들과 도널드 트럼프 대통령이었다.

위 : 백악관의 보안 분석가로 일했던 피오나 힐이 의회에 출석해 2016년 대선에 러시아가 개입한 사실을 증언했다.

2016년, 미국 국토안보부(DHS)는 러시아 해커가 일리노이주 유권자 데이터베이스에 침투한 사실을 확인했다. 러시아는 마음대로 데이터베이스에 침투해 데이터를 조작할 능력이 자신들에게 있다는 것을 보여주었다. 해킹 공격 주체에 대한 가짜 뉴스까지 뿌려 이 사실을 한 번 더 확인시켰다. 러시아는 일석이조의 효과를 거두었다. 미국 민주주의에 대한 신뢰를 떨어뜨리고, 적수인 우크라이나를 곤경에 처하게 한 것이다.

사이버 전쟁

인터넷은 핵 공격에도 살아남을 수 있는 분산형 통신 시스템으로서 개발되었고, 냉전이 끝난 후에는 사람을 잇고, 지역을 잇는 수단이 되었다. 기업과 국가가 교역과 통신을 점차 인터넷에 의지하게 되자, 인터넷은 공격의 수단이자 공격의 대상이 되었다. 정부의 지원을 받는 해커들은 외국 정부나 민간 기업도 공격할 수 있다.

사이버 공격을 수행하는 방법은 다양하다. 그중에서도 멀웨어가 가장 보편적으로 사용된다. 타깃이 된 컴퓨터에 멀웨어를 몰래 설치해, 다른 컴퓨터로 전파될 수 있는 웜, 스파이웨어, 랜섬웨어, 바이러스 등을 심는 방법이다. 멀웨어는 양자 간의 통신을 제삼자가 몰래 조작하는, 중간자를 매개로 한 공격에서도 사용될 수 있다. 피싱은 이메일이나 가짜 웹사이트를 동원하여 피해자의 신원 인증 정보를 사취하는 방법이며, 서비스 거부(DoS) 공격은 시스템 과부하를 일으켜 시스템을 정당하게 이용하려는 이들의 시스템 접근을 막는 방법이다.

사이버전 매뉴얼을 만들다

사이버전이 국제적 문제로 대두되자, 전문가 집단이 사이버 교전에 어떻게 국제법을 적용할지 논의하기 위해 2009년에 에스토니아에서 머리를 맞댔다. 그 결과, 2012년에 탈린 매뉴얼이 나왔고, 2017년에는 탈린 2.0으로 개정되었다. NATO, 사이버 방어 협력 센터, 국제적십자위원회, 미국 사이버 사령부가 함께 완성한 이 문서는 무장 공격에 상응한다고 여겨지는 가장 파괴적인 형태의 사이버 공격에 초점을 맞추고, 피해국이 자기 방어권을 행사할 수 있는 경우를 규정한다.

러시아의 사이버전

2015년 12월 30일, 러시아는 피싱 이메일과 멀웨어를 이용해 우크라이나 에너지 회사 세 곳의 사내 네트워크를 해킹하며, 우크라이나를 상대로 한 전력망 공격에 처음으로 성공했다. 이 해킹으로 러시아는 우크라이나의 감시 제어 및 데이터 수집(SCADA) 시스템을 장악하고 원격으로 전기 변전소 가동을 중단시킬 수 있었다. 동시에 콜센터에 DoS 공격을 해서 고객들이 업체에 연락하지 못하도록 했다. 그리고 마지막으로 해킹한 회사의 IT 시설을 마비시키고 중요한 파일을 파괴했다.

워너크라이 감염

워너크라이 랜섬웨어는 원래 NSA에서 개발되었으나 2017년에 섀도 브로커스라는 해커 단체에 도난당한 뒤 유포되었다. 워너크라이는 80곳이 넘는 영국 국민 보건 서비스(NHS) 트러스트를 감염시키고, 전국의 시스템을 마비시키며 비트코인을 요구했다. 하지만 보안 연구원 마커스 허친스가 영리하게 워너크라이를 막아냈다. 워너크라이에 감염된 컴퓨터들이 특정 웹사이트에 접속하려고 시도한다는 것을 눈치채고 해당 웹사이트의 주소를 사서 확산을 차단한 것이다.

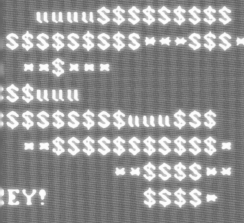

낫 페트야 웜

2017년 6월 27일, 러시아는 낫 페트야라는 멀웨어 웜을 사용하여 또다시 우크라이나를 공격했다. 낫 페트야는 우크라이나 기업 대부분이 사용하는 회계 소프트웨어의 자동 업데이트 파일에 배포되었다. 우크라이나의 오프라인 프로그램을 마비시킨 낫 페트야는 인터넷으로도 침투해 세계 곳곳의 통신망을 마비시켰다. 특히 다국적 해운 기업인 A.P. 몰러 머스크 그룹의 경우 전체 시스템이 마비되었다. 이 공격의 배후에는 러시아 정보기관 두 곳, 바로 연방보안국(FSB)과 정보총국(GRU)이 있었다. 백악관은 이 공격으로 인한 총피해액을 100억 달러로 추산했고, 이는 역사상 피해액이 가장 큰 사이버 공격이었다.

소니 해킹 사건

2014년에 개봉한 〈디 인터뷰〉는 북한의 최고 수장인 김정은을 암살하려는 시도를 그린 코미디 영화다. 북한은 이 영화를 제작한 소니 픽처스에 보복하기 위해 기묘한 해킹 공격을 벌였다. 스스로 평화의 수호자(GOP)라 칭한 해커 단체가 영화를 개봉하는 극장들을 상대로 테러 공격 위협을 가했고, 소니 직원들의 이름, 주소, 사회 보장 번호, 급여 정보 등의 개인 신상 정보를 공개하기에 이르렀다(특히 마지막 정보가 많은 이의 심기를 건드렸다). 북한은 해킹에 대한 책임을 전면 부인했으나, 미국 법무부는 북한군 정찰총국에서 일하는 해커 박진혁을 형사 고발했다.

위 : 낫 페트야에 감염된 컴퓨터의
화면에는 이 불길한 이미지가 뜬다.

위 : 핵농축 원심분리기

디지털 핵무기

세계 최초의 디지털 무기로 불리는 컴퓨터 웜 스턱스넷은 오로지 하나의 대상만 공격하도록 설계되었다. 바로 이란의 우라늄 농축 프로그램 본거지인 나탄즈 연구소다. 누가 스턱스넷을 만들었는지는 밝혀지지 않았지만, 전문가들은 이스라엘과 미국의 합작품일 것으로 생각한다. 스턱스넷은 2010년에 처음 발견되었으나, 2005년부터 개발했을 것으로 추정된다. 나탄즈 연구소의 원심분리기 시스템을 노린 스턱스넷은 1,000개의 원심분리기가 제각기 따로 돌게 만들어 우라늄 농축 과정에 필수적인 기계를 파괴했다. 스턱스넷은 유선 연결도 무선 연결도 되어 있지 않은 '망 분리'된 컴퓨터 시스템에 침투했다. 망 분리된 시스템에 침투했다는 것은 누군가가 USB로 직접 컴퓨터에 스턱스넷을 심었다는 뜻이다.

위 : 마커스 허친스는 크립토스 로직에서 근무하는 디지털 보안 연구원으로, 2017년 5월에 자기 방에서 파괴적인 사이버 공격으로부터 세상을 구했다.

내부 고발자

개인이 자기 신념에 따라 공공의 이익을 위해 기밀 정보를 폭로하는 것이 어제오늘의 일은 아니지만, 인터넷 시대가 도래하면서 방대한 자료를 대중에게 즉각적으로 공개하는 일이 가능해졌다. 최근에 가장 큰 주목을 받으며 논란을 몰고 온 고발자로는 첼시 매닝과 에드워드 스노든이 있으며, 두 사람 모두 미국의 기밀문서를 공개했고, 이들의 행동을 두고 여론이 갈렸다.

위 : 2013년, 에드워드 스노든이 모스크바에서 NSA 프로그램에 대해 말하고 있다.

위 : 스노든의 폭로 후, 워싱턴 D.C.에서 일반인을 감시하는 활동에 반대하는 시위대가 행진하고 있다.

에드워드 스노든

2009년부터 2013년까지 국가안보국(NSA)에서 계약직으로 일한 에드워드 스노든은 (미국, 영국, 캐나다, 호주, 뉴질랜드로 구성된) 파이브 아이즈 정보 동맹국들을 포함한 협력 국가들과 통신·기술 회사들의 비밀 감시 활동이 담긴 문서를 보았다. 스노든은 내부 채널을 통해 우려의 목소리를 냈지만, 문제가 시정되지 않자 점차 환멸감을 느끼게 되었다. 2013년, 직접 문제를 해결하기로 마음먹은 그는 NSA의 극비 정보를 유출하여 국제 감시 프로그램의 존재를 폭로했다. 스노든의 폭로로 정보기관이 사람들의 이메일과 문자 메시지를 포함한 개인 통신을 얼마큼 감시하고 있는지가 드러났다. NSA가 사찰하고 있던 사람 중에는 35명의 세계적인 지도자가 포함되어 있었고, 특히 독일의 앙겔라 메르켈 총리가 심하게 사찰당하고 있었다. 스노든은 미국이 산업 스파이 활동을 한다고도 폭로했다.

스노든의 폭로 후 미국 법무부는 스노든에게 간첩법 위반 혐의 두 건을 적용하고 미국 여권을 취소했다. 당시에 홍콩에서 모스크바로 이동 중이던 스노든은 취소된 여권 때문에 러시아에 도착한 후에 합법적으로 입국할 수 없었다. 러시아는 그에게 망명을 허락했고, 그 후로 그는 러시아에 머물고 있다. 공안기관들은 유출된 일부 파일에서 민감한 정보가 제대로 삭제되지 않아 알카에다를 상대로 한 정보 작전이 노출되었고, 그 결과 정보원들이 죽었으며, 알카에다 같은 조직들이 보안을 강화함에 따라 NSA에서 국제 테러 활동을 잡아내는 일이 더욱 어려워졌다고 나중에 진술했다. 스노든의 폭로는 사생활 보호와 국가 안보 사이에 어떻게 균형추를 맞춰야 하는지에 대해 격렬한 논쟁을 불러일으켰다.

위 : 2017년의 첼시 매닝

파나마 페이퍼스

존 도라는 익명의 내부 고발자가 2016년에 파나마의 법률 회사인 모색 폰세카에서 1,100만 개가 넘는 문서를 유출했다. 1970년대까지 거슬러 올라가는 이 문서들에는 21만 4,000개가 넘는 유령 회사의 정보가 담겨 있었는데, 이 회사들은 정치인, 억만장자를 비롯한 영향력 있고 부유한 사람들의 탈세, 사기, 뇌물, 제재 회피 수단이었다.

첼시 매닝

2010년, 미 육군 정보병으로서 기밀 정보에 접근할 수 있었던 첼시 매닝은 위키리크스를 통해 엄청난 양의 정보를 유출했다. 유출된 문서에는 이라크 전쟁 일지, 외교 전문, 관타나모만 관련 파일이 포함되어 있었다. 심지어 2007년에 바그다드에서 아파치 헬기가 공중 사격을 하는 영상도 있어서, 미군이 민간인들을 총격해 죽이는 모습이 여실히 드러났다. 해당 영상으로 그러한 공격이 과연 적법한지에 대해 국제적 논쟁이 일었다.

　매닝은 음악 CD로 위장한 CD와 카메라 SD 카드에 기밀 파일들을 복사했다. 그녀는 제일 먼저 「뉴욕 타임스」와 「워싱턴 포스트」에 연락하여 그들이 해당 정보에 관심이 있는지 확인했으나 아무런 반응을 얻지 못했다. 그래서 기밀 파일들을 위키리크스에 보냈고, 2010년 2월에 위키리크스에서 파일들이 공개되기 시작했다. 매닝은 22개 혐의로 기소되었고, 그중 10개에서 유죄가 인정되었다. 매닝은 2010년부터 2017년까지 복역하다가 오바마 대통령의 사면으로 풀려났다.

> "내부자든 외부자든, 의심의 여지가 없는 잘못을 폭로한 합법적인 고발자는 정부의 징벌로부터 면책될 자격이 있다, 반드시. 정부가 내부 고발자에 대한 법적 보호를 성문화하지 않는다면, 법 집행 기관은 오로지 자신들의 역량이나 세계 언론의 보도 내용에만 의지해 자료를 구해야 할 것이다."

파나마 페이퍼스 내부 고발자 존 도

미트로힌의 기록물

1992년, KGB의 기록 보관인 바실리 미트로힌은 라트비아 리가 주재 영국 영사관에 걸어 들어가 거절할 수 없는 제안을 했다. KGB 기록 보관소 책임자로 30년 동안 근무한 미트로힌은 KGB가 본부를 이전할 당시에 그 방대한 기록물을 구청사에서 신청사로 옮겨야 했다. 12년이 넘게 걸린 작업이었다. 미트로힌은 자료를 정리하면서 따로 사본을 만들었다. 사실 그는 리가 주재 미국 대사관을 먼저 방문했지만, CIA 요원들이 그를 믿지 않아 영국으로 발길을 돌렸다.

　이로써 역대 최대 규모의 KGB 기밀 정보가 영국의 손에 들어가게 되었다. 이 사건으로 드러난 작전 중에는 미국 국무장관 헨리 키신저의 전화 도청 작전, 케네디 대통령 암살 사건의 진실을 호도하는 기만 정보 작전, 마틴 루서 킹 주니어를 음해하여 인종 간 대립을 부추기려는 작전 등이 있었다.

드론

미국과 이스라엘은 위험한 환경에서 항공 요원의 인명 손실을 막기 위해 1970년대에 선구적으로 드론을 사용했다. 공식 이름은 무인 항공기(UAV)인 드론은 로봇 항공기로서 적지를 정찰하는 데 탁월해 군대나 CIA 같은 정보기관에서 사용된다.

드론은 경비행기 크기의 프레데터 드론부터 단기 정찰 임무를 위해 개발된 곤충 크기의 소형 로봇 드론까지, 다양한 크기로 제작된다. 드론은 정찰 위성이 수집하는 것과 유사한 정보를 수집하는 데 사용된다. 9·11 테러 이후, 미국 등의 국가에서는 공격 능력을 갖춘 드론을 사용하여 적을 원격으로 사살하고 있다.

위 : 기술자들은 곤충의 비행법을 연구하여 민첩한 소형 드론을 생산한다. 이 드론은 잠자리를 본떠 만들었다.

오른쪽 : 이 거대한 프레데터 드론은 길이가 8미터이고 날개폭이 15미터에 달한다.

탐지 장비

드론 공격

제너럴 아토믹스 에어로노티컬 시스템사의 RQ-1/MQ-1은 가장 널리 알려진 드론 중 하나로 프레데터라고도 불린다. 1980년대에 CIA와 국방부는 드론의 능력을 시험하기 시작했다. 그들은 이스라엘 공군 무인기 설계 책임자인 에이브러햄 카렘과 공조하여 훗날 프레데터로 불리는 드론을 설계했고, 이를 미국 공군의 군사 작전과 CIA의 정보 작전에서 모두 사용하고자 했다. 1990년대부터 드론은 전투 임무에 배치되기 시작했다. 헬파이어 지대공 미사일을 장착한 프레데터와 프레데터보다 규모를 키우고 무장을 강화한 후신 MQ-9 리퍼 덕분에 요원들을 보호하고 공격 정확도를 높일 수 있었다. 그러나 드론 공격이 가져온 부수적인 피해도 있었다. 파키스탄과 예멘 같은 곳에서 드론 공격으로 어린이를 포함한 민간인 사상자가 나오면서 현지 주민들이 드론 사용에 적개심을 품게 되었다.

기술 혁신으로 첩보 활동 방식도 크게 변했다. 하지만 첩보 활동의 목적과 동기는 거의 변하지 않았다. 인간은 여전히 인간이기 때문이다. 기술은 여러 측면에서 첩보 활동에 변화의 바람을 불러오고 있으며, 새로운 기회를 창출하는 동시에 기존 방식을 쓸모없게 만들기도 한다. 특히 위장 신분의 사용이 과거와 가장 크게 달라졌다. 디지털 시대 이전에는 여러 개의 위장 신분을 유지하는 것이 가능했으나, 지금은 출입국 관리소 등에서 생체인식 기술과 데이터베이스 기술을 공동으로 운용하므로 불가능해졌다. 더군다나 금융 거래 기록까지 포함해야 한다면, 위장 신분을 장기적이고 효과적으로 개발하기란 거의 불가능하다.

변화된 기술 지형으로 인한 애로 사항 때문에, 수수소나 브러시 패스처럼 이미 검증된 재래식 첩보 기술로 되돌아가는 공작관들도 있다. 언제나 그랬듯이 첩보 기술의 본질은 거짓을 선동하고 자취를 감추는 것이지만, 오늘날의 스파이는 디지털 세계에서도 자취를 잘 감추어야 한다. 또한 인간 행동의 동인, 예상되는 동기, 사람들의 심리를 주물러 원하는 것을 얻는 방법에도 통달해야 한다.

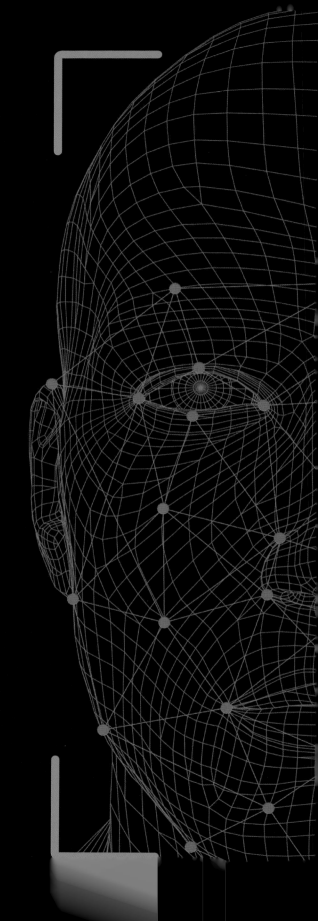

위장 신분

디지털 세계에서는 스파이에게 쓸 만한 위장 신분을 제공하는 일이 점점 어려워진다. 스파이가 적발되지 않고 여러 나라를 이동하는 일이 더는 쉽지 않아졌다. 작은 국가들조차 생체인식 스캐너와 공유 데이터베이스에 접근할 수 있기 때문이다. 그리고 국가기관은 신분을 위장한 스파이를 적발하기 위해 생체 정보를 훔칠 수도 있다. 이러한 까닭으로 스파이를 채용하는 일이 더 어려워졌고, 그 결과 어떤 결정을 내리는 데 이용 가능한 인간 정보가 감소하게 되었다.

과거에는 누군가의 진짜 신분을 알아내려면 많은 조사를 해야만 했다. 그런데 오늘날에는 공공장소에 설치된 카메라, 얼굴 인식 소프트웨어, 공개 출처 정보, 소셜 미디어, 금융 거래 기록, 휴대 전화에 내장된 GPS 등으로 방대한 정보를 손쉽게 수집할 수 있다. 어느 오후에 봤던 어떤 사람의 정체를 알아낼 수 있는 것이다. (중국처럼 정부가 데이터베이스를 구축하고 있고, 사용할 때마다 허가를 받을 필요도 없다면, 이런 일은 더욱 식은 죽 먹기다.) 디지털 세계에 아무런 흔적을 남기지 않는다고 해서 의심을 피할 수 있는 건 아니다. 디지털 기록이 없는 사람은 기록이 없다는 점 때문에 의심을 받을 수 있다.

새로 채용된 요원들만 작전에 투입될 때도 있는데, 아직 그들의 디지털 기록이 첩보 활동과 관련이 없기 때문이다. '클린 스킨'으로 불리는 이 젊은 요원들은 기껏해야 한두 번 작전에 투입되고선 신원을 폐기해야 하므로 현장 경험을 쌓을 만한 시간적 여유가 부족하다. 정보기관은 일부 작전에서 등잔 밑이 어둡다는 점을 이용해 요원들의 진짜 신분, 즉 '자연 위장'을 이용하기도 한다. 그 밖의 작전에서도 요원들에게 국가당 하나의 가명만 사용하도록 하는데, 한 국가에서 여러 개의 위장 신분으로 활동하는 일이 불가능해졌기 때문이며, 얼굴 인식 기술이 등장한 이후로는 특히 그렇다. 그리고 매번 새로운 요원에게 일회성 임무를 부여하기도 하는데, 위장 신분으로 활동할 기회는 단 한 번뿐이기 때문이다.

스파이들은 흔히 죽은 사람의 신원을 도용하곤 하지만, 앞으로는 출생 및 사망 신고 기록을 해킹해서 태어나지도 않은 사람의 가짜 신원(일명 '셸프 베이비')을 만들어낼 수도 있다. 이러한 위장 신분은 간단한 링크드인이나 페이스북 계정을 만들어 보완하면 더 그럴싸해 보인다.

신기술로 더 까다로워진 첩보 활동

안면 인식 기술은 스마트 시티, 출입국 관리, 항공 여행 관련 기술이 발달하면서 우리 삶에 녹아들게 되었다. 안면 인식 기술은 이스라엘에서 개발된 뒤 중국에서 폭넓게 사용되고 있으며, 이 기술을 통해 위장 신분으로 활동하는 공작원과 정보원들을

아래 : 많은 국가에서 COVID-19 확진자를 추적하는 추적 앱이 제작되었다. 한국에서 개발된 한 휴대 전화 앱은 코로나바이러스 확진 판정을 받게 된 사람과 밀접하게 접촉한 적이 있는 경우에 사용자에게 경고해 준다. 이 앱은 블루투스 기능을 이용해 사용자의 휴대 전화와 동선이 겹치는 다른 휴대 전화들의 기록을 전부 보관한다. 한국인들은 공중 보건을 위해 사생활 침해를 감수하며 이 앱을 활발히 사용하고 있다.

냉전 시대 스파이 기술에서 얻은 영감

어떻게 이 새로운 디지털 시대의 첩보 활동에 맞설 수 있을까? 어떤 이들은 과거에서 아이디어를 얻는다. 냉전 시대 스파이 기술로 회귀하여, 슬리퍼 요원(장기 고정간첩)을 이용하거나 감시가 없는 외딴곳의 수수소를 이용하는 것이다. 불법체류 프로그램에 속한 11명의 러시아 슬리퍼 요원들의 경우, 일부는 자녀들조차 자기 부모님이 스파이라는 사실을 몰랐다(229쪽 참조). 이들 요원은 수수소, 난수 방송을 비롯한 기타 냉전 시대 스파이 기술을 사용해 작전을 수행했다. 아무리 감시가 판치는 세상이더라도 스파이가 열심히 산을 오르내리며 외딴곳에 숨겨진 수수소를 찾는 일까지 막지는 못한다. 좀 더 북적이는 지역에서는, 두 사람이 엇갈려 스쳐 지나가면서 한 사람이 다른 사람에게 자료를 건네는 고전적인 브러시 패스 기법을 다시 사용할 수도 있다.

이제는 우리 모두가 스파이이다

우리가 일상생활이나 일터에서, 혹은 친구들과 교류하기 위해서 사용하는 웹사이트들은 해킹당해 스파이 채용 도구로 이용될 수 있다. 우리 휴대폰에는 멀웨어가 침투할 수 있고, 언론 기사에는 프로파간다가 도사리고 있다. 한편 우리는 아마존에서 스파이 도구를 살 수 있고, 휴대 전화에 스파이 앱을 깔 수 있으며, 컴퓨터만 있으면 구글 위성 사진으로 정보 활동을 할 수 있다. 암호화 통신 기술 덕분에 텔레그램 같은 앱을 이용해서 세계 어디서든 비밀 정보를 공유할 수도 있다.

일상 속 첩보 도구

오늘날 우리는 기존에 스파이만 사용했던 정교한 기술에 접근할 수 있다. 예를 들면, 휴대 전화에 앱을 다운받아 통신 내용이나 비밀 폴더를 안전하게 지킬 수 있다. 휴대 전화에 사진 및 영상 촬영 기능이 있으면 도청 장치로 사용할 수도 있다. 위커, 시그널, 왓츠앱 등 메시지가 암호화되거나 일정 시간 이후 자동으로 삭제되는 메신저를 이용해 통신 내역을 은폐하는 것도 가능하다. 어떤 앱들은 메시지를 아무도 엿볼 수 없게 철저히 암호화하는 기능을 갖추고 있다. 하지만 여전히 기술을 제공하는 업체 측에서는 메타데이터나 키워드를 모니터링할 수 있다는 사실을 명심해야 한다. 우리는 구직 사이트나 소셜 미디어 사이트 등 다양한 플랫폼에서 복수의 아이디를 만들 수 있으며, 법적으로 신원을 증명할 필요도 거의 없다. VPN(가상 사설 통신망)을 이용해 현재 위치를 조작하여 인터넷 트래픽을 숨기는 일도 가능하다. 청소년들은 휴대 전화를 방에 남겨두고 밖에서 블루투스 이어폰으로 엿들으면서 휴대 전화를 원격 도청기로 사용하는 방법을 깨우쳤다.

민간인 수사대

정보 공개로 수수께끼가 풀릴 때도 있다. MI5와 KGB의 이중 스파이였던 세르게이 스크리팔과 그의 딸 율리아를 노린 솔즈베리 독살 미수 사건(177쪽 참조)의 경우, 두 사람이 독에 노출된 경위가 수수께끼였다. 하지만 영국 당국은 살인 미수범으로 의심되는 남자들이 찍힌

왼쪽 : 스파이 한 명을 찍은 세 장의 사진. 오른쪽 사진은 아나톨리 체피가의 여권 사진이고, 가운데 사진은 루슬란 보시로프의 여권 사진이며, 왼쪽 사진은 영국 경찰이 공개한 보시로프의 사진이다.

CCTV 영상을 갖고 있었고, CCTV 이미지와 출입국 관리소 데이터를 대조하여 용의자의 위장 신분을 알아내는 것까지 성공했다. 용의자는 휴가차 솔즈베리를 방문한 스포츠 영양학자 루슬란 보시로프로 위장했다. 수사관들은 보시로프의 여권 정보를 입수했지만, 여권은 가짜였다. 그래도 CCTV에 찍힌 그의 모습과 대략적인 나이를 알 수 있었다.

(국제 민간인 수사대 조직인 벨링캣의 제휴사) 인사이더의 민간인 수사대가 CCTV 사진을 이용해 러시아인으로 의심되는 살인 미수범을 찾기 시작했다. 이들은 CCTV 영상을 온라인 검색엔진에 올라온 이미지들과 비교했고, 사관학교 졸업앨범이나 검색 결과 페이지, 러시아에서 유출된 주소/전화번호 데이터베이스에 올라온 사진과도 비교했다. 지난한 작업이었지만 소득이 있었다. 이렇게 얻은 정보를 바

탕으로 수사대는 살인 미수범이 GRU의 정보 장교인 아나톨리 체피가 대령이라고 밝힐 수 있었다.

용의자들의 금융 거래 기록을 조사한 결과 그들이 머문 호텔이 드러났고, 그곳에서 스크리팔의 아파트 현관문에 뿌린 것과 같은 독극물이 검출되었다. 체피가가 적발된 후 그의 사진을 다른 데이터베이스에도 돌리자, 그가 불가리아에 있던 때에 한 군수업자가 수상하게 독살당한 사실이 드러나 현재 그 사건도 조사 중이다.

이 사례는 공개 출처 정보를 이용해 누군가를 찾아낼 수는 있지만, 어디에서 무엇을 뒤져야 하는지 알려면 시간을 들이고 창의성을 발휘해야 한다는 사실을 보여준다. 또한, 공작원들이 일회성으로 이용된다는 사실도 보여준다. 체피가의 위장 신분이 폐기되었고, 이제 그가 다른 비밀공작을 수행하기란 어려울 것이다.

CIA와 민간 부문

냉전 시대에는 많은 요원이 평생 CIA에서 일했고, 그들이 은퇴하면 비밀도 함께 사라졌다. 오늘날 요원들은 CIA에서 얼마간 일하다가 떠나며, CIA에서 얻은 지식을 다음 커리어에서도 활용한다. 전직 CIA 요원인 밸러리 플레임은 부시 행정부 때문에 정체가 들통나 더는 CIA에서 일할 수 없게 되자 회고록을 썼다. 그리고 할리우드에서 그녀의 회고록을 바탕으로 몇 편의 첩보 영화를 제작했다.

전직 CIA 요원들이 주로 선택하는 진로는 개인 컨설팅 회사를 차리거나 민간 군수업체에서 일하는 것이다. 전직 CIA 요원들이 보디랭귀지 읽는 법, 위장법, 속임수, 감시 등을 가르쳐 주는 영상도 있다.

반대의 경우도 존재한다. CIA가 위장 신분에 신빙성을 더하기 위해 민간 부문 전문가를 작전에 동원하는 것이다. 영화 〈아르고〉의 모티브가 된 캐나디안 케이퍼 작전이 그 예이다. 당시 CIA 요원 토니 멘데스는 할리우드 관계자들을 동원해 가짜 영화 제작사를 만들었다(187쪽 참조).

위 : 밸러리 플레임

용어 해설

거짓 정보(Misinformation)
(마스키로브카의 경우처럼) 잠재적 스파이 또는 기타 정보 수집자나 정보 사용자를 속이기 위해서 이용되는 가짜 정보

거짓/허구 설명(False/Fictional Narrative)
위장 신분을 뒷받침하는 이야기다. 첩보 작전의 일부로서 스파이에게 사실적이고 개인적인 배경을 부여하기 위해 발전시키고 정교화한다.

검보정 타깃(Calibration Target)
높은 고도에서 보이도록 페인트나 콘크리트로 표시한 표적으로, 항공기의 정찰 카메라를 조정하는 데 사용한다.

검은 손(Black Hand)
1901년에 세르비아 왕국 군대에 창설된 비밀 군사 조직이며, 1914년에 세르비아에서 일어난 프란츠 페르디난트 대공 암살 사건에 관여한 것으로 알려졌다.

게슈타포(Gestapo)
나치 독일의 비밀경찰로 Geheime Statzpolizei의 약자다. 1933년에 창설되어 나치 독일이 멸망한 1945년까지 유대인, 동성애자, 자유주의자 등 '바람직하지 못한 인물'과 반체제 인사들을 수도 없이 처형했다.

경쟁 정보 활동(Competitive Intelligence)
기업이 경쟁업체의 발전 정도와 시장에서의 성과를 가늠하기 위해서 합법적인 방식으로 조사하고 정보를 수집하는 것

경제 스파이 행위(Economic Espionage)
외국 세력이나 경쟁 기업에 이익이 되는 영업 비밀을 훔치는 행위

공작관(Case Officer)
첩보망을 관리하는 정보관으로 공작원들을 채용하고 교육하며, 현장에서 그들과 접선한다.

공직 위장(Official Cover)
정보기관 공작원이 정부 산하의 외교기관에 공식적으로 존재하는 직위를 부여받아 활동하는 것이다. 외교관 면책 특권이 있어서 첩보 활동으로 야기되는 위험으로부터 보호받을 수 있다.

국가정치국/합동국가정치국(GPU/OGPU)
'합동/국가정치국'이라는 뜻의 Obyedinyonnoye/Gosudarstvennoye politicheskoye upravlenie의 약어로, 1922년부터 체카의 후신 역할을 한 소련의 비밀경찰 조직이다. 국가정치국(GPU)을 개편한 합동국가정치국(OGPU)이 1923년부터 1934년까지 존재했고, OGPU는 다시 내무인민위원회(NKVD)로 개편됐다.

그레이트 게임(Great Game)
19세기 대부분 기간 동안 러시아와 영국이 아프가니스탄과 그 이웃 국가에서 정치적, 외교적 패권을 두고 벌인 알력 다툼을 일컫는 단어

난수 방송(Numbers Stations)
음성 번호를 때때로 음악이나 문장과 함께 내보내는 단파 라디오 방송으로, 외국에서 활동하는 정보 공작원들에게 보내는 암호화된 지령이다.

내부자 위협(Insider Threat)
민감한 정보나 보안 시스템에 접근할 수 있는 직원이나 기타 사람

널 암호(Null Cipher)
단순한 스테가노그래피 기법으로 은닉 암호라고도 불린다. 평문의 비(非)암호 텍스트 사이에 메시지를 숨겨서 은폐하는 방법이다. 예를 들면, 문단의 세 번째 단어만 읽어야 메시지가 드러나는 식이다.

노비촉(Novichok)
러시아어로 '신인'이라는 뜻이며, 1971년부터 1993년까지 소련·러시아 과학자들에 의해 개발된 일련의 신경작용제를 지칭한다. 2018년에 영국 정보국의 이중 스파이였던 세르게이 스크리팔을 독살하기 위해 사용되었다.

다중문자 치환(Polyalphabetic Substitution)
다중 치환 방식을 사용하는 암호화 방식의 하나다. 암호키에 따라 메시지의 첫 번째 문자를 다른 문자로 대치하고, 대치한 첫 번째 문자에 따라 두 번째 문자를 대치하며, 대치된 두 번째 문자에 따라 세 번째 문자를 대치하고, 이를 계속 반복한다.

대숙청(Great Purge)
1936년부터 1938년까지 소련에서 스탈린의 감독하에 정치적 탄압이 자행된 시기로, 소수민족, 부유한 농민, 정부나 당의 간부, 군 지도자들이 대규모로 투옥되고 처형되었다.

대즐 위장(Dazzle)
'래즐대즐' 혹은 '대즐 페인팅'이라고도 한다. 1차 대전, 2차 대전 당시의 선박 위장 기술이다. 선박을 숨기려 하기보다는 색과 무늬의 조합으로 적군이 표적 선박의 진행 방향, 규모, 속도를 가늠하지 못하게 하려고 했다.

더 룸(The Room)
더 클럽 참조

더 클럽(The Club)
기존에 '더 룸(The Room)'으로 알려진 조직으로, 1930년에 빈센트 애스터 등이 창립했다. 프랭클린 루스벨트 대통령을 도와 금융 정보, 해운 정보, 영국 정보기관을 감시했고, 제2차 세계대전이 발발하기 전에 일본과 독일의 잠재적 군사 활동을 감시했다.

더 팜(The Farm)
미국 버지니아주에 있는 미군 시설인 피어리 캠프에 위치한 CIA의 비밀 훈련소를 일컫는다.

동원(Mobilization)
분쟁에 대비하여 국가의 군대와 물자를 모으고 준비하는 행위다. 제1차 세계 대전 이전에 이러한 행위는 일반적으로 전쟁 행위로 간주되었다.

두더지(Mole)
장기 비밀 작전을 위해 채용되는 스파이로서 경쟁 조직에 몸담고 있으면서 조직의 정보를 공작관에게 넘긴다.

딥페이크(Deep Fake)
'딥 러닝'과 '페이크'의 혼성어다. 시청각 자료에서 한 인물을 다른 인물처럼 보이게 컴퓨터로 조작하는 것으로, 남을 속일 목적으로 제작되었을 가능성이 크다.

레이븐/스패로(Raven/Sparrow)
냉전 시대 소련의 스파이로, 표적 대상(감시 대상자인 경우가 많다)을 해치기 위해 낭만적이고 성적인 유혹을 하도록 훈련받았다. 이들 성 스파이는 남성인 경우 레이븐으로, 여성인 경우 스패로로 불렸다.

로미오 스파이(Romeo Spy)
유혹 기술을 특별히 훈련받은 동독 남성 스파이에게 붙은 별명이다. 이들은 서독으로 파견되어 그곳 여성들과 연인 관계를 형성했는데, 많은 경우에 이 여성들은 외로운 비서들이었고, 나중에 스파이로 포섭되기도 했다.

루시 첩보망(Lucy Ring)
제2차 세계 대전 당시에 스위스에 본부를 두고 운영된 스파이 조직이다. 독일에서 망명한 루돌프 뢰슬러가 운영했고, 반나치 작전에 관여했다.

마스키로브카(Maskirovka)
러시아어로 '변장'을 뜻한다. 위장술, 기만술 등을 다루는 군사 교리이며, 제정 러시아 때부터 존재한 개념을 1920년대에 소련이 군사 교리로 발전시켰다.

멀웨어(Malware)
보통 몰래 설치되는 소프트웨어로, 컴퓨터나 전산망에 해를 입히게 의도적으로 설계되었다.

모사드(Mossad)
히브리어로 '기관'이라는 뜻이다. 이스라엘의 국가 정보기관이며 아만, 신베트와 함께 이스라엘 정보공동체를 이루고 있다.

모스크바 규칙(Moscow Rules)
'아무것도 가정하지 마라', '본능을 믿어라' 따위의 일반적이고 상식적인 지침들로, 냉전 시대에 스파이를 비롯해 모스크바에서 일했던 사람들이 따른 규칙이다.

무정부주의(Anarchism)
위계질서를 거부하고 국가의 폐지를 추진하는 정치적, 철학적 운동으로, 19세기부터 퍼지기 시작했다.

미녹스 카메라(Minox camera)
1937년부터 1943년까지 라트비아에서 제조된 초소형 카메라로, 나중에는 독일에서 제조되었다. 작은 크기와 초점 조절 능력 덕분에 미국, 영국, 독일, 루마니아 등의 정보기관에서 스파이 카메라로 널리 쓰였다.

미행(Tailing)
스파이 행위 중 표적 대상을 몰래 따라가는 행위로, 단독으로 행해지기도 하고, 다수의 요원으로 구성된 팀이 동원되기도 한다.

반사적 통제(Reflexive Control)
특정 대상에게서 끌어내고 싶은 행동이 있을 때, 그 행동을 유도하는 정보를 공유하는 것

베노나 프로젝트(Venona Project)
1943년부터 미군이 수행한 방첩 프로젝트로, 소련의 암호교신을 해독하는 데 집중했다. 맨해튼 프로젝트의 소련 스파이를 적발하는 성과를 올렸다.

볼셰비키(Bolsheviks)
'다수'를 뜻하는 러시아 단어 'bolshinstvo'에서 이름을 땄다. 1917년 11월, 러시아에서 득세한 급진 마르크스주의 당파로 1990년에 소련이 붕괴할 때까지 러시아의 유일한 집권당이었다.

붉은 배너 기관(Red Banner Institute)
러시아의 해외정보부 요원 양성소로, 첩보 활동을 교육한다. 한때는 KGB 요원을, 지금은 해외정보부 요원을 길러낸다. 블라디미르 푸틴도 이곳 출신이다.

붉은 오케스트라(Red Orchestra)
게슈타포가 독일이나 유럽 내 독일 점령지에

서 활동하는 반나치 세력과 어느 정도 관계가 있다고 여긴 단체들을 통칭하는 용어였다. 이 단체들은 소련을 위해서 함께 일한다고 여겨 졌으나 사실은 많은 단체가 서로 독립적으로 활동했다.

브러시 패스 (Brush Pass)
두 사람이 엇갈려 스쳐 지나가면서 짧게 접촉 한 순간에 한 사람이 다른 사람에게 자료를 건 네는 첩보 기술이다.

블랙 디스패치 (Black Dispatches)
미국 남북 전쟁 당시 북부군이 사용한 용어로 흑인에게서 건네받은 남부군 관련 정보를 가 리켰다(흑인들은 특정 장소에서 눈에 띄지 않고 활동 할 수 있는 노예인 경우가 많았다).

블랙체임버 (Black Chamber)
미국 최초의 평시 암호 해독기관으로 1919년에 창설되었으며, 후에 NSA로 계승되었다.

블레츨리 파크 (Bletchley Park)
영국 버킹엄셔에 있는 시골 저택과 그 부지로, 1883년에 지어졌고 GC&CS 본부로 사용되었다.

비합법 요원 (Illegals)
비공직 위장 신분으로 활동하는 스파이로 '슬 리퍼 요원'이라고도 한다.

빈도의 원리 (Frequency Principle)
암호화된 텍스트에서 글자, 숫자, 언어군이 출 현하는 빈도(나타나는 비율)에 관한 연구다. 고전 암호학에서는 해당 언어의 특정 글자나 숫자 가 평문에서 나타나는 빈도와 암호문에서 나 타나는 빈도를 비교하여 해독에 참고했다.

셸프 베이비 (Shelf Baby)
온라인에서 만들어지고 개발되는 거짓 신원으 로, 가짜 출생에서 시작해 실시간으로 개발된 다. 범죄 활동이나 비밀공작을 위해 사용하고 버릴 수 있는 신원이다.

수수소 (Dead Drop)
첩보 활동 중 정보를 간접적으로 교환하는 방 법으로, 발신자가 안전한 장소에 지령이나 정 보를 두면 나중에 수신자가 회수해 간다.

수호 부서 (Guardian Office)
사이언톨로지교의 한 부서로서 정부기관에 침 투해 기밀문서에 접근하거나 사이언톨로지교 반대자들을 공격하는 등의 정보 작전에 주력 했다. 1966년에 창설되었고, 1983년에 특수 업 무 부서로 계승됐다.

스팅 작전 (Sting Operation)
경찰이나 정보기관에서 범죄자를 현행범으로

잡기 위해서 수행하는 작전이다. 종종 비밀 요 원이 동원된다.

스파이 크래프트 (Spycraft)
첩보 기술 참조

슬리퍼 요원 (잠자는 요원, Sleeper Agent)
위장 신분을 갖고 표적 지역이나 조직으로 보 내진 후에 임무를 위해 '활성화'될 때까지 대기 한다. 슬리퍼 요원은 활동을 개시하지 않았더 라도, 원칙적으로 활동하는 데 동의했기에 반 역이나 선동 행위의 적극적인 참여자로 간주 된다.

시카리 (Sicarii)
라틴어로 '단검을 휘두르는 사람'이라는 뜻으 로, 기원전 1세기에 로마의 점령에 저항한 유대 인 저항군이다. 이들은 점령군에게 공포를 주 기 위해 살인을 저질렀다. 시카리는 역사에 기 록된 최초의 테러 조직이다.

신베트 (Shin Bet)
히브리어로 '보안 서비스'를 두 글자로 줄인 약 자다. '일반 보안 서비스'라는 뜻의 Sherut ha-Bitahon haKlali를 줄여 샤박(Shabak)이라고 부 르기도 한다. 이스라엘의 국내 보안 문제를 담 당하며, 아만, 모사드와 함께 정보공동체를 이 루고 있다.

아만 (Aman)
히브리어로 정보국을 뜻하며, 이스라엘의 군사 정보기관을 가리킨다. 이스라엘 방위군(IDF)의 독립 지부로서 1950년에 창설됐다. 아만, 모사 드, 신베트가 함께 이스라엘 정보공동체를 구 성하며, 그중 아만이 가장 크다.

아프베어 (Abwehr)
1920년부터 1945년까지 운영된 독일의 군사 정보기관이다. 독일은 베르사유 조약에 의해 정보기관을 설립하는 것이 금지되었으나 이를 무시하고 아프베어를 설립했다.

알카에다 (Al Qaeda)
아랍어로 '기지'를 뜻한다. 오사마 빈라덴 세력 이 1980년대 소련-아프가니스탄 전쟁 당시에 창설한 아프가니스탄의 극단주의 무장 및 테 러 조직이며, 9·11 테러를 비롯한 여러 사건의 주범이다.

암살자 (Assassin)
특정 대상을 살해하는 사람이다. 11세기 후반 에 창설된 종파인 중세 페르시아의 하샤시안 (Hashashiyan)에서 그 이름이 유래했다.

암호 (Cipher)
메시지의 내용을 숨기거나 드러내는 데 사용

되는 코드. 또는 정보를 암호화하거나 암호를 해독하기 위한 수학적 알고리즘

암호 기법 (Cryptography)
두 당사자 간의 안전한 의사소통을 위해 사용 되는 암호에 관한 이론이나 연구. 또는 대중이 나 제삼자가 기밀 정보를 읽지 못하도록 하는 프로토콜을 작성하는 것

에코 8 (Echo 8)
일본의 스즈키 광학 회사에서 1951년부터 1956년까지 제조한 초소형 카메라. 담배 라이 터로 가장한 에코 8 카메라에는 8밀리미터 필 름이 들어갔다.

엘알 (El Al)
히브리어로 '하늘로'라는 뜻을 지닌 이스라엘 의 국영 항공사다. 상업 목적 항공사로선 유일 하게 항공기가 지대공 미사일에 대응할 수 있 도록 조처해 두었다. 광범위한 보안 조치 덕분 에 가장 안전한 항공사 중 하나로 손꼽힌다.

영업 비밀 (Trade Secrets)
기업 운영에 무척 중요한 지적 재산이며, 그 외 에 정보 자체에 금전적 가치가 있는 것은 아니 다. 영업 비밀은 산업 스파이 활동에서 주요 타 깃이 된다.

위장 요원 (Undercover Agent)
어떤 조직에 침투하거나 특정 인물의 신뢰를 얻어 기밀 정보를 입수하기 위해 위장 신분으 로 활동하는 정보 요원을 일컫는다.

일본 적군 (Japanese Red Army)
1971년에 조직된 공산주의 준군사 단체로, 일 본 정부와 군주제를 타도하고 세계 혁명을 일 으키는 것이 목적이었다.

적군파 (Red Army Faction)
'바더 마인호프 갱'이라고도 알려진 급진좌파 무장단체로 베트남 전쟁, 국가와 경찰의 잔혹 성에 반발해 1970년 서독에서 창설되었다. 적 군파가 해산된 것으로 추정되는 1998년까지 수십 명의 사람을 죽였다.

적극적 조치 (Active Measures)
선전, 암살, 해외 반란 단체 지원 등의 정치전을 위해서 소련과 러시아 안보기관이 1920년대부 터 사용한 용어

적색 테러 (Red Terror)
1917년 러시아 혁명 이후에 볼셰비키의 정적들 을 탄압하던 기간으로, 1918년부터 1922년까 지 자행된 대량 학살도 이에 포함된다.

정보 (Intelligence)
국가 안보를 유지하기 위해 보통 스파이 활동 을 통해 수집하는 첩보다. 정보는 보통 두 가지 종류로 나뉜다. 국토 내의 잠재적 위험에 관한 국내 정보와 국토 바깥의 군사적, 외교적, 경제 적 사안에 관한 국외 정보이다.

정보원 (Informer)
종종 법을 집행하는 수사나 스파이 활동을 벌 이는 과정에서 기밀 정보를 제공하는 사람

정보 자유법 (The Freedom of Information Act, FOIA)
미국 정부의 지휘하에 정보나 문서를 부분적 혹은 전체적으로 공개하도록 하는 법이다. 이 법은 미국 대중에게 정보를 좀 더 투명하게 공 개하기 위한 것으로, 어떤 기록이 공개될 수 있 는지를 규정하고, 정보 공개를 위한 의무 규약 과 예외 사항 등을 정하고 있다.

제니트 (Zenit)
러시아어로 '천정(天頂)'을 뜻하는 제니트는 1961년부터 1994년까지 소련이 사용한 정찰 위성이다. 대외적으로는 위성의 진짜 정체를 감추기 위해 '코스모스' 무선 위성으로 알려졌 다. 제니트 위성들은 첩보 활동과 지도 제작에 사용할 위성사진을 찍었고, NATO 레이더 신호 를 방해했다.

제드버러 팀 (Jedburgh Teams)
서너 명의 연합군 요원으로 이루어진 소규모 팀으로, 제2차 세계 대전 때 유럽 내 독일 점령 지에 배치되어 현지 저항군과 함께 게릴라전 을 벌였고, 연합군의 유럽 상륙 작전인 오버로 드 작전(Operation Overlord)(노르망디 상륙 작전의 코드명_옮긴이)을 지원했다. 제드버러 팀은 영국 과 미국이 공동으로 운영했다.

제2국 (Deuxième Bureau)
1871년부터 1940년까지 존재한 프랑스 정보 기관이며, 적군 관련 정보를 수집하는 데 주력 했다.

지하 철도 (Underground Railroad)
도망 노예들이 자유 주나 캐나다로 탈출하는 것을 돕기 위해 마련된 미국 내 비밀 탈출로 및 은신처 연결망이다. 18세기 후반부터 남북 전 쟁 때까지 운영되었다. 1831년에 타이스 데이 비즈의 탈출을 언급하던 켄터키주의 한 노예 소유주가 한 말에서 이름이 유래됐다.

첩보 기술 (트레이드 크래프트, Tradecraft)
스파이 크래프트라고도 하며, 간첩 활동이나 첩보 활동에 활용되는 기술과 장비를 통칭한 다. 수수소, 미행, 암호화 기술, 초소형 카메라 나 라디오 같은 첩보 활동 장비 등이 있다.

체카(Cheka)

'전 러시아 비상위원회'의 머리글자를 따서 이름 붙였다. 1917년부터 1922년까지 존재한 소련의 첫 번째 비밀경찰 조직으로, 후에 GPU로 계승됐다.

코드(Code)

암호 참조

코로나(CORONA)

1959년부터 1972년까지 미국이 정찰 위성으로 소련과 중국 등지를 촬영할 때 사용한 프로그램이다.

키돈(Kidon)

히브리어로 '창(槍)끝'이라는 뜻이다. 모사드 내에 있는 부서로, 이스라엘의 적들을 암살한 것으로 추정된다.

키예프-30(Kiev-30)

16밀리미터 필름을 사용한 소련의 초소형 카메라로, 초점 조절용 휠이 달렸고, 원래 크기의 4분의 3으로 접을 수 있었다.

토치카 58(Tochka 58)

1958년에 소련에서 제작된 초소형 카메라로, 냉전 시대에 KGB를 비롯해 동유럽 지역의 공안기관과 정보기관에서 많이 사용되었다.

트러스트(The Trust)

체카가 만든 가짜 조직이다. 왕정복고를 위해 힘쓰는 반볼셰비키 조직으로 가장해 소련 정부와 군대의 최고위층에 침투한 뒤, 왕정복고 동조자들과 반공산주의자들을 색출했다.

특수작전부대(Special Operations Executive, SOE)

1940년에 프랑스가 나치 독일에 점령당하자 영국이 설치한 정보 부서다. 제2차 세계 대전 때 SOE의 임무는 유럽 내 독일 점령지의 현지 저항군과 연계해 사보타주 공작을 벌이는 것이었다. 미국도 OSS라는 유사 조직을 설립했다.

파이브 아이즈(Five Eyes)

호주, 캐나다, 뉴질랜드, 영국, 미국으로 구성된 정보 동맹체로서 제2차 세계 대전 후에 소련과 동구권 사이의 통신을 공동으로 감시하기 위해 설립되었다. 논란의 여지가 있었지만, 파이브 아이즈는 인터넷 통신 정보를 비롯해 상대국 시민을 사찰한 정보를 공유해 왔다.

판디트(Pandit)

힌디어로 '학자' 또는 '선생님'을 의미하는 단어로, 19세기에 영국이 자신들이 점령한 인도 북부 지역을 측량하고 탐사하도록 고용한 인도 토착민들을 지칭한다.

포켓 리터(Pocket Litter)

스파이가 위장 신분에 신빙성을 부여하기 위해 주머니에 담고 다니는 신분증, 승차권 반쪽, 종이 쪼가리, 영수증, 동전, 기타 사소한 개인 소지품 등을 일컫는다.

포티튜드 작전(Operation Fortitude)

1944년에 노르망디 상륙 작전을 앞두고 연합군이 수행한 속임수 작전의 코드명이다. 연합군의 상륙 작전이 노르망디가 아닌 다른 곳에서 일어날 거라고 독일군을 속였다. 속임수 작전을 펼치기 위해 가상의 부대를 만들고 거짓 정보를 퍼뜨렸다.

프로파간다(Propaganda)

선택적으로 조작된 정보 또는 완전히 거짓인 정보로, 청중에게 영향을 끼치고 특정한 주장을 퍼뜨리기 위해 사용된다.

피싱(Phishing)

전화, 이메일 등의 전자 통신으로 신뢰할 수 있는 사람인 척하면서 비밀번호, 계좌 정보, 신용카드 번호 등의 민감한 정보에 접근하는 행위

핑커톤 탐정 사무소(Pinkerton Detective Agency)

1850년에 앨런 핑커톤이 설립한 미국의 사설 보안 및 탐정 사무소다. 탐정 사무소 요원들은 남북 전쟁 때 에이브러햄 링컨 대통령의 개인 경호원으로 고용되었고, 민간 군사 계약을 맺기도 했으며, 훗날 19~20세기에는 노동조합

한눈에 살펴보는 약어

BKA
독일 연방범죄수사청(Bundeskriminalamt)

BUF
영국 파시스트 연합(British Union of Fascists)

CCTV
폐쇄 회로 TV(Closed-Captioned TV)

CEO
최고경영자(Chief Executive Officer)

Cheka
전 러시아 비상위원회(Vserossíyskaya chrezvycháynaya komíssiya)의 두문자어 VChK에서 딴 이름

CIA
미국 중앙 정보국(Central Intelligence Agency)

CIG
미국 중앙 정보 그룹(Central Intelligence Group)

Comintern
공산주의 인터내셔널(Communist International)

COVID-19
코로나바이러스 질병 2019(Coronavirus Disease 2019)

CRM
고객 관계 관리(Customer Relationship Management) 소프트웨어

DHS
미국 국토안보부(Department of Homeland Security)

DNA
데옥시리보 핵산(Deoxyribonucleic Acid)

DNC
미국 민주당 전국 위원회(Democratic National Committee)

DOJ
미국 법무부(Department of Justice)

DoS
서비스 거부(Denial of Service)

ECHELON
미국이 감독하고, 미국, 영국, 호주, 캐나다, 뉴질랜드가 공동으로 운영하는 신호 정보 그룹의 코드명

FANY
영국 응급 간호 부대(First Aid Nursing Yeomanry)

FBI
미국 연방수사국(Federal Bureau of Investigations)

FIA
국제 자동차 연맹(International Automobile Federation)

FISA Amendments Act
해외정보감시법(Foreign Intelligence Surveillance Act)

FRG
옛 서독의 정식 국호인 독일연방공화국(Federal Republic of Germany)

FSB
러시아 연방보안국(Federal Security Service)

FUSAG
미국 제1집단군(First United States Army Group)

GC&CS
1차 대전 당시 영국의 정부 암호연구소(Government Code & Cipher School)로 현재는 GCHQ로 알려졌다.

GCHQ
영국 정보통신본부(Government Communications Headquarters)

GDR
옛 동독의 정식 국호인 독일민주공화국(German Democratic Republic)

GOP
평화의 수호자(Guardian of Peace) (소니 픽처스 해킹 사건)

GRU
러시아 정보총국(Main Intelligence Directive)

GULAG
러시아어로 수용소 주 관리기관(Glavnoe Upravlenie LAGerei)

HUMINT
인간 정보(Human Intelligence)

IBM
국제 사무기기 회사(International Business Machines)

IP
지적 재산(Intellectual Property)

IRA
아일랜드 공화국군(Irish Republican Army)

IRS
미국 국세청(Internal Revenue Service)

IS/ISIS
이슬람 국가(Islamic State)/이라크와 시리아의 이슬람 국가(Islamic State of Iraq and Syria), 또 다른 이름은 다에시(Daesh)

KGB
소련 국가보안위원회(Komitet Gosudarstvennoy Bezopasnosti)

KH-11
1976년에 미국 국가정찰국이 발사한 정찰 위성

KL-47
1960년대부터 NSA가 사용하기 시작한, KL-7을 변형시킨 암호화 기계

LDB
하얀 여인(La Dame Blanche)

을 파괴하는 활동에 관여하기도 한다.

해커(Hacker)
전문적인 컴퓨터 지식과 경험을 토대로 특정 컴퓨터 시스템에 무단으로 침입하는 해킹 행위를 하는 사람으로, 해킹의 목적에 따라 보안상 결함을 검사하는 화이트 해트, 악의를 품고 범죄를 저지르는 블랙 해트, 단순히 재미를 추구하는 그레이 해트로 나뉜다.

40호실(Room 40)
제1차 세계 대전 때 운영된 영국 해군의 암호 해독반이며, GC&CS의 전신 역할을 했다. 치머만 전보를 가로채 해독한 것으로 유명한데, 이는 1917년에 독일의 외무장관 치머만이 보낸 외교 성명으로, 미국을 전쟁에 끌어들이기 위해 멕시코에 군사 동맹을 제안하는 내용이었다.

61398 부대(Unit 61398)
상하이 푸둥에 주둔하고 있는 중국 인민 해방군의 산하 부대이며, 미국 등 여러 국가를 상대로 사이버 전쟁 및 컴퓨터 해킹 공격을 벌인 것으로 알려졌다.

AJAX-12
F-21이라고도 알려졌다. 1952년부터 1991년까지 KGB 요원들을 위해 제조된 성능이 매우 우수한 스파이 카메라다.

GC&CS
영국의 정부 암호 연구소로 1919년부터 1946년까지 정부와 군대를 위해 신호 정보를 처리하는 임무를 맡았으며, 1946년에 GCHQ로 개칭되었다.

KGB
소련의 국가보안위원회로, Komitet Gosudarstvennoy Bezopasnosti의 두문자를 합쳐 만든 약어다. 1954년부터 소련이 해체된 1991년까지 존재한 공안기관이자 비밀경찰대였다.

MQ-9 리퍼(MQ-9 Reaper)
프레데터 B 또는 무인 전투용 항공기(UCAV) 또는 드론이라고 불린다. 미국 공군이 사용하며, 원격 조종과 자율 비행이 가능하다. '헌터 킬러'라는 별명이 붙은 MQ-9 리퍼는 전투 기능을 수행할 수 있을 뿐만 아니라 높은 고도에서 장시간 정찰할 수 있도록 설계되었다.

NKVD
소련의 내무인민위원회로 Naródnyy Komissariát Vnútrennikh Del의 두문자를 합쳐 만든 약어다. 대숙청에 관여하는 경찰, 감옥, 노동 수용소 등을 감독했다. 1946년에 내무부로 개칭하였고, 이후에 KGB와 연방정보부로 계승됐다.

RQ-170 센티넬(RQ-170 Sentinel)
록히드 마틴에서 제조한 무인 항공기(UAV)로, USAF와 CIA에서 공중 정찰을 위한 스텔스기로 사용했다.

U-2
1950년대에 록히드 마틴의 비밀 연구소에서 제조한 단일 엔진의 고고도 정찰기다. 1955년에 실전 배치되었으며, 1960년에 소련 상공에서 한 대가 격추되었고, 1962년에 쿠바 상공에서 또 한 대가 격추되었다. 지금까지도 정찰용으로 사용되나, 과학 및 통신 연구용으로 사용되는 경우가 더 많다.

LiDAR
광원 탐지 및 측정(Light Detection and Ranging)

MI5
영국 보안국

MI6
영국 해외정보국

MICE
스파이의 동기 : 돈(Money), 이념(Ideology), 타협/강제(Compromise/Coercion), 자존심/갈취(Ego/Extortion)

MSS
중국 국가안전부(Ministry of State Security)

NASA
미국 항공우주국(National Aeronautics and Space Administration)

NATO
북대서양조약기구(North Atlantic Treaty Organization)

NHS
영국 국민 보건 서비스(National Health Service)

NKVD(후에 MVD, KGB로 바뀜)
러시아어로 내무인민위원회(Naródnyy Komissariát Vnútrennikh Del)

NOC
비공직 위장(Non-official cover)

NRO
미국 국가정찰국(National Reconnaissance Office)

NSA
미국 국가안보국(National Security Agency)

NSC
미국 국가안전보장회의(National Security Council)

OGPU
소련 합동국가정치국

OPM
미국 인사관리처(Office of Personnel Management)

OSS
미국 전략 사무국(Office of Strategic Services)

PLA
중국 인민해방군(People's Liberation Army)

PLO
팔레스타인해방기구(Palestine Liberation Organization)

PRC
중화인민공화국(People's Republic of China)

PRISM
미국 보호법(Protect America Act)

RAF
적군파(Red Army Faction), 바더 마인호프 갱이라고도 불림

RFC
왕립 비행단(Royal Flying Corps)

RDF
무선방향탐지기(Radio detection finding)

SCADA
스카다, 감시 제어 및 데이터 수집(Supervisory control and data acquisition)

SD
나치 독일의 보안 서비스(Sicherheitsdienst)(나치 친위대 정보부)

SIGINT
신호 정보(Signals Intelligence), 교신을 도청해 해독함

SMS
단문 메시지 서비스(Short Message Service)

SOE
영국 특수작전부대(Special Operations Executive)

Stasi/SS
슈타지, 동독의 국가안전부

SVR
러시아 연방정보부(Sluzhba vneshney razvedki Rossiyskoy Federatsii)

TEDD
미행자 식별법 : 다른 시간(Time), 다른 장소(Environments)에서, 거리(Distance)를 두고 반복해서 눈에 띄는 사람이나 거동(Demeanor)이 수상한 사람

UAV
무인 항공기(Unmanned Aerial Vehicle)

UCAV
전투용 무인 항공기(Unmanned Combat Aerial Vehicle)

UBS
스위스 유니언은행(Union Bank of Switzerland), 스위스의 다국적 투자, 은행, 금융 서비스 회사

USAF
미국 공군(United States Air Force)

USSR
소비에트 사회주의 공화국 연방(Union of Soviet Socialist Republics)

WWI
제1차 세계 대전(World War One)

WWII
제2차 세계 대전(World War Two)

찾아보기

그림 출처

이 책에 사진을 사용할 수 있도록 허락해 주신 다음 분들께 감사의 말씀을 전합니다.

위치 : c-중앙, b-아래, l-왼쪽, r-오른쪽, t-위

앞표지 및 뒤표지 :
ZAM881/Shutterstock.com, public domain (pd), pd, Library of Congress, Deutches Reigh/pd National Reconnaissance Office, Refat/Shutterstock.com, iunewind/Shutterstock.com, Lt. Col. Leslie Pratt/USAF, Giuseppe De Chiara 1968/Creative Commons US Department of Defense, Boonchuay1970/Shutterstock.com, Berka7/Shutterstock.com, Spy Museum Berlin FOX 52/Creative Commons, 168b Dnalor 01/Creative Commons, Shutterstock.com

본문 :
1 Shutterstock.com, 3t Spy Museum Berlin, 3b Alchemist-hp/Creative Commons, 5cl, 5r Shutterstock.com, 10¬-11, 26-27 The John R. Van Derlip Fund, 12bl Rogers Fund, 1924, 12-13 jorisvo/Shutterstock.com, 13t FrancisOD/Shutterstock.com, 14l TonyV3112/Shutterstock.com, 14t JingAiping/Shutterstock.com, 14br People's Republic of China Printing Office, 16 Shal09/Shutterstock.com, 20t Boyd Dwyer/Creative Commons, 20-21 SpicyTruffel/Shutterstock.com, 21t Kirill Skorobogatko/Shutterstock.com, 22-23 Kaytoo/Shutterstock.com, 23br Lippisches Landesmuseum Detmold, 24-25 Zenodot

Verlagsgesellschaft mbH, 27tl Salviati, 27br JeanLucIchard/Shutterstock.com, 28t Yale Center for British Art, Paul Mellon Collection, 28b Chronicle/Alamy Stock Photo, 29t IanDagnall Computing/Alamy Stock Photo, 29br Twin Design/Shutterstock.com, 30-31, 40-41 Paris Musées, 32-33 Geographicus Rare Antique Maps, 33b Rama, 34tr Matthew Corrigan/Shutterstock.com, 34cr Wellcome Trust, 34br david muscroft/Shutterstock.com, 35t Shutterstock.com, 35cl National Museum of Wales, 35cr Wikimedia Commons, 35b Robert B. Miller/Shutterstock.com, 38l Morphart Creation/Shutterstock.com, 38-39 Everett Collection/Shutterstock.com, 39tl, 39br Library of Congress, 41tl, 41tr Paris Musées/Musée Carnavalet, 42l Paris Musées/Musée Carnavalet, 44-45, 55cr Le Petit Journal, 46tr Morphart Creation/Shutterstock.com, 46b, 47cl Everett Collection/Shutterstock.com, 47br International Institute of Social History, 48l Andrew J. Russell/Library of Congress, 48-49 Shutterstock.com, 49c Gift of Cyrus W. Field, 1892/Metropolitan Museum of Art, 50-51 Benjamin F. Powelson, Auburn, NY, 50bl National Park Service, 50br, 51r Library of Congress, 52-53 Shutterstock.com, 54tl M. Lorusso, 54bl Ilya Repin, 54br 55t Shutterstock.com, 55b Walker T. Dart/Library of Congress, 56 Sergei Lvovich Levitsky, Rafail Sergeevich Levitsky, 57tr Aaron Gerschel, 57cl Henri Meyer, 57b Claus-Peter Enders, 58l Wehrgeschichtliches Ausbildungszentrum der Marineschule Mürwik, 58r Hulton-Deutsch/Hulton-Deutsch Collection/Corbis via Getty

Images, 58-59b Bain News Service/Library of Congress, 59 History and Art Collection/Alamy Stock Photo, 60tl Hermann Clemens Kosel, 61tr Cassowary Colorizations/Creative Commons, 60-61 Europeana/Creative Commons, 62-63, 64, 65tl Everett Collection/Shutterstock.com, 66tr Colin Simpson, 66-67b Naval History and Heritage Command, 68tr Brown & Dawson to National Geographic, 68-69 Benjamin Hirschfeld on behalf of Christoph Herrmann/Creative Commons, 69t Everett Collection/Shutterstock.com, 69br Royal Flying Corps, 70-71 Bill Perry/Shutterstock.com, 71tr Gertrude Bell Archive, 72bl Henri Manuel, 74br, 75 US National Archives and Records Administration, 76tr George Grantham Bain Collection/Library of Congress, 77tr Mo/Creative Commons, 77br Shutterstock.com, 78bl Library of Congress, 78br, 78tr Bain News Service/Library of Congress, 79b Interfoto/Alamy Stock Photo, 80-81, 88 Bettmann/Getty Images, 82l Deutches Reich, 83bl George Grantham Bain Collection (Library of Congress), 89-87 Rare Historical Photos, 87tr, 87cr George Grantham Bain Collection (Library of Congress), 89t NSA, 89b Daderot, 90b Vasilieva Tatiana/Shutterstock.com, 91l Baka Sobaka/Shutterstock.com, 91r Olga Popova/Shutterstock.com, 92tl Bundesarchiv, Bild 146-1979-013-43/CC-BY-SA 3.0, 93tl Bundesarchiv, Bild 146-1969-054-16/Hoffmann, Heinrich/CC-BY-SA, 94-95 Everett Collection/Shutterstock.com, 95 Family von Trott, 96-97 FotoErro/Shutterstock.com, 89-99 Gorodenkoff/Shutterstock.com, 99tl Quang Ho/Shutterstock.com,

100br Boonchuay1970/Shutterstock.com, 101tl. 101tc, 101tr Lyudmila2509/Shutterstock.com, 101c Evikka/Shutterstock.com, 101br ID1974/Shutterstock.com, 101br Africa Studio/Shutterstock.com, 102bl CIA, 103tr gallofoto/Shutterstock.com, 103b Phubes Juwattana/Shutterstock.com, 104bl Daderot, 104br Austin Mills/Creative Commons, 104-05t PJ_Photography/Shutterstock.com, 105bl FBI, 105br Slowking4/Creative Commons, 106br Matteo Galimberti/Shutterstock.com, 106-07 oatawa/Shutterstock.com, 108l US Army, 109tl Ewen Montagu Team, 109tr UK National Archives, 109c Royal Navy, 109br Benutzer:smashing/Creative Commons, 110tr Jordan Kalilich, 110br, 111c US National Archives & Records Administration, 111t Gerald R. Ford Presidential Library and Museum, 111br Etan J. Tal/Creative Commons, 112-13b, 113t Shutterstock.com, 113cl Galyamin Sergej/Shutterstock.com, 113cr Mariluna, 114cr McZusatz/Creative Commons, 114cl Alchemist-hp/Creative Commons, 114bl Anders Beer Wilse, 115t Kenneth Dyer/Alamy Stock Photo, 115br Shutterstock.com, 116l Natasja Weitsz/Getty Images, 116r Plisman/Shutterstock.com, 117cl Tasnim News Agency, 117br Lt. Col. Leslie Pratt/USAF, 118¬-19 Everett Collection/Shutterstock.com, 120tl Library of Congress, 120bl Gordon Parks/US Government/Library of Congress, 120br, 121bl Library of Congress, 121tr Eybl, Plakatmuseum Wien/Wikimedia Commons / CC BY-SA 4.0, 122tr U.S. National Archives and Records Administration, 122cr Askild Antonsen/Creative Commons, 122-23b Imperial